D1662898

Peter Warburton
Die Schuldenmaschine

Peter Warburton

# Die Schuldenmaschine

Kapital außer Kontrolle

Aus dem Englischen
von Klaus Binder und Jeremy Gaines

Deutsche Verlags-Anstalt
Stuttgart

Die Originalausgabe erschien 1999 unter dem Titel
»Debt & Delusion. Central Bank Follies that threaten Economic
Desaster« bei Allen Lane · The Penguin Press, London

Für die deutsche Ausgabe wurde mit Einverständnis des Autors
das Kapitel 11 der Originalausgabe gestrichen.

Die Deutsche Bibliothek – CIP-Einheitsaufnahme

**Warburton, Peter:**
Die Schuldenmaschine : Kapital außer Kontrolle /
Peter Warburton. Aus dem Englischen von
Peter Binder und Jeremy Gaines. –
Stuttgart : Deutsche Verlags-Anstalt, 1999
Einheitssacht.: Debt & delusion <dt.>
ISBN 3-421-05218-2

© 1999 Peter Warburton
© 1999 Deutsche Verlags-Anstalt GmbH, Stuttgart
für die deutsche Ausgabe
Alle Rechte vorbehalten
Tabellen und Grafiken: Ditta Ahmadi, Berlin
Typografische Gestaltung: Günter Saur
Satz: Times Ten (QuarkXPress) im Verlag
Druck und Bindearbeit:
Graphische Großbetrieb Pößneck GmbH, Pößneck
Printed in Germany
ISBN 3-421-05218-2

Zur Erinnerung an meine Eltern Jim und Claire

# Inhalt

Vorwort zur deutschen Ausgabe . . . . . . . . . . . 9

Dank . . . . . . . . . . . . . . . . . . . . . . . . . 15

1 Der Nebel lichtet sich . . . . . . . . . . . . . . . . 17

2 Staatsfeind Nummer eins: die Inflation . . . . . . . . 41

3 Die Rattenfänger von Zürich . . . . . . . . . . . . . 62

4 Die Banken: gescholten und neu erfunden . . . . . . 82

5 Die Finanzmärkte wachsen und wachsen . . . . . . . 103

6 Jede Vorsicht über Bord geworfen . . . . . . . . . . . 126

7 Risiko-Märkte und das Paradox der Stabilität . . . . 148

8 Die Illusion unbegrenzter Spargelder . . . . . . . . . 172

9 Aufgeblähte Anleihemärkte . . . . . . . . . . . . . . 192

10 Erosion der Kreditqualität . . . . . . . . . . . . . . 215

11 Schwindelauktion mit privaten Spargeldern . . . . . 235

12 Die Finanzwerte lösen sich von der wirtschaftlichen

   Realität . . . . . . . . . . . . . . . . . . . . . . . . 256

13 Ein Blick auf das reale Wirtschaftsgeschehen . . . . . 278

14 Geliehene Zeit . . . . . . . . . . . . . . . . . . . . . 300

Bibliographie . . . . . . . . . . . . . . . . . . . . . 321

# Vorwort zur deutschen Ausgabe

Es ist ein Privileg, wenn das Buch eines englischen Autors ins Deutsche übersetzt wird, und ich bin meinem Verleger und dem Lektor Michael Neher zu großem Dank verpflichtet. Schulden – das ist ein Thema mit vielen Dimensionen, gesellschaftlichen, moralischen und politischen ebenso wie ökonomischen. Von meiner Berufsausbildung her bin ich Ökonom, aber ich weiß sehr gut, daß meine Standpunkte, wie ich sie in diesem Buch vorstelle, weit über das Ökonomisch-Fachliche hinausgehen in Bereiche, die ich nur als Schuldenwahn bezeichnen kann, und verbunden sind mit meiner Kritik an der mangelnden Transparenz der Finanzmärkte. Auch sind Haltungen, mit denen man den in einzelnen Ländern öffentlichen und privaten Schulden begegnet, abhängig von den jeweiligen historischen Erfahrungen und Entwicklungen. Mit meinem Buch möchte ich den internationalen Zusammenhang der beschriebenen Phänomene darstellen.

Von Großbritannien und den USA aus betrachtet, erscheinen Themen wie Bankschulden und Inflation in grelleren Farben, weitaus mehr geprägt von Exzeß und Irrtum als in Deutschland. So hat insbesondere die Bundesbank in den turbulenten siebziger und achtziger Jahren einen viel stetigeren Kurs ökonomischer und finanzieller Stabilität verfolgt als irgendeine der beteiligten Behörden in den angelsächsischen Ländern. Der Kampf gegen die Inflation in den neunziger Jahren hat den Weg in eine breitere Konvergenz im Finanzverhalten auch auf anderen Gebieten gebahnt; zugleich ist auf diesem Weg ein fruchtbarer Boden geschaffen worden für die Entwicklung der globalen Finanzmärkte, insbesondere für den internationalen Anleihemarkt.

Die Wiedervereinigung Deutschlands im Jahr 1990 überschattet mit ihren ökonomischen und finanziellen Folgen alle anderen Ereignisse und Entwicklungen des letzten Jahrzehnts. Auch noch 1999 befindet sich der Ostteil des Landes in einem schwierigen Übergangsprozeß mit hoher Arbeitslosigkeit und massivem Transfer von Ressourcen aus dem Westen. Zwischen 1989 und 1998 hat die Verschuldung der deutschen Regierung um 1300 Milliarden Deutsche Mark zugenommen. Einer der bedeutsamsten Aspekte der Vereinigung ist die Leichtigkeit, mit der diese Schuldenlast finanziert werden konnte, weitgehend durch den Verkauf von Anleihen. Daran, daß Anleihen von jeweils mehr als einer Milliarde DM emittiert und vom Markt ohne weiteres aufgenommen wurden, sieht man, welchen Ruf die Bundesbank genießt. Tatsächlich lag die Durchschnittsrendite der zehnjährigen Anleihen während der neun Jahre bis zum März 1999 bei fast 10 Prozent, ein stattlicher Ertrag in einer Periode niedriger Inflation.

Der Beginn der Europäischen Währungsunion wird eine Harmonisierung der Anleihemärkte der Beitrittsländer bewirken. In den ersten Monaten des Jahres 1999 gab es nur geringe Unterschiede hinsichtlich der Marktrenditen von in Euro denominierten Regierungsanleihen, wie sie von Deutschland einerseits, von Italien, Spanien und Portugal andererseits emittiert wurden. Die tiefe Abhängigkeit europäischer Regierungen von den Anleihemärkten, wenn es um Defizitfinanzierung und Refinanzierung bestehender Schulden geht, wurde noch offensichtlicher, seit die Emissionen nur mehr in einer Währung getätigt werden. Wenn der internationale Finanzmarkt – und das ist die These dieses Buches – bereits angeschlagen und verwundbar ist, dann fiele die künstliche Uniformität europäischer Anleiherenditen einer sich abzeichnenden Krise als erste zum Opfer. Gerieten die Anleiherenditen tatsächlich global in einen Abwärtsstrudel, dann wäre dies für die Eurozone nicht weniger bedrohlich als für die angelsächsischen Länder. Wir schöpfen das Wasser alle aus dem gleichen Brunnen.

Mit »Die Schuldenmaschine« stelle ich meine persönliche

Sicht der immer stärkeren Abhängigkeiten vor, die zwischen Finanzmärkten und -instituten einerseits und einer vernebelten Vorstellung ökonomischer Prosperität andererseits bestehen. Eine ganz außerordentliche Vertauschung der Rollen hat stattgefunden, in deren Verlauf die großen entwickelten Volkswirtschaften des Westens (von den Schwellenmärkten gar nicht zu reden) immer mehr in die Knechtschaft internationaler Finanztransaktionen geraten, statt deren Herren zu sein. Ein nicht unbedeutender Nebeneffekt ist der schwindende Einfluß des einzelnen. Das Versprechen ökonomischer Freiheit, an dem man trotz des Schwindens staatlichen Eigentums und staatlicher Macht noch immer festhält, wurde ausgehöhlt durch die individuelle und kollektive Abhängigkeit von der Schuldenlast. Die gleichzeitige Akkumulation finanziellen Reichtums seit Beginn der achtziger Jahre hat diese schmerzliche Realität unkenntlich werden lassen, aber aus der Geschichte wissen wir, daß eine solche Situation nicht haltbar ist. Wenn die heute heranwachsende Generation ihre Kapitalgewinne aus Aktien und Anleihen verliert, wird sie von der Last der Zinszahlungen und Ablösung der Schulden erdrückt werden. Weit entfernt von einem beginnenden goldenen Zeitalter ökonomischer Freiheit und individueller Wahlfreiheit, bewegen sich Millionen von Bürgern am Rand des Abgrunds von Schuldenkrise und Elend.

Um diese Kritik an den Leistungen von Wirtschaft und Finanzwesen der westlichen Welt aufzubauen, müssen viele unterschiedliche Argumentationsstränge vorgestellt und ein breites Spektrum spezialisierter Themenbereiche angesprochen werden. Experten auf diesen Gebieten werden erkennen, daß das Buch eher die Grenzen, nicht so sehr den Umfang dessen zeigt, was sein Autor begriffen hat. Aber wollte man auf ein lückenloses Verständnis der komplexen Prozesse warten, die unsere Finanz- und Wirtschaftssysteme steuern, müßte man zugleich die Hoffnung begraben, vor den Gefahren, die auf uns zukommen, warnen zu können. Obduktionen sind zwar gründlicher und klinisch genau, aber doch unbefriedigender als im großen und ganzen zutreffende Diagnosen an noch lebendigen Patienten.

Dieses Buch befaßt sich auch mit der gängigen Meinung, daß die Zentralbanken uns allen gute Dienste geleistet hätten. Ihre beneidenswerten Leistungen zur Sicherung und Bewahrung der Geldwertstabilität aber müssen abgewogen werden gegen ihre verspätete Einsicht in die Risiken, die das globale Finanzsystem und seine Stabilität bedrohen. Während der letzten zwanzig Jahre haben die Zentralbanken an der Spitze einer drastischen Umstrukturierung des Finanzsystems gestanden, das sich vom traditionellen Banksystem zu einem Kapitalmarkt entwickelt hat. Welche Folgen das haben wird, zeichnet sich erst jetzt langsam ab. Der Kampf gegen die Inflation wurde mit einer Diversifizierung der Kreditschöpfung, nicht durch deren Kontrolle, vorangetrieben. Trotz all der Loblieder, die auf sie gesungen werden, haben die Zentralbanken bisher nicht zeigen können, daß man ihnen derart umfassende ökonomische Einflußmöglichkeiten mit Gründen anvertrauen kann. Der Rolle der Zentralbanken muß dringend neu bewertet werden, in den entwickelten ebenso wie in den Schwellenländern.

Ärzte überlassen ihre Patienten nicht sich selbst, nachdem sie ihre Diagnose abgeliefert haben. Ihre Arbeit ist ohne Prognose und Therapie nur halb getan. Die beiden Schlußkapitel dieses Buchs gehen von der Analyse zu einer vorsichtigen Prognose über, bieten eine kurze Agenda für eine Finanzreform in den angelsächsischen Ländern. Auch Privathaushalte, Unternehmen und Regierungen werden einige Ratschläge darüber finden, wie sie sich vor den katastrophalen Folgen des Schuldenwahns schützen können.

Der größte Teil des Buches war im Juli 1998 abgeschlossen. Ein Jahr später bereits ist vieles geschehen, das man eigentlich kommentieren müßte. Dies kann beim Gegenstand dieses Buches gar nicht anders sein.

Zum Schluß eine persönliche Bemerkung. Als sich mir 1995 die Gelegenheit bot, alle meine Schulden zu tilgen, habe ich sie beim Schopf gepackt und es seither nicht bereut. Ich lege den Lesern dieses Buches dringend nahe, derartige Gelegenheiten ebenfalls wahrzunehmen oder sie sich zu schaffen.

Peter Warburton

# Dank

Im Zeitalter von Computer, Schreibprogrammen, Scannern und Laserdruckern könnte man sich vorstellen, daß einer allein ein Buch zustande bringt. Aber es würde ihm nicht anders gehen als einem Segler, der ohne Team im Hintergrund eine Weltumseglung plant: Die Unternehmung wäre zum Scheitern verurteilt. Zum Glück bin ich mit einer verständnisvollen Familie gesegnet – meine Frau Anne und unsere Söhne James und Mathew –, die mich für lange Stunden in Frieden gelassen und zu anderen Zeiten meine Geistesabwesenheit ertragen hat. Und zudem hat James noch als mein technischer Berater fungiert, indem er mehrere Male meinen abgestürzten Computer wieder in Gang gebracht hat und in seinem Rechner Kopien meiner Dokumente verwaltete; er wußte, daß sie mir immer wieder verlorengehen würden. Am dankbarsten jedoch bin ich den dreien für ihre Ermutigung und ihre Geduld.

Im Verlauf des Projekts habe ich vom geistlichen Rat profitiert, den mir Reverend Graham Cray, Principal von Ridley Hall, Cambridge, und Reverend Peter Law angedeihen ließen. Wertvolle Hilfe und Unterstützung ließen mir auch unsere Freunde Malcolm und Heather Harrison zuteil werden. Sehr dankbar bin ich Tony Dye, Andrew Hunt, Professor Geoffrey Wood und Malcom Foster, die es auf sich genommen haben, den gesamten Text zu lesen und zu kommentieren. Auf bewundernswerte Weise haben Alastair Rolfe und seine Kollegen von Penguin Books die Veröffentlichung des Textes unterstützt.

Auch Tom Hughes-Hallett von der Investmentbank Robert Fleming möchte ich danken: Er hat es möglich gemacht, daß ich während der Vorbereitungen zu diesem Buch als Teilzeit-Berater arbeiten konnte. Und mit dieser flexiblen Vereinbarung war ich zudem in der Lage, meine Argumente im direkten Kontakt mit den Entwicklungen auf dem Markt zu schärfen. Dank schulde ich auch meinen Kollegen bei Robert Fleming, die mein selteneres Erscheinen mit Geduld ertragen haben. Nigel Sedgley und Gillian Lummis haben mir wertvolle Unterstützung geleistet. Dennoch möchte ich betonen, daß die Meinungen, die im Buch zum Ausdruck kommen, allein von mir zu verantworten sind; sie sind Robert Fleming nicht zuzuschreiben.

Ideen, Argumente und die Graphiken im Text stammen aus verschiedenen Quellen. Ich habe mich bemüht, so viele dieser Quellen wie möglich in der Bibliographie anzugeben; gleichwohl entschuldige ich mich vorab für eventuelle Versäumnisse. Besonderen Dank schulde ich Autoren mit provokativen und konträren Thesen – es sind zu viele, als daß ich sie nennen könnte –; mit ihren Artikeln und Berichten haben sie meine Wahrnehmungen und Überzeugungen über die Jahre hinweg herausgefordert und auch verändert. Dank an Martin Wolf für seinen Artikel »How to learn from the debt delusion«, der am 6. Januar 1992 in der Financial Times erschienen ist. Er gab mir Anregung zu meinem Titel.

Unter den vielen Menschen, die mit dazu beigetragen haben, daß dies Buch erscheinen konnte, verdienen drei besondere Erwähnung. Mein Vater war mir eine beständige Quelle der Ermutigung und Anregung. Angespornt durch sein Vertrauen habe ich mich auf das Wagnis dieses Buchs eingelassen. Der zweite ist Tim Congdon, der mich während meiner Zeit bei L. Messel & Co. (später Investmentbank Lehmans) gedrängt hat, meine Sicht der Dinge verständlich und ausführlich aufzuschreiben; er hat dies als erster getan, und ihm schulde ich darum besonderen Dank. Und zuletzt geht mein Dank noch an Arthur Goodhart, meinen Literaturagenten, dessen Offenheit und Ausdauer dem Buch sehr dienlich waren. Alle Irrtümer oder Versäumnisse allerdings habe ich selbst zu verantworten.

16

# 1
## Der Nebel lichtet sich

> Da ward gutes Essen aufgetragen, Milch und Pfann-
> kuchen mit Zucker, Äpfel und Nüsse, und dann
> wurden zwei schöne Bettlein bereitet, da legten sich
> Hänsel und Gretel hinein und meinten sie wären wie
> im Himmel. *Die Brüder Grimm, Hänsel und Gretel*

**Einführung**

In der Frühzeit der Seefahrt verließen sich die Seeleute auf die
Sterne, um des Nachts ihren Kurs zu halten. Bei hohem See-
gang und wenn Nebel oder Wolken die Sterne verdeckten,
war es nichts Ungewöhnliches, wenn ein Schiff etwas vom
Kurs abkam, bis der Fehler korrigiert werden konnte. Solche
Abweichungen bargen die Gefahr, auf Grund zu laufen oder
schiffbrüchig zu werden. Besorgt wartete die Mannschaft auf
den Morgen und die Möglichkeit, den Kurs zu korrigieren.
Doch denjenigen, die unter Deck eingeschlafen waren, bevor
Nebel oder Wolken aufzogen, erging es auch nicht viel besser;
im Glauben, auf dem richtigen Kurs zu sein, hatten sie fest
geschlafen.

Dieses Buch versteht sich als Weckruf, gerichtet an all jene,
die fest eingeschlafen sind und keinen Anlaß sehen, danach zu
fragen, welchen Weg die Finanz- und Wirtschaftsentwicklung
Nordamerikas und Westeuropas seit Mitte der achtziger Jahre
wirklich genommen hat. Weit davon entfernt, einen festen
Kurs zu verfolgen, hat sich die westliche Welt auf eine Speku-
lationstour begeben, für deren Ausgang alle historischen Vor-
läufer nichts Gutes ahnen lassen. Dieses Buch ist auch für
diejenigen geschrieben, die die Lage von Wirtschaft und
Finanzen mit dem Blick jener besorgten Mannschaft auf Deck
beobachten: Sie haben bemerkt, daß das Schiff vom Kurs
abgekommen ist, fühlen sich aber außerstande, etwas dagegen

zu unternehmen. In der Hoffnung, daß sich eine Katastrophe doch noch abwenden läßt, sehnen sie den Anbruch des Tages herbei.

Ob sich der Leser eher mit der schlafenden Mannschaft unter oder den Bangenden auf Deck identifiziert: Ein schrecklicher Navigationsfehler ist geschehen, und es kommt darauf an, diesen zu erkennen. Dieser falsche Kurs hat zur Übernahme teuflischer Risiken und zu fatalen Entscheidungen beigetragen. Milliarden gesparter Dollars sind Ländern und Unternehmen anvertraut worden, die nicht in der Lage sind, bescheidene Renditen zu erwirtschaften; ganz zu schweigen von den riesigen, die sie versprochen haben. Regierungen haben die effektive Kontrolle über die Zinssätze wegen ein paar Jahren aufgeschobener Finanzdisziplin aus der Hand gegeben. Die Bürger wurden zu extrem waghalsigen Investitionen verleitet, mit geringer oder gar keiner Absicherung für den Notfall. Am schlimmsten aber ist, daß die in den letzten Jahren beeindruckende Performance der globalen Aktienmärkte auf dem wackeligen Fundament unbegrenzter Kredite errichtet wurde. Es ist besser, der Realität ins Auge zu blicken, als auf den Schiffbruch zu warten. Noch ist es möglich, den Kurs zu ändern, bevor die Katastrophe hereinbricht.

Oberflächlich betrachtet, scheinen sich diese Volkswirtschaften einigermaßen gut zu entwickeln. Die Rezession vom Anfang der neunziger Jahre ist lange vorüber, Inflationsprobleme sind keine aufgetreten. Die Buchwerte, insbesondere bei den Aktien sind stark gestiegen, sie vermitteln den Eindruck eines beispiellosen Wohlstands der Nationen. Im Zeitalter von Multimedia herrschen unerschöpfliche Begeisterung und Unterhaltung. Muß nicht krankhaft pessimistisch sein, wer die westliche Welt gegen Ende des zwanzigsten Jahrhunderts ausgerechnet ökonomisch kritisieren will?

In der Tat sind die Symptome wirtschaftlicher und finanzieller Gefährdung des Westens erstaunlich gut verborgen. Die periodisch auftretenden Fieberanfälle der Preisinflation, die verräterischen Zeichen der anhaltenden Sucht, Schulden zu machen, sind so gut wie verschwunden. Die Zentralbanken als die Finanztherapeuten scheinen ein Heilmittel gefunden zu haben. Obwohl es nach wie vor starke Befürchtungen gibt, daß die Inflation zurückkehrt, wächst die Überzeugung, der Patient sei vollständig genesen, mit jedem Jahr, das vergeht. Kaum einer hat sich die Mühe gemacht nachzufragen, wie die Zentralbanken dieses Kunststück, das mehr als zwanzig Jahre unmöglich schien, fertiggebracht haben. Und wer dennoch weiter bohrte und fragte, den entmutigten in der Regel die Antworten; man sah sich außerstande, die globalen Finanzmärkte und die Rolle der neuen Informationstechniken in ihrer ganzen Komplexität zu begreifen. Es liegt in der Mentalität, die in den Kreisen der Regierungen ebenso vorherrscht wie außerhalb, solche Fragen als vor allem technische zu begreifen, die man am besten den Experten überläßt. Warum sollte man sich, solange keine Inflation droht, für das interessieren, was die Zentralbanken treiben?

**Reise ins Land der Phantasie**

Die Ausfahrt ins Reich der Finanzphantasien begann um die Mitte der achtziger Jahre, zunächst mit kleinen Schritten. Die Innovationen im globalen Finanzsystem erfolgten so rasch und waren derart vielfältig, daß kaum Zeit blieb, sie zu erfassen, geschweige denn zu analysieren. Für Uneingeweihte bietet die Zusammenstellung 1.1 einige einfache Definitionen der Begriffe Kapital-, Geld-, Finanz- und Wertpapiermärkte. Die Möglichkeiten, die sich Privatpersonen und Firmen bieten, Kredite aufzunehmen, haben immens zugenommen, die Finanzwirtschaft ist dereguliert, und neue geschäftliche Instrumente sind in großer Zahl entwickelt worden. Im Zentrum dieser Revolution steht der weltweite Anleihenmarkt. Als Ersatz für die Geldaufnahme beim Banksystem legen Regierungen und Unternehmen Anleihen auf. Der Anleihenmarkt weltweit wuchs von weniger als 1 Billiarde US Dollar

## Tabelle 1.1: Ein Glossar der Kapitalmärkte

BEISPIELE

**1.** Geld- und Devisenmärkte
- Sorten (Scheine und Münzen)
- Einlagen bei Banken und sonstigen Finanzinstituten
- Kredite von Banken und sonstigen Finanzinstituten

**2.** Wertpapiermärkte
- Einlagezertifikate (Certificates of Deposit = CDs)
- Handelswechsel
- Staatstitel (etwa Schatzwechsel) mit einer Laufzeit von bis zu einem Jahr

- Staatsanleihen und andere öffentliche Anleihen
- Schuldverschreibungen/Anleihen von Industrie-, Handels- und Finanzunternehmen
- Bankschuldverschreibungen
- Schuldverschreibungen/Anleihen supranationaler Organisationen (etwa Weltbank, Europäische Investitionsbank)

- Anteilspapiere von Industrie-, Handels- und Finanzunternehmen
- Anteilspapiere von Banken
- Im Zusammenhang mit der Privatisierung von Staatsvermögen begebene Anteilspapiere

- »Sekurisierte« Kredite (zu Schuldverschreibungen/Anleihen umgestaltete Kredite)

- Derivate (Termingeschäfte, Futures, Optionen, Swaps)
- Zinsderivate (Geldmarktderivate)
- Rentenderivate
- Aktienderivate
- Kreditderivate
- Warenderivate

**3.** Finanzmärkte
- Alle oben genannten Positionen

**4.** Kapitalmärkte
- Alle oben genannten Positionen plus Märkte für Wohn-, Industrie- und Gewerbeimmobilien

(1 000 000 000 000 US Dollar) im Jahr 1970 auf mehr als 23 Billarden US Dollar 1997. Der Markt hat sich seit 1986 verdreifacht, und der atemberaubende Anstieg seiner Beliebtheit verdient eine ernsthafte Debatte. Diese Entwicklung des weltweiten Anleihenmarkts seit Mitte der achtziger Jahre steht in engem Zusammenhang mit der Finanzierung der Staatsverschuldung, wie sie von fast allen westlichen Ländern betrieben wird; zu dieser Verschuldung haben auch die Kosten der deutschen Wiedervereinigung seit 1990 beigetragen.

Fast jeder Bürger der westlichen Hemisphäre hat eine klare Vorstellung davon, was Geld ist, von Anleihen jedoch scheinen die wenigsten etwas zu verstehen. Diese Papiere gehören in die Welt der Hochfinanz; sie zirkulieren zwischen Regierungen, Unternehmen und Investmentfonds, anscheinend ohne Berührung mit dem Leben der einfachen Leute. Wenn Finanzministerien oder Finanzabteilungen großer Firmen sich entschließen, Geld mit Hilfe einer Anleihe aufzunehmen, geht es gewöhnlich darum, Hunderte von Millionen US Dollar zu beschaffen. Eine Auflage im Jahr 1998 brachte 5 Milliarden US Dollar (5 000 000 000 US Dollar). Nur ein kleiner Teil dieser Anleihen ist in der Hand von Einzelpersonen, von denen die meisten wohlhabende und erfahrene Investoren sind. Für die überwiegende Mehrheit der Zeitgenossen ist das Funktionieren selbst einer einfachen Anleihe ein Rätsel. Die heutigen Wertpapiermärkte sind jedoch durch den intensiven Gebrauch von Finanzderivaten noch komplizierter geworden – da gibt es Futures, Optionen, Swaps und noch eine ganze Reihe weiterer Neuerungen. Der Einsatz höherer Mathematik und leistungsfähiger Computer macht diesen Zweig von Finanzgeschäften für die meisten Bürger unerreichbar. Doch wie abgehoben und über allem schwebend die Transaktionen mit derart komplexen Instrumentarien auch erscheinen mögen, sie sind durchaus in der Lage, Städte, Regionen und ganze Länder in heftigste finanzielle Schwierigkeiten zu stürzen.

Ein Beispiel mag das zeigen. Procter & Gamble (P&G) ist ein riesiger US-Konzern, der neben vielen anderen Produkten Seife herstellt. Anfang der neunziger Jahre nutzte die Finanzabteilung von P&G Finanzderivate, um die Gewinne der Gruppe durch die Reduzierung der Finanzierungskosten in die Höhe zu treiben, und hatte Erfolg damit. Im November 1993 ließ sich die Leitung von P&G überreden, auf ein Geschäft einzugehen, das die Zinskosten für aufgenommene Kredite in Höhe von 200 Millionen US Dollar (200 000 000 US Dollar) innerhalb von fünf Jahren um 7,5 Millionen US Dollar senken sollte. Unter den Bedingungen dieses Handels sollte der Zinssatz des Darlehens für P&G gemäß einer komplexen Formel variieren, in welche die Renditen von US-Schatzobligationen mit fünf- und mit dreißigjähriger Laufzeit eingingen. Mitte Januar 1994 verlor P&G bei diesem Geschäft etwa 17 Millionen US Dollar, weil die Zinsen in den USA stiegen und nicht gefallen sind, wovon die Architekten des Deals ausgegangen waren. Aber es kam noch schlimmer. Als P&G die Nerven verlor und aus dem Geschäft aussteigen wollte, beliefen sich die Kosten auf geschätzte 157 Millionen US Dollar. Für ein Unternehmen der Größe und Ertragsstärke von P&G hat sich dieser Verlust regeln lassen; unter anderen Umständen hätte ein Verlust dieser Größenordnung den Abbau von Tausenden von Arbeitsplätzen zur Folge, wenn nicht gar die Schließung des Unternehmens.

Die Mitarbeiter der Finanzabteilung von P&G waren keineswegs Anfänger, was elaborierte Finanzprodukte betrifft. Sie hatten, als sie sich auf diese höchst riskanten und letztlich katastrophal endenden Transaktionen einließen, die volle Unterstützung des Unternehmensvorstands. Und sie taten dies zunächst voller Vertrauen. Doch wie war es möglich, daß man bei einem Handel, der um Schulden von 200 Millionen US Dollar ging, 157 Millionen US Dollar verlor? Die Antwort liegt in der Komplexität von Derivaten und in den Auswirkungen des Verschuldungsgrades. So wie die Gänge eines

Autogetriebes dazu dienen, das Verhältnis zwischen der Drehzahl des Motors und der Geschwindigkeit des Wagens zu verändern, so nutzt man Finanzderivate dazu, das Verhältnis zwischen dem investierten (oder geliehenen) Betrag und dem erzielten Gewinn bzw. Verlust zu ändern. Der Nennwert der von P&G eingegangenen Verträge betrug nicht 200 Millionen, sondern 3 800 Millionen US Dollar! Die Fehleinschätzung der Kursentwicklung von US-Obligationen, die in fünf Jahren zusätzliche Zinszahlungen von 10 Millionen US Dollar gekostet hätte, endete mit dem Verlust von 157 Millionen US Dollar innerhalb von sechs Monaten.

Die Entwicklung der Märkte für Derivate war seit Mitte der achtziger Jahre vielleicht noch spektakulärer als die der Rentenmärkte. Zusammengenommen haben diese Entwicklungen eine radikale Neuordnung der Machtbalance innerhalb des Finanzsystems herbeigeführt. Die globalen Kapitalmärkte der späten neunziger Jahre bieten einerseits eine potentiell größere wirtschaftliche Effizienz und Stabilität, bewirken andererseits aber auch größere Ungleichgewichte und Volatilität. Je nach Größe und Zielen ihrer Teilnehmer kann die Macht dieser Märkte zugunsten der Vielen oder einiger weniger gezügelt werden. Außer Zweifel jedoch steht, daß die Finanzmärkte mit ihrer Komplexität das Wirtschaftsleben aller westlichen Länder nachhaltig durchdrungen haben, und zwar auf der Ebene der Länder, der Unternehmen und auch der Einzelakteure.

Je tiefer die einzelnen Akteure in den Zauberwald elaborierter Finanzkonstruktionen eingedrungen sind, desto mehr haben sie die Fähigkeit verloren, das Absurde und Groteske daran wahrzunehmen. Das Mißverhältnis zwischen dem massiven Anstieg der Staats- und Unternehmensverschuldung und einem Umfeld schwacher Inflation gibt kaum zur Neugier Anlaß, nicht einmal unter Experten. Ein in stratosphärische Höhe katapultierter Aktienmarkt gilt inzwischen als normal, man sucht nicht mehr nach besonderen Erklärungen. Auch daß man sich von Bargeld und von rasch in Bargeld konvertierbarem Vermögen trennt, erscheint als absolut vernünftiges Verhalten. Alle stehen Schlange, um Anlagen in politisch unsicheren Staaten zu zeichnen, deren Namen man kaum aussprechen kann und die erst ein paar Jahre zuvor gegründet wurden. Daß die Finanzlandschaft unvertraut wurde, wird allein durch die Beteuerung überdeckt, daß diese lange und abenteuerliche Reise doch unter der Führung eines Experten stattfinde, eben unter der edler Zentralbanker.

Die Elemente, aus denen sich diese kollektive Abkehr von der ökonomischen Vernunft speist, sind etwas schwerer zu entwirren. Auch wenn sie Befürchtungen vor dem Aufblähen des Aktienmarkts äußern, zu einem grundsätzlichen Zweifel an den Errungenschaften der späten achtziger und frühen neunziger Jahre finden die meisten Berichterstatter und Kommentatoren in den Medien kaum. Daß man den spekulativen Umgang mit Finanzvermögen mit einer Seifenblase vergleicht, ist naheliegend und oft auch angemessen, so etwa, wenn es um die gleichzeitigen und miteinander verbundenen Marktblasen von 1719-20 in der Südsee und am Mississippi geht. In einem Emissionsprospekt aus dieser Zeit heißt es: »Ein Unternehmen für Transaktionen mit großen Gewinnen, aber niemand darf wissen, um was es sich handelt.« Beispiele ähnlicher Naivität in finanziellen Dingen lassen sich heute auch beobachten.

Wenn eine Seifenblase platzt, bleibt nur ein feuchter Fleck auf dem Boden und zeigt, daß es sie gegeben hat. Kurz darauf ist alles weg, der Spuk vorbei. Die überhitzten Aktienmärkte der späten neunziger Jahre haben mit diesem Bild allerdings gar nichts zu tun. Nehmen wir nur das nächstliegende Beispiel, den US-Aktienmarkt: Seine Bewertung stieg zwischen 1982 und 1998 stetig, nur kurz waren die Unterbrechungen des Crashs von 1987 und des Stotterns von 1990. Die meisten sehen die westlichen Aktienmärkte und ihre Entwicklung tatsächlich als nachhaltigen Prozeß. Eine ganze Reihe von

Argumenten wird beigebracht, um die heutigen Marktwerte zu rechtfertigen, am weitesten verbreitet ist das des Übergangs vom Industriezeitalter zu dem der Information oder der Kybernetik. Man behauptet, der Wert eines modernen Unternehmens ließe sich nicht länger mit dessen festen Vermögenswerten beschreiben; geistiges Kapital, Aufwendungen für Forschung und Entwicklung, Kundenloyalität und Markennamen müßten dazukommen.

Aus diesem Grund wäre Zeitalter des Nebels vielleicht die bessere Metapher für die ausgehenden neunziger Jahre. Verneblung, die für Verwirrung, Illusion und Täuschung sorgt. Dieser Nebel macht es intelligenten Marktpraktikern unmöglich, die richtigen Schlüsse aus den Anhaltspunkten um sie herum zu ziehen; der Nebel lichtet sich für Augenblicke und erlaubt ein paar kleinere Erkenntnisse, dann zieht er wieder auf und verhüllt alles. Immer wieder hat man versucht, den logischen Fehler im Prozeß der Finanzmärkte zu bestimmen, doch keiner dieser Versuche ist wirklich erfolgreich gewesen. Kaum hat ein hochangesehener Kommentator die drohende Finanzkatastrophe vorhergesagt, da schnellt der Aktienmarkt nur noch höher in die Stratosphäre und stärkt obendrein das Wirtschaftswachstum. Kein Wunder, daß die meisten Kommentatoren und Analysten es vorziehen, den Überschwang der Finanzmärkte zu rationalisieren; warum auch sollten sie ihren Ruf durch Warnungen vor einem Kollaps riskieren?

**Wie konnten wir vom Weg des ökonomischen Realismus abkommen?**

Die ökonomische Realität in den meisten westlichen Ländern zwischen 1945 und 1985 wurde als zyklische Abfolge von Boom und Bust, von Stagnation und Bewegung beschrieben. Diese Perioden größeren oder geringeren Wachstums, höherer und niedriger Inflation und Zinsen mochten nicht immer ein befriedigendes Bild gegeben haben, aber die Beschreibung war authentisch. Ob von den triebhaften Instinkten privaten Unternehmertums oder von den Fehleinschätzungen der Regierungen verursacht, die wechselnden Phasen von Boom und Bust sind zu vertrauten Mustern geworden. Alle paar Jahre haben die westlichen Wirtschaften geboomt, Millionen neuer Arbeitsplätze geschaffen, und kurz danach schlug ein Abwärtstrend ein, der viele Jobs kostete. Frankreich liefert wohl das beste Beispiel für ein Land, in dem diese Oszillationen gedämpft waren, und Neuseeland ein gutes Beispiel für ein Land, in dem sie verstärkt auftraten. Das reale Wirtschaftsgeschehen in Frankreich war ein gutes Stück greifbarer als das in Neuseeland, doch bei beiden handelt es sich um unverfälschte Abbilder.

Obwohl es schwierig, wenn nicht sogar unmöglich wäre, den genauen Ursprung unserer Abkehr vom tatsächlichen Wirtschaftsgeschehen zu bezeichnen, fällt ein starker Verdacht auf den Verlust der Kontrolle über die Systeme der Bankkredite, wie in den angelsächsischen Ländern um die Mitte der achtziger Jahre geschehen. Was diese Zeit von anderen Episoden unverantwortlicher Kreditgewährung durch Geschäftsbanken und Sparkassen unterscheidet, ist der Grad geschäftlicher und privater Überschuldung, zu der es seither gekommen ist. Die daraus folgende weite Verbreitung von Verschuldungsvergehen, Zahlungsverzug, Zahlungsunfähigkeit, Bankrott und Insolvenz hat das System der Geschäftsbanken in den USA, Großbritannien, Kanada, Australien, Schweden und Finnland geschwächt, um nur einige wenige zu nennen. Der dringende Wunsch, die Ertragsfähigkeit der Banken wiederherzustellen und sie in die Lage zu versetzen, ihre Kapitalreserven zu erneuern, hat die Zentralbanken zu einer maßlos freizügigen Kreditpolitik verführt. Diese wiederum spielte eine zentrale Rolle für die rasche Entwicklung der Kapitalmärkte Anfang der neunziger Jahre und in der Umstrukturierung der Kapitalvermittlungsprozesse.

Ein Finanzvermittler ist ein Mittelsmann oder Makler, der auf der einen Seite mit dem breiten Publikum handelt, andererseits auf den Kapitalmärkten agiert. Hauptmittler auf dem Geldmarkt sind die Geschäftsbanken und Sparkassen; auf den Renten- und Aktienmärkten sind es die Investmentfonds, zu denen Renten-, Versicherungs- und offene Fonds gehören (Mutal Funds und Unit Trusts). Banken und Fonds konkurrieren um Ersparnisse und Kreditwünsche der Bürger. Im Verhältnis, in dem sich diese Mittler die Geschäfte teilen, ist eine bemerkenswerte Veränderung eingetreten.

In der US-Wirtschaft im Jahr 1980 tätigten Banken 58 Prozent dieser Spar- und Investitionstransaktionen; Investitionsinstitute (hauptsächlich Renten- und Versicherungsfonds) hielten einen Marktanteil von 31 Prozent. 1994 war der Anteil der Banken auf 33 Prozent gefallen, die Institute hatten einen Anteil von 44 Prozent errungen. Dieser Wandel verlief in Frankreich, Großbritannien und Kanada mit ähnlichem Tempo, in Deutschland und Italien dagegen wesentlich langsamer. Der Verlust an Einfluß und Ansehen, den die Banken im von Investmentfonds dominierten Finanzsystem hinnehmen mußten, war verbunden mit einem Wechsel des Gravitationszentrums von den Geld- zu den Finanz-, und dort vor allem zu den Rentenmärkten. Geld- und Rentenmärkte entwickelten sich zu Beginn der neunziger Jahre höchst unterschiedlich. Während die Geschäftsbanken und Sparkassen als Reaktion auf das unprofitable Kreditgeschäft Ende der achtziger Jahre ihre Kreditmengen kaum erhöhten, wimmelte es von Staats- und Unternehmensanleihen. Viele Länder führten das deutsche Modell ein, das eine strenge Kreditpolitik (im Verhältnis zur Inflationsrate hohe Zinsen für kurzfristiges Geld) mit einer großzügigeren Finanzpolitik (ein großes Haushaltsdefizit) verband.

Seit 1985 hat eine Flut von Staatsanleihen das Wachstum der globalen Kapitalmärkte angeheizt. Obwohl die Laufzeit einer Anleihe bis zu 50 oder 100 Jahre (und noch länger) betragen kann, haben die populärsten und am häufigsten gehandelten Anleihen Laufzeiten von zehn Jahren; Staatsanleihen mit dieser Laufzeit sind als Benchmark Bonds bekanntgeworden. Auf sie konzentriert sich der Markt, sie bieten sich zum internationalen Vergleich an. Begebungen von Industrieanleihen werden gegen vergleichbare Staatsanleihen festgesetzt. Große Unternehmen, die früher von den Banken geliehen haben, decken ihren Finanzbedarf jetzt direkt und günstiger aus den Kapitalmärkten, und zwar vermittelt durch eigene Finanztochterunternehmen. In dem Maß, in dem die Firmen intensiver auf die Kapitalmärkte gingen, entwickelten sich die Infrastrukturen dieser Märkte. Der weitverbreitete Einsatz von Sicherungsstrategien, Derivaten, Aktienkreditgeschäften und vieler anderer finanztechnischer Mittel hat die Mechanismen der Geld-, Fremdkapital- und Aktienmärkte um ein Vielfaches komplizierter und komplexer gemacht. Diese Differenzierung des Finanzwesens hat auch die Möglichkeiten des fremdfinanzierten Investments erweitert und damit die früher vorhandene Transparenz des Anleihenbesitzes verringert und die durchschnittliche Umlaufzeit einer zehnjährigen Anleihe auf ein paar Tage, manchmal sogar auf wenige Stunden verkürzt.

Der überwiegenden Mehrheit der Bürger entgeht die Bedeutung dieser Entwicklungen; die Leute sind zufrieden damit, wenn diese Angelegenheiten den Experten überlassen bleiben. Doch dieser durch nichts gerechtfertigte Respekt schafft einen weiten Deckmantel für eine vom System bedingte Unterbewertung des Anlagerisikos, von den verborgeneren Manipulationen von Vermögenswerten, die gelegentlich vorkommen, noch gar nicht zu reden. Die zwei hauptsächlichen Anlagerisiken sind das Kapital- und das Kreditrisiko. Das erste entsteht aus der Ungewißheit über den Kapitalertrag, die es bei jedem Investitionsprojekt oder Geschäft gibt. Das Kreditrisiko verweist auf die Möglichkeit, daß ein Kreditnehmer Kreditzinsen oder Tilgung nicht mehr zahlen kann. Der Mangel an Risikobewußtsein bei einfachen Bürgern und die zunehmende Komplexität der Spar-, Anlage-

und Kreditprodukte, die sie gekauft haben, kommen sich gefährlich nahe. Es ist höchste Zeit, daß diese Verständnislücke geschlossen wird.

Zusammenfassend läßt sich sagen: In den avancierten westlichen Volkswirtschaften hat in sehr kurzer Zeit ein tiefgreifender Strukturwandel der Kapitalvermittlung stattgefunden. Dieser Wandel beeinflußt den wirtschaftspolitischen Lenkungsspielraum der Regierungen. Manche politischen Maßnahmen greifen unter Umständen nicht mehr, weil die Kapitalmärkte das beabsichtigte Ergebnis nicht zulassen. Andere haben vielleicht unerwartete oder unvorhersehbare Folgen. Selbst massive Zinsänderungen können unter gewissen Umständen geringe Effekte haben, ein anderes Mal dagegen können schon kleine Zinsänderungen die Wirtschaft über das Finanzsystem ins Schlingern bringen, können Konjunktur und Beschäftigung beeinflussen. Die großen westlichen Volkswirtschaften mögen sich noch eine Weile vormachen, daß stetiges Wachstum und niedrige Inflation viele weitere Jahre anhalten werden: Die Realität sieht anders aus. Die Unfähigkeit, die Auswirkungen von Zinsänderungen auf das Finanzsystem vorauszusagen, eröffnet nicht nur die angenehme Möglichkeit eines Booms ohne Inflation – das sprichwörtliche »neue Paradigma« –, sondern auch die alarmierende Möglichkeit einer durch heftige Ausschläge der Anleihen- und Kreditpreise induzierten, schlagartigen und andauernden Rezession. Dafür findet sich kein besseres aktuelles Beispiel als Japan.

### Japan: Eine Fallstudie über Kreditexzesse

Das Verhalten westlicher Regierungen und ihrer Zentralbanken gegenüber der Finanzinnovation und der freizügigen Kreditpolitik kann angesichts dessen, was in Japan während der neunziger Jahre geschehen ist, nur noch mehr überraschen. Wenn es je ein Lehrbeispiel für die Gefahren der Kreditübertreibung gegeben hat, dann das moderne Japan. Eine rapide kreditinduzierte Inflation der Immobilienpreise und Finanzvermögenswerte Ende der achtziger Jahre explodierte im Januar 1990 und hinterließ eine massive Verschuldung von Privatleuten und Unternehmen, eine lang anhaltende Konjunkturschwäche und sinkende Verbraucherpreise (Deflation). Japan erlebte zwischen 1983 und 1989 einen phänomenalen Anstieg des Bedarfs an Bankkrediten, der die Spekulation mit privaten und gewerblichen Immobilien sowie Finanzvermögenswerten anheizte. Die Firmen bedienten sich zu günstigen Bedingungen auf den Kapitalmärkten, indem sie auf viele unterschiedliche Instrumente wie Optionsscheine und Wandelschuldverschreibungen zurückgriffen, und aus den steuerlich wirksamen Tokkinfonds. Das Schaubild 1.2 läßt die Ausweitung des japanischen Kreditsystems im Verhältnis zu seiner wirtschaftlichen Leistung seit 1967 deutlich erkennen.

***Bild 1.2: Die Kreditexpansion in Japan im Verhältnis zur Wirtschaftsleistung***

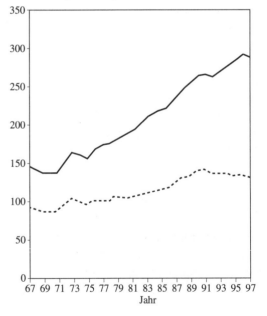

Inländische Kredite im Prozent des BSP

Bankkredite im Prozent des BSP

1998, acht Jahre nach dem Zerplatzen der Kreditblase, haben Grund und Boden gegenüber den Zeiten des Booms um die Hälfte an Wert verloren, auch dem Nikkei, dem japanischen Aktienindex, erging es nicht besser. Banken und Kreditunternehmen hätschelten Kreditbücher, in denen notleidende Aktiva (mit keinen oder geringen Zinserträgen) zwischen zehn und dreißig Prozent ausmachten. Gegen Ende 1998 beriet das Finanzministerium noch immer seinen Plan zur Rettung des Bankensystems und zur Belebung der Wirtschaft. Inzwischen waren die Bankrotte in Japan auf Rekordniveau gestiegen, die Ertragskraft der Unternehmen blieb ungenügend. Auch nach drei aufeinanderfolgenden Jahren mit amtlichen Zinssätzen von einem halben Prozent war die private und gewerbliche Inlandsnachfrage nach neuen Krediten noch immer sehr schwach. Japanische Kreditnehmer sehnten sich nach der Rückkehr der Inflation, allerdings vergeblich.

1990 konnte man sich vielleicht noch damit beruhigen, daß die Aufblähung des Kreditwesens in Japan haltloser war als irgendwo sonst auf der Welt und daß japanische Banken unterkapitalisiert sind, daß der Aktienmarkt dort Kursgewinne auf Kosten der Dividenden realisierte. Doch seit 1990 sind die USA und einige andere westliche Länder drauf und dran, Japan die grenzenlose Kreditexpansion nachzumachen. Auch in diesen Ländern geschieht, wie in Japan, der Großteil der neuen Kreditaufnahmen inzwischen in Form von Anleihen, und nicht über Bankkredite. Anders als in Japan hat die rasante westliche Finanzinnovation der Kreditschöpfung viele neue Türen geöffnet.

**Und wenn die Revolution der Kapitalmärkte
ausgeblieben wäre?**

Die Revolution der Kapitalmärkte Ende der achtziger und in den neunziger Jahren wurde durch mehrere parallele Entwicklungen begünstigt, von denen fünf besondere Bedeutung hatten. Erstens die Handlungsunfähigkeit der Banken aufgrund notleidender Kredite; zweitens die liberale Kreditpolitik der Regierungen; drittens die Ablösung der Kreditaufnahme im Ermessen des Konsumenten durch staatliche Kreditaufnahme (um Haushaltsdefizite zu finanzieren); viertens die Konzentration und Verwaltung von privaten Vermögen in den Händen großer Fonds; und fünftens die zunehmende Akzeptanz und Nutzung von Finanzderivaten. Um die signifikante Wirkung dieser Revolution auf die Wirtschaftsentwicklung des Westens ermessen zu können, mag es hilfreich sein, sich einmal zu überlegen, wie die Entwicklung ohne sie ausgesehen haben könnte.

Hätte dieser gewaltige Übergang vom Bankkredit zu den Kapitalmärkten in Nordamerika und Westeuropa nicht stattgefunden, wäre es im Anschluß an den Verfall der Grundstückspreise Ende der achtziger Jahre höchstwahrscheinlich zu einer viel längeren Phase der wirtschaftlichen Rezession und Konsolidierung gekommen. Die Regierungen wären nicht in gleichem Maß in der Lage gewesen, die Schwäche privater und industrieller Investitionen durch hohe Haushaltsdefizite wettzumachen. Wäre die Flut öffentlicher Anleihen auf dem Sektor der institutionellen Fonds nur auf geringe Nachfrage gestoßen, hätte man diese Defizite nur zu unattraktiv hohen Anleiherenditen finanzieren können.

Wäre es nicht so leicht möglich gewesen, Anleihen an Investmentfonds und Bürger zu verkaufen, hätte die Regierung sich wahrscheinlich auf eine größere Monetarisierung ihrer Kreditaufnahme verlegt. Monetarisierung bezeichnet den Akt, die liquiden Mittel (Bargeld und Bankeinlagen) des privaten Sektors, das heißt von Bürgern und Unternehmen, zu erhöhen. Letztlich deckt die Regierung ihr Haushaltsdefizit, indem sie eine Steuer auf vorhandene Geldbestände erhebt, diese wird manchmal als Inflationssteuer bezeichnet. Das ähnelt im Prinzip der Ausgabe von Bezugsrechten durch ein Unternehmen, das sein Kapital erhöhen will. Anteilseigner, die ihr Recht auf den Kauf von Aktien (die proportional zum vorhandenen Bestand angeboten werden) nicht wahrnehmen, erleiden einen Wertverlust ihrer Anteile. In der Praxis kommt es zur Monetarisierung, wenn die Zentralbank die Geldmenge im allgemeinen Umlauf erhöht oder die Banken überredet, mehr Wertpapiere der öffentlichen Hand zu halten und weniger aus dem privaten Sektor. Das Endergebnis ist eine Erhöhung des Besitzes von Bankeinlagen im privaten Sektor, was das Geldangebot konstituiert.

Wäre man diesen traditionellen Weg gegangen, dann wäre es in den westlichen Volkswirtschaften Anfang der neunziger Jahre unzweifelhaft zu einem erneuten Aufflackern des Flächenbrands der Inflation gekommen. Es wäre zusätzliche Liquidität in die Hand von Konsumenten und Unternehmen gekommen, und damit wäre die Nachfrage nach Gütern, Dienstleistungen und Vermögenswerten im Verhältnis zu deren verfügbarem Angebot gestiegen. Nach ein paar Jahren hätte diese exzessive Geldschöpfung zu einer Wiederkehr der Inflation der Verbraucherpreise geführt, gemäß den Mustern der siebziger und frühen achtziger Jahre. Diese Inflation hätte die während des Booms der Grundstückspreise Ende der achtziger Jahre aufgehäufte Schuldenlast und damit die realen Kosten der Geldaufnahme verringert. Nach einer gewissen Zeit hätte ein starker Anstieg der Zinsen – als notwendig erachtet, um der Inflation zu begegnen – jedes Aufflammen des Kreditbedarfs im privaten Sektor erstickt.

Hätte sich in den großen westlichen Staaten die Inflationsgeschichte der Nachkriegszeit wiederholt, dann wäre der Fortschritt der westlichen Aktienmärkte höchstwahrscheinlich schon im Ansatz unterbrochen worden. Die Anleiherenditen wären in Erwartung höherer Inflationsraten gestiegen. Die Preise für Vermögensanlagen wären einem schwächeren Trend gefolgt, da höhere Anleiherenditen auf die Märkte der Anteilspapiere dämpfend gewirkt hätten, und die privaten Haushalte hätten keinen so großen Teil ihrer Ersparnisse als Kapitalanlagen in Beteiligungen und Anleihen festgelegt. Mit weniger beeindruckenden Erträgen auf den Finanzmärkten hätte es weniger Anreize gegeben, das Angebot von Bankeinlagen und Einlagezertifikaten zugunsten von Investitionen auf dem Aktienmarkt auszuschlagen.

Zusammenfassend läßt sich sagen: Um 1985 waren die westlichen Volkswirtschaften vom Weg der Inflation abgekommen, dem sie die vorangegangenen zwanzig Jahre gefolgt waren. Anstatt die oben beschriebenen Inflationszyklen zu wiederholen, genehmigten sich diese Länder einen Abenteuerurlaub auf den Kapitalmärkten.

### Die entscheidende Rolle der Zentralbanken

Für jeden Abenteuerurlaub braucht man einen Führer, und wer könnte bei diesem Abenteuer ein besserer Führer sein als ein Zentralbanker? Zentralbanken, wie das Federal Reserve Board der USA, die Deutsche Bundesbank oder die Bank of England, spielen die Hauptrolle, wenn es um die Festlegung der Geldpolitik geht, und sie haben eine besondere Verantwortung für das Zahlungssystem ihres Landes. Oft sind sie auch mit der Aufsicht und Regulierung von Finanzmärkten und -institutionen beauftragt. Da sie die Wächter des Finanzsystems und zugleich Fachberater ihrer Regierungen sind, ist es undenkbar, daß jemals größere Finanzreformen ohne Ermutigung und Unterstützung der Zentralbanken durchgeführt werden könnten. Obwohl manche dieser Institute auf eine lange Geschichte zurückblicken, traten die Zentralbanken in den meisten entwickelten Ländern erst während der siebziger und achtziger Jahre im Zusammenhang mit dem Kampf gegen Inflation in den Vordergrund. Die Inflation erhob ihr schauriges Haupt nach dem von der OPEC ausgelösten Ölpreisschock; das war im November 1973. Die westlichen Regierungen quittierten dieses Ereignis durch die Erhöhung der Geldmenge, um Konsumenten und Unternehmen auf diesem Weg in die Lage zu versetzten, die höheren Heiz- und Treibstoffkosten tragen zu können. Als 1978 der zweite

Ölpreisschock folgte, wiederholten viele Länder ihre Fehler und sorgten 1980/81 für eine rapide Inflation der Verbraucherpreise. Die Spitzenwerte in den USA (15 Prozent), Kanada (12 Prozent), Schweden (15 Prozent) und Norwegen (15 Prozent) waren noch schlimmer als die nach dem ersten OPEC-Schock. Sogar Länder mit guter Inflationsbilanz, wie Deutschland, die Niederlande und die Schweiz, litten unter Inflationsraten um sieben Prozent. Den für wenig wirksame Preiskontrollen bekannten Ländern, darunter Großbritannien und Italien, ging es viel schlechter, ihre Inflationsraten schnellten hoch auf über zwanzig Prozent; auf vierzehn Prozent in Frankreich.

Im Lauf von sieben Jahren von einer zweiten gravierenden Inflation getroffen, suchten die Regierungen Rat bei ihren Zentralbanken. Sie bekamen dreierlei zu hören: Man solle die Zinsen für kurzfristige Anleihen erhöhen, um die Bankkreditaufnahme von Bürgern und Unternehmen zu beschränken, man solle die Kreditaufnahme der öffentlichen Hand senken und das Haushaltsdefizit durch den Verkauf von Wertpapieren (hauptsächlich Anleihen) an in- und ausländische Investoren finanzieren. Wenn sie diesen Dreiflankenangriff auf die Inflation konsequent durchfochten, so hofften die Politiker, dann winke ihnen als Lohn, das goldene Tor der Prosperität zu durchschreiten. Niedrige Inflation sei eine Voraussetzung für starkes und anhaltendes Wirtschaftswachstum: Das war die Lehre, die die Zentralbanken in den achtziger Jahren predigten. Darüber hinaus werde eine geringere Inflationserwartung die Kosten des öffentlichen Schuldendienstes senken. Von hohen Zinslasten befreit, werde sich das Haushaltsdefizit schneller reduzieren lassen. Mit dieser Überzeugung drängten die Leitenden Beamten in den Finanzministerien ihre Regierungen zu einer harten Anti-Inflationspolitik.

Es kann daher keinen Zweifel daran geben, daß Federal Reserve Board, Bundesbank, Bank of England und die Bank für Internationalen Zahlungsverkehr in Basel (BIZ) eine entscheidende Rolle dabei gespielt haben, das globale Finanzsystem weg von konventionellen Bankarrangements und in Richtung Kapitalmarktfinanzierung zu führen. Indem sie die Verschärfung der Kapitalisierungsvorschriften für Geschäftsbanken, die Deregulierung der inländischen Finanzsysteme, die Finanzinnovationen und die faktische Selbstregulierung der Aktivitäten der Kapitalmärkte unterstützt haben, haben die Zentralbanken grünes Licht für fast alle Entwicklungen gegeben, die diesen grundlegenden Wandel des Finanzsystems tragen sollten.

Auffällige Finanzkrisen wie der Bankrott des Orange County in Kalifornien, die mexikanische Peso-Krise Ende 1994 und der Zusammenbruch der Barings Bank 1995 haben dem Vertrauen der Zentralbanken in ihre Einschätzung nichts anhaben können. Die Finanzgemeinschaft behandelt jedes neue Desaster als unglücklichen Sonderfall von Inkompetenz oder Betrug. Diese Desaster werden rasch mit einem Wall besonderer Umstände umgeben, so daß nichts an der kollektiven Selbstzufriedenheit der Kapitalmärkte kratzen kann. Auf merkwürdige Art scheinen die Finanzmärkte (und die Zentralbanken) nach solchen Krisen von ihrer Unfehlbarkeit sogar noch überzeugter.

So energisch, wie sie die globalen Kapitalmärkte gefördert haben, ist den Zentralbanken offenbar entgangen, wie der Wandel der Finanzwelt von den Geldmärkten zu den Wertpapier- und Anleihenmärkten ihre eigene Autorität unterminieren mußte. Vorbei sind die Tage, in denen die Zentralbanken einen neuen Zinssatz ankündigen und ihm durch ihre Operationen auf dem Geldmarkt unbegrenzt Geltung verschaffen konnten. Heute findet sich die wichtigste Informationsquelle über künftige Zinsen auf den Märkten für Staatsanleihen, und nicht mehr in den Ausschüssen der Zentralbank.

## Die Deregulierung des Finanzsystems hinterließ Mehrdeutigkeit

Eines der Nebenprodukte der Deregulierung des Finanzsystems ist, daß sich charakteristische Eigenschaften der Banken immer mehr verwischen. Selbst wenn die Banken einige ihrer besonderen Merkmale behalten haben, die Rolle der Zentralbank als Refinanzierungsinstitut der letzten Instanz nur für das Bankensystem ist in einer Welt, in der viele andere Finanzinstitute groß genug sind, im Konkursfall das gesamte Finanzsystem zu schädigen, nur schwer zu rechtfertigen. Besonders deutlich hat sich dies Problem im September 1999 an der Rettung von Long Term Capital Management (LTCM), einem hoch spekulierenden Investmentfonds, gezeigt. Die New Yorker Federal Reserve Bank hat, mit voller Unterstützung durch die Fed, unter Einschaltung eines Konsortiums von vierzehn Banken eine ordentliche Rettung des Fonds bewerkstelligt. Die Finanzspritze belief sich auf 3,6 Milliarden US Dollar.

Die Rolle als letztinstanzliches Refinanzierungsinstitut impliziert, daß die Zentralbank höchste Verantwortung für die Integrität des Zahlungssystems übernimmt. Diese Verpflichtung hat sich bei der Verhinderung von Bankzusammenbrüchen in diesem Jahrhundert als effektiv erwiesen. Da sich aber die Banken selbst stärker auf den Anleihen-, Wertpapier- und Derivatenmärkten engagieren, wird die Möglichkeit immer größer, daß Zentralbanken von Banken um Assistenz gebeten werden, die auf diesen Wertpapiermärkten Verluste erlitten haben. Die Deregulierung des Finanzsystems schafft das Dilemma, ob man den Banken das Privileg der letztinstanzlichen Refinanzierung entzieht, und damit die alte Furcht der Öffentlichkeit vor Bankzusammenbrüchen wiederbelebt, oder ob man es auf den weiteren Kosmos der Finanzinstitute ausdehnt.

Implizit haben sich die Zentralbanken für die letztere Option entschieden. Das hat beim dankbaren Publikum Seufzer der Erleichterung bewirkt, gleichwohl stellen sich mit dieser Entscheidung auch einige ernsthafte Fragen. Wird das Publikum zukünftig für den Fall des Zusammenbruchs jeder Finanzinstitution die finanzielle Kompensation, wenn nicht gar den Schutz von Einlagen und Anlagen erwarten? Wer soll die Prämien für diese Versicherung bezahlen? Was sollte qualitativ zweitrangige Finanzunternehmen, die das Ziel vor Augen haben, Anlegern höhere Renditen anzubieten (wie es die Savings and Loan-Institute in den USA gemacht haben), davon abhalten, ihre Risikoprofile zu erhöhen? Dies ist nur ein Beispiel moralischer Gefährdung dort, wo man höhere Risiken eingeht, nur weil man davon ausgehen kann, daß im Fall des Zusammenbruchs ein Schutz vor dem Bankrott existiert. In mehreren Ländern ist, als Konsequenz der Finanzliberalisierung, eine gefährliche Mehrdeutigkeit entstanden, wodurch es Finanzinstituten und ihren Tochterunternehmen nicht nur gestattet wird, sich auf unvertraute Geschäftsfelder zu begeben, sondern sie zudem noch ermutigt werden, Risiken einzugehen.

Immer schon hat die Möglichkeit, in Finanzgeschäften zu scheitern, eine entscheidende Rolle dabei gespielt, das Publikum und die Banken zu einer sorgsamen Risikobewertung zu bringen. Jeder, der bei einem riskanten Finanzgeschäft beträchtliche Summen eigenen Geldes verloren hat, wird in Zukunft große Vorsicht walten lassen. Es wird immer deutlicher, daß die Zentralbanken in den neunziger Jahren Finanzkrisen weniger tolerieren als in den siebziger Jahren. So hängen die Beziehungen zwischen den Instituten, die in den Verkaufsund Rückkaufsmärkten engagiert sind, entscheidend davon ab, daß kein Finanzinstitut zahlungsunfähig wird. Eine solche Versicherung gibt es nicht umsonst: Entweder der Steuerzahler oder die Anleger oder die Konsumenten von Finanzdienstleistungen müssen dafür bezahlen. Kommt es allerdings nicht zu großen Zusammenbrüchen, kann die Illusion einer kostenlosen Versicherung aufrechterhalten werden.

### Eines Tages wird sich der Nebel lichten

In einer Zeit beispielloser Differenzierung liegt es auf der Hand, daß eine ausgewogene Aufsicht des Finanzsystems notwendig wäre. Welche Freiheiten sich eine offene Gesellschaft auch immer leistet, der unbegrenzte Zugang zu Krediten kann dazu nicht gehören. In der gleichen Weise, in der Geldfälschung den Wert des Geldes untergräbt, beschleunigen leichtsinnige Kreditangebote neben falschen Versprechungen raschen Reichtums den finanziellen Ruin und das Elend großer Bankrottserien; dies mußten die Albaner entdecken, als 1997 die Pyramide ihrer Investitionsprogramme einstürzte. In ihren extremen Formen bedrohen Falschgeld und rücksichtslose Kreditexpansion direkt die Regierungsautorität und Rechtsstaatlichkeit. Ohne Rechtssystem und Polizeibehörden könnte niemand wirklich frei seinen Interessen nachgehen. Genausowenig läßt sich bestreiten, daß eine zentralisierte Instanz mit der Macht, die Kreditgesamtmenge zu sanktionieren und zu regulieren, die finanzielle Freiheit des einzelnen natürlich einschränken muß. Die Alternative in beiden Fällen heißt Anarchie: die Verweigerung des Rechts auf Eigentum, auf Kompensation oder Wiedergutmachung und die Ablehnung sozialer Verantwortung.

Momentan trägt die Anarchie in den globalen Finanzmärkten die Maske eines Wohltäters für den Reichtum der Nationen und für die persönliche Freiheit. Dies ist eine äußerst effektvolle Verkleidung, und sie wird untermauert von vielen klugen Argumenten, wird gestützt von vielen überzeugenden Fürsprechern. Einige der Unwahrheiten sind leicht aufzudecken und auszuräumen, andere dagegen sind so subtil und komplex, daß sie lange Zeit unbemerkt bleiben können. Je länger das so bleibt, desto größer der kollektive Irrtum und die anschließende Enttäuschung. Und doch wird sich der Nebel eines Tages lichten, das wahre Ausmaß des vergangenen Irrsinns wird zu erkennen sein.

Die These dieses Buches ist, daß die führenden Volkswirt-

schaften von Nordamerika und Westeuropa einer gefährlichen Illusion zum Opfer gefallen sind, die mit der anarchi-
schen Entwicklung der globalen Kapital- und Finanzmärkte
zusammenhängt. Auf einer Ebene ist die These sehr klar und
einfach: Sowohl die Bürger als auch die Regierungen sind
äußerst abhängig geworden von Krediten, und sie kümmern
sich nicht mehr um die Konsequenzen. Um jedoch zu verstehen, wie es zu dieser prekären Lage gekommen ist, muß man
Kontext, Inhalt und Anatomie dieses Aktes kollektiven Irrsinns untersuchen. Nur dann können die Unwahrheit ans
Licht gebracht und vielleicht auch Heilmittel verschrieben
werden.

# 2
# Inflation: Der Staatsfeind Nummer Eins

> In der eingeschlossenen Stadt entstand eine große
> Hungersnot, so daß der Kopf eines Esels achtzig
> Silberscheckel kostete und ein Viertelkab Milchsterne
> fünf Silberscheckel. *2. Buch Könige 6, 25*

> Die Inflation ist in mehr als einer Hinsicht eine Droge.
> Am Ende ist sie tödlich, aber sie hilft ihren Jüngern
> über viele schwierige Momente hinweg.
> *Viscount D'Abernon,*
> *Britischer Botschafter in Berlin, 1920-1926*

Inflation der Preise gibt es seit langer Zeit; wahrscheinlich ist
sie so alt wie die menschliche Gesellschaft selbst. Wie mit
Zahnschmerzen, Warzen und schlechtem Wetter, so verbindet
man auch mit Inflation Unannehmlichkeiten, Ungerechtigkeit und Probleme. Für Zahnärzte und Hersteller von War-
zencremes oder Schirmen wird sich das anders verhalten, und
so ist auch Inflation für manchen eine gute Nachricht. Für
Regierungen ist sie eine versteckte Form von Steuer; für einen
Arbeitnehmerhaushalt mit hohen Hypotheken ist eine Infla-
tionsrunde ein Gottesgeschenk; für Unternehmen mit Lagern
voller Fertigwaren bedeutet Inflation einen sofortigen Buch-
gewinn. Es muß schon ein sehr böser Wind sein, der nicht
irgend jemandem doch etwas Gutes bringt.

### Eine kurze Geschichte der Inflation

Unter Inflation versteht man das ständige Steigen der Durchschnittspreise für inländische Waren und Dienstleistungen.
Seit es Kriege, Belagerungen, Hungersnöte und Dürreperi-
oden gibt, hat es immer wieder Phasen der Inflation gegeben.
Man kann Inflationsepisoden sogar in Tauschwirtschaften
nachweisen, weil es im allgemeinen mindestens eine nicht ver-

derbliche Ware gibt, die als hauptsächlicher Wertspeicher fungiert; meist ist dies ein Edelmetall. Um auf die eingangs zitierte Bibelstelle zurückzukommen, im belagerten Samaria um 900 vor Christus war die gewöhnliche Handelseinheit der Silberscheckel. Gemessen am Silberpreis vom April 1998 hätte der Kopf eines Esels ungefähr 200 US Dollar gekostet. Eine der frühesten historisch belegten Inflationen des Altertums fand 330 vor Christus im Persischen Königreich statt, als dieses von Alexander dem Großen erobert worden war. Auch das Römische Reich unter Diokletian, gegen Ende des dritten Jahrhunderts nach Christus, litt unter einer hohen Inflation.

Will man die Preisinflationen über die Jahrhunderte hinweg vergleichen, ergibt sich ein sofort einsichtiges Problem: Der Korb der allgemein gebräuchlichen Waren und Dienstleistungen ist historisch nicht gleich geblieben. Da das Wirtschaftsleben komplexer wird und die Bedürfnisse der Konsumenten differenzierter werden, muß die Zusammensetzung des Warenkorbs der »Lebenshaltungskosten« mit den Zeiten mitgehen. Die am weitesten zurückreichende kontinuierliche Studie des Preisniveaus haben Henry Phelps-Brown und Sheila Hopkins durchgeführt, sie umfaßt knapp 700 Jahre englischer Geschichte. Sie haben genaue Aufzeichnungen über die Lebensmittelkäufe herrschaftlicher Anwesen zusammengetragen, und es ist ihnen der Nachweis gelungen, daß der Durchschnittspreis der Verbrauchsgüter zwischen dem Anfang des 14. und dem frühen 16. Jahrhundert fast unverändert blieb. Eine Untersuchung der Bank of England zeigte, daß der Index der Durchschnittspreise sich in Großbritannien zwischen 1684 und 1948 gerade nur verdreifachte (das entspricht einer durchschnittlichen Inflationsrate von nur 0,4 Prozent pro Jahr); zwischen 1948 und 1994 jedoch ist dieser Index um fast das Zwanzigfache angestiegen (eine durchschnittliche Rate von 6,7 Prozent pro Jahr). Amerikanische und französische Daten erzählen eine ähnliche Geschichte.

In der entwickelten westlichen Welt hat in den letzten 300 Jahren fast jede Generation Zeiten miterlebt, in denen die jährlichen Inflationsraten über zehn Prozent stiegen. In diesem Sinn sind die Erfahrungen aus der zweiten Hälfte des 20. Jahrhunderts nichts Ungewöhnliches. Was die Nachkriegsjahre unterscheidet, ist das Fehlen von Zwischenphasen der Deflation, das heißt, von Phasen sinkender Durchschnittspreise. Zwischen 1825 und 1913 gab es in Deutschland sieben Deflationsperioden, meistens mit einer Dauer von drei oder vier Jahren; eine allerdings dauerte viel länger. Zwischen 1874 und 1887, den Jahren der ersten großen Wirtschaftskrise, fiel das Preisniveau. Während der letzten fünfzig Jahre dagegen lag die Preisinflation, gemessen an den Verbraucherpreisindizes, in keiner der größeren westlichen Volkswirtschaften kaum je unter Null, auch in Japan nicht. Tatsächlich haben weniger als fünf Prozent der Zeitgenossen in diesen Ländern direkt erlebt, was es heißt, in einem Klima der Deflation zu leben; die meisten dieser Menschen sind jetzt Rentner und sehr alt. Für die große Mehrheit von uns ist das Steigen der Preise so natürlich wie das Fallen der Blätter, wir kennen es nicht anders. Wir wissen so wenig von Deflation wie die Algerier von Schnee oder die Ägypter von Regen.

**Die Inflationsgeschichte der Nachkriegszeit**

Eine Folge von Diagrammen (2.1–2.5) kann die Stetigkeit der Inflationserfahrungen in zehn OECD-Ländern während der Nachkriegszeit deutlich machen. Vergleicht man die Jahre, sind die Ähnlichkeiten zwischen 1948 und 1971 am größten; damals hielt das Abkommen von Bretton Woods die meisten Weltwährungen in einem System fester Wechselkurse zusammen. Da der US Dollar führende Reservewährung und Anker des Systems war, waren die USA in dieser Zeit das einzige Land mit der Freiheit, über die Inflationsrate selbst zu bestimmen. Alle anderen Staaten importierten die US-Inflationsrate über ihre festen Wechselkurse mit dem US Dollar.

**Bild 2.1: Jährliche Inflation in den USA und Kanada
(in Prozent pro Jahr)**

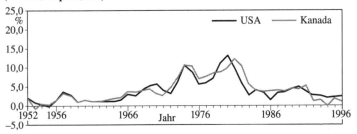

**Bild 2.2: Jährliche Inflation in Großbritannien und Australien
(in Prozent pro Jahr)**

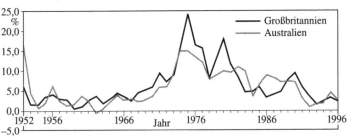

**Bild 2.3: Jährliche Inflation in Deutschland und Frankreich
(in Prozent pro Jahr)**

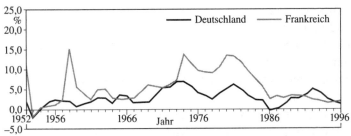

**Bild 2.4: Jährliche Inflation in Italien und Spanien**
**(in Prozent pro Jahr)**

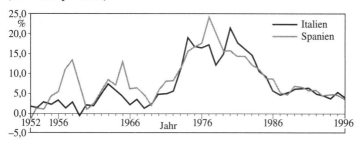

**Bild 2.5: Jährliche Inflation in Japan und Schweden**
**(in Prozent pro Jahr)**

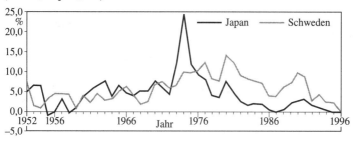

Während dieser Periode wurde die jährliche Inflationsrate meistens auf einem oder zwei Prozent gehalten, doch die militärischen Verwicklungen der USA – Koreakrieg, Suezkrise und Vietnamkrieg – hatten jedesmal Folgen für die Geldpolitik. Die amerikanische Regierung lockerte die Geldpolitik, um so die Finanzierungslasten der Militärausgaben zu verringern, sorgte damit aber gleichzeitig für einen zeitweise schnelleren Anstieg der Preise.

Auf die Inflationsgeschichte der fünfziger und sechziger Jahre können wir mit einer Mischung aus Stolz und Nostalgie zurückblicken. Stolz, weil wir heute wissen, welch zerstörerische Wirkungen Inflationen haben können; nostalgisch, weil

45

wir uns manchmal nach dem unwiederbringlich einfachen und übersichtlichen nationalen Wirtschaftsleben jener Jahre zurücksehnen. Doch auch damals gab es Krisen. Frankreich, Italien, Spanien und Großbritannien und andere Länder waren gezwungen, ihre Währungen im Verhältnis zum US Dollar abzuwerten, um ihre Zahlungsbilanzen zu stabilisieren. Währungsabwertungen trugen das Stigma des Versagens, der Hilflosigkeit angesichts unausweichlich steigender Preise, und höhere Preise für importierte Güter und Dienstleistungen provozierten höhere Lohnforderungen. Allzuoft nährte die einmalige Preisanpassung nach einer Abwertung die Erwartung höherer Inflationsraten für die Zukunft.

Die periodische Abwertung einzelner Währungen gegenüber dem US Dollar war ein bequemes Mittel, Spannungen im festen Wechselkurssystem zu lösen; eine Spannung jedoch ließ sich mit dem Abkommen von Bretton Woods nicht lösen: Es war unmöglich, die US-Währung abzuwerten. Dabei führte der lange und ergebnislose Einsatz amerikanischer Truppen in Vietnam zu einer Situation, die eine Abwertung des Dollars zwingend notwendig gemacht hätte. Ende Dezember 1971 machte das Smithsonian-Abkommen der Architektur fester Wechselkurse ein Ende. Einige Länder, darunter Kanada, entschieden sich dafür, die Bindung an den US Dollar beizubehalten, die meisten jedoch wählten die andere Option und ließen ihre Währungen flottieren.

Gelten flottierende oder flexible Wechselkurse, hat jedes Land die Verantwortung für die Gestaltung der eigenen Geldpolitik. Gelingt es, die Ausweitung der Bankkreditaufnahme des privaten, kommerziellen und öffentlichen Sektors zu zähmen und ausländisches Kapital ins Land zu ziehen und zu binden, dann wird dies seine Inflationsrate und den internationalen Wert seiner Währung positiv beeinflussen. Anfang der siebziger Jahre schienen außer den USA nur Deutschland und die Schweiz eine ungefähre Vorstellung davon gehabt zu haben, wie man nationale Geldpolitik macht. Und während sich andere westliche Länder noch darum bemühten, erlitt die Welt einen zweifachen Schock: 1971 durch sprunghaft steigende Dollar-Rohstoffpreise, Ende 1973 durch den vervierfachten Rohölpreis.

Die Politiker hatten eine einfache Wahl: Entweder sie erhöhten die umlaufende Geldmenge, so daß die Firmen und Konsumenten die höheren Nahrungsmittel- und Energiepreise bezahlen konnten; oder sie hielten die Geldmenge knapp, womit der private Sektor gezwungen sein würde, bei allen anderen Ausgaben zu sparen. Im ersten Fall käme es zu einem allgemeinen Anstieg des Preisniveaus und zu einem steilen Emporschnellen der Öl- und Rohstoffpreise im Verhältnis zu anderen Gütern und Dienstleistungen. Diese relativen Preisveränderungen würden auch bei der zweiten Option auftreten, aber das generelle Preisniveau bliebe in seinem vorherigen Trend. Ein Blick auf unsere Schaubilder genügt, um zu erkennen, welche Wahl die meisten Regierungen für ihre Länder getroffen haben.

Jährliche Inflationsraten von fast 25 Prozent in Großbritannien und Japan, um die 18 Prozent in Italien und 15 Prozent in Spanien und Frankreich verdeutlichen die Unzulänglichkeiten nationaler Politik in einer Welt flexibler Wechselkurse, zugleich die Schutzlosigkeit bestimmter Bevölkerungsschichten gegenüber einem rapiden Anstieg der Lebenshaltungskosten. Um zu vermeiden, daß der plötzliche Anstieg der Inflationsrate nicht zu schweren sozialen und politischen Auswirkungen führte, ließen die Regierungen zu, daß sich ihre Haushaltslage verschlechterte, und riskierten auch die Abwertung ihrer Währungen. Erst nach der zweiten Ölkrise (in der Folge des Konflikts zwischen Iran und Irak) und fast ein Jahrzehnt nach der Auflösung des Abkommens von Bretton Woods wurden viele Länder wieder Herr ihrer monetären Lage. Nur (West-) Deutschland konnte während der verschiedenen Krisen der siebziger Jahre von einer erfolgreichen Geldpolitik sprechen.

Seit Mitte der siebziger Jahre hat Deutschland seinen Ruf als große Stütze eines neuen, auf Europa begrenzten Systems fester Wechselkurse gefestigt. Von den anderen Gründungsmitgliedern der Europäischen Wirtschaftsgemeinschaft – Frankreich, Belgien, Luxemburg, den Niederlanden und Italien – schienen nur die Niederlande zu einer ähnlich strikten monetären Disziplin wie Deutschland in der Lage. Frankreich und Italien waren weit davon entfernt und mußten ihre Währungen gegenüber der Deutschen Mark mehrfach abwerten. Man vergißt leicht, daß Frankreich noch bis 1986 keine kontinuierliche Parität mit Deutschland halten konnte.

Dennoch war die tiefe und lange Rezession von 1980 bis 1982 ein Wendepunkt in der Inflationsentwicklung der Nachkriegszeit. Sie löste Zentren der Preisbildungsmacht in der Schwerindustrie und den Gewerkschaften auf, sie verabschiedete eine planwirtschaftliche Ära, die Westeuropa in den sechziger Jahren ergriffen hatte, und ebnete den Weg, auf dem die Zentralbanken zu einer viel bedeutenderen beratenden und exekutiven Rolle für die Wirtschaftspolitik kamen. Im Lauf der Rezession ging das Staatseinkommen um vier Prozent zurück, die Arbeitslosigkeit stieg auf ein Niveau, das drei Prozent der Arbeitnehmer in Nordamerika und Westeuropa entsprach. Diese schmerzhaften Leistungs- und Beschäftigungsverluste reichten aus, die Regierungen fast aller politischen Couleurs dazu zu bringen, einer Anti-Inflationspolitik höchste Priorität zu geben.

Von 1984 an war eine deutliche Mehrheit der westlichen Volkswirtschaften frei vom Inflationsvirus und, wenn auch mit unterschiedlichem Tempo, auf dem Weg der Gesundung. Frankreich und Großbritannien brauchten zwei Jahre länger, um bei den Verbraucherpreisen eine Inflationsrate von weniger als fünf Prozent zu etablieren; Italien und Spanien waren mit ihren leicht höheren Inflationsraten zufrieden. Leider wurde die Rückkehr zu guter Gesundheit in den angelsächsischen Ländern allzu ausgelassen gefeiert; das gutgemeinte

Drängen, diese Volkswirtschaften zu liberalisieren und de-
regulieren, brachte das Funktionieren der Geldpolitik erneut
durcheinander. In der Folge leisteten sich einige der avancierten Volkswirtschaften, darunter die USA, Großbritannien,
Kanada, Schweden und Australien, in der zweiten Hälfte der
achtziger Jahre eine weitere Runde monetärer Exzesse mit
anschließender Inflation. Japan beteiligte sich intern und
durch die internationalen Aktivitäten seiner Banken, Ver-
sicherungs- und Kreditunternehmen an dieser unsinnigen
Politik: mit katastrophalen Auswirkungen.

Obere Inflationsraten von 5,4 Prozent in den USA, 5,6 Prozent in Kanada, 9,5 Prozent in Großbritannien und 10,4 Prozent in Schweden in den Jahren 1990 und 1991 erinnerten auf
beschämende Weise daran, wie wenig wir vom Inflationsprozeß verstehen und wie unzulänglich unsere Strukturmaßnah-
men geblieben sind. Daß die USA und Kanada so glimpflich
davonkamen, ist allein ihrer Bereitschaft geschuldet, enorme
Außenhandelsdefizite zu tolerieren. Anhaltende Handelsdefi-
zite sind ein Ersatz für höhere inländische Inflationsraten. Im
wesentlichen bremst eine Flut ausländischer Waren und
Dienstleistungen die Wucht der Preisbildung inländischer
Produzenten und Dienstleister. Dieses Mittel kann aber nur
funktionieren, wenn Ausländer bereit sind, Wirtschaftsgüter
für ihre Waren und Dienstleistungen zu akzeptieren.

Die Zinserhöhungen, die den inflationären Boom der späten achtziger Jahre beendeten, führten Großbritannien, die
USA, Kanada, Australien, Neuseeland und Skandinavien in
eine neuerliche verlustreiche Rezession, die ihren Tiefpunkt
1991 erreicht hatte. Für Deutschland ganz ungewöhnliche
monetäre Fehleinschätzungen führten dort nach der Wiedervereinigung zu einem Boom und verzögerten für Mittel-
europa die Folgeeffekte der angelsächsischen Rezession bis
1993. Über diese Kreisbewegung sind die großen westlichen
Volkswirtschaften in ihrem vermeintlichen Inflationsparadies
angekommen.

**Was ist eigentlich so schlimm an der Inflation?**

Mit dem Begriff Inflation, so hatten wir Anfang dieses Kapitels gesagt, werden Ungerechtigkeit, Unannehmlichkeiten und Probleme verbunden. Es gibt einige Gründe, warum Inflation zu Recht als ökonomisches Übel betrachtet wird. Im Hinblick auf Ungerechtigkeit ist zu kritisieren, daß Inflation den gesellschaftlichen Gruppen, je nach deren besonderen Umständen, willkürlich Gewinne bzw. Verluste bringt. Verallgemeinernd gesagt, bei steigender Inflationsrate profitieren die verschuldeten Jungen, während ältere Sparer und Rentner verlieren. Es gibt drei verschiedene Typen von Transfer, die auftreten, wenn ein signifikanter Inflationsprozeß (eine jährliche Inflationsrate von über fünf Prozent) in Gang ist.

Erstens der Transfer von Arbeitnehmern in ihren besten Jahren zu denen, die auf Unterstützungsleistungen und Rentenzahlungen angewiesen sind. Arbeitnehmer zwischen zwanzig und vierundvierzig sind gewöhnlich mehr als ausreichend vor einer allgemeinen Inflation geschützt, weil ihr Qualifikationsniveau noch zunimmt und ihre Karrierechancen weiter steigen; dies versetzt sie in die Lage, relativ leicht auf neue Stellen zu wechseln, wenn sie mit Bezahlung oder Bedingungen des bestehenden Arbeitsverhältnisses unzufrieden sind. Empfänger von Sozialleistungen und Renten scheinen wegen der jährlichen Anpassungsregelungen vor der Inflation der Verbraucherpreise geschützt zu sein, aber es gibt Gründe, warum dies in der Praxis oft nicht funktioniert. Die Regierung kann im Kampf um die Reduzierung der öffentlichen Ausgaben zusätzliche Leistungen für Rentner, wie Reisezuschüsse, Gesundheitsmaßnahmen und Wohnungsgelder, streichen. Firmenrenten können nur zum Teil dynamisiert sein und damit eine jährliche Inflationsrate von bis zu drei Prozent ausgleichen, aber keine höhere. Auf diese Weise transferiert Inflation wirtschaftliche Ressourcen von den Bevölkerungsgruppen der Rentner und Sozialleistungsempfängern zu den Haushalten jüngerer Arbeitnehmer.

Eine zweite Art von Transfer findet statt zwischen Nettokreditnehmern und Nettosparern. In den meisten entwickelten Ländern ist ein Haushalt berechtigt, die Zinsen auf eine Hypothek bis zu einer festgesetzten Grenze steuerlich geltend zu machen; und manche Länder befreien andere Arten persönlicher Darlehen von der Steuer. Je höher die Inflationsrate, desto höher ist wahrscheinlich der Nominalzins und daher um so höher die damit gegebene Steuererleichterung für Zinszahlungen. Ganz anders als Zinssubvention erodiert Inflation mit der Zeit den realen Wert der Schulden des Kreditnehmers. Weil der Geldwert einer Schuld gewöhnlich zu deren Beginn festgesetzt wird, reduziert jeder folgende Anstieg des allgemeinen Preisniveaus die effektive Tilgungslast. Nettosparer, deren Haushaltsvorstände in der Regel über 45 Jahre alt sind, können auch manche ihrer Zinseinkünfte steuerlich geltend machen, der größte Teil ihres Anlageeinkommens jedoch ist steuerpflichtig. Zudem schrumpft durch fortschreitende Preiserhöhungen der reale Wert ihres angehäuften Vermögens. Bei manchen kann der Gesamtertrag (in Form von Kapitalgewinnen oder Anlageeinkommen) die laufende Inflationsrate ausgleichen, aber bei anderen nicht. Daher transferiert Inflation in der Regel die Kontrolle über reale Ressourcen von den Nettosparern zu den Nettokreditnehmern.

Ein dritter Transfermechanismus ist das progressive Einkommensteuersystem, das in den meisten westlichen Ländern gilt und in dem die Steuermarge mit der Höhe des Einkommens vor Steuer wächst. Je steiler die Lohn- und Preisinflation, desto eher gerät das Einkommen des einzelnen in höhere Besteuerungsstufen und die Steuerprogression greift. Zwischen aufeinanderfolgenden Änderungen der nominellen Steuergruppen und -freibeträge erhält der Staat zusätzliche Steuermittel aus dem privaten Sektor. Seltene Anpassung des Steuersystems kann als verdecktes Mittel benutzt werden, die effektive persönliche Steuerlast zu erhöhen. Auf alle Fälle muß man sich klar machen, daß Inflation von Natur aus eine Form der Besteuerung ist, weil Bargelder (und manche Arten von Bankeinlagen) keine Zinsen tragen.

### Inflation als Plage

Über den Vorwurf der ökonomischen Ungerechtigkeit hinaus wird Inflation auch als Quelle von Unannehmlichkeiten verdammt. Um es einfach zu sagen, gemeint ist die Plage, ständig Preislisten und Warenauszeichnungen revidieren zu müssen. Je höher das Tempo der Inflation, je öfter sind Preise, Löhne, Mieten und dergleichen zu aktualisieren. In Ländern mit niedriger Inflation ist es möglich, daß Unternehmen nur eine einzige jährliche Anpassung vornehmen müssen, manchmal auch gar keine. Liegt die jährliche Inflationsrate aber zwischen zehn und 25 Prozent, wird möglicherweise eine Revision pro Quartal fällig. In extremen Fällen, bei jährlichen Inflationsraten von mehr als 50 Prozent, ist es nicht ungewöhnlich, daß Löhne, Preise und Mieten monatlich angepaßt werden. Bleibt die Inflationsrate relativ stabil, dann zeigt die Erfahrung verschiedener lateinamerikanischer und osteuropäischer Länder, daß die Menschen lernen, damit zu leben. Dennoch ist die häufige Anpassung von Preisen eine Verschwendung von Zeit und Ressourcen.

Es ist jedoch viel wahrscheinlicher, daß eine Krise der Geldpolitik, die dazu führt, daß die jährliche Inflationsrate auf mehr als 50 Prozent steigt, nicht überwunden wird, bevor es zu einer immer schnelleren Eskalation der Preissteigerungen kommt. Hyperinflation, von der man spricht, wenn die monatliche Inflationsrate 50 Prozent und mehr beträgt, macht die inländische Währung praktisch wertlos. Die Lage in Deutschland, Österreich, Ungarn, Polen und Rußland zu Anfang der zwanziger Jahre sowie in Deutschland, Ungarn, China und Griechenland in den Nachkriegsjahren gibt ein gut dokumentiertes Zeugnis vom Elend der Lebensumstände in einer Hyperinflation. Brasilien hatte noch 1994 eine jährliche Inflationsrate von über 2000 Prozent; 1990 hatten Argentinien, Brasilien, Nicaragua und Peru Inflationsraten die 2000 Prozent überschritten, mit der Notwendigkeit, Preise und Einkommen fast ununterbrochen zu erhöhen. 1990 zitierte die Times, wie sich ein Ladeninhaber in Buenos Aires über den Neujahrsfeiertag beklagte: »Bei allem, was wir am Samstag verkauft haben, haben wir draufgelegt, weil die Preise zwischen 100 und 200 Prozent gestiegen sind. Manche von uns warten lieber bis sich die Lage beruhigt hat, als noch mehr Geld zu verlieren.«

Unter den extremen Bedingungen einer Hyperinflation steigern sich die inflationsbedingten Unannehmlichkeiten zu wirklichen Problemen und zum Chaos. Schon die oben beschriebenen Kosten der Inflation sind ernst genug, wenn die Rate zwischen fünf und dreizehn Prozent liegt; kann der Inflationsprozeß jedoch nicht in seinem Frühstadium gebremst werden, dann stehen verheerende Folgen zu erwarten. In der Regel lösen Inflationsraten von über 50 Prozent soziale Unruhen und sogar Bürgerkriege aus, wenn Löhne und Preise nicht dynamisiert werden. Bei einer Inflationsrate von mehr als 100 Prozent jährlich verflüchtigt sich aller Wahrscheinlichkeit nach das Vertrauen in die einheimische Währung, es kommt zu Parallelmärkten, auf denen nur harte Währungen wie US Dollar oder Deutsche Mark akzeptiert werden, und zu einem starken Anstieg der Kriminalität. Auch Kapitalflucht, das legale oder sonstige Abwandern privater Vermögen in andere Länder, wird bei hoher Inflationsgeschwindigkeit wahrscheinlicher. Volkswirtschaften, die unter Hyperinflation leiden, brauchen im allgemeinen ein starkes Militär, um Aufruhr, Schwarzhandel und Kapitalflucht im Zaum zu halten. Von einer freiheitlichen Gesellschaft bleibt nicht mehr viel, wenn eine Inflationsrate von über 100 Prozent toleriert wird.

Eine etwas differenziertere Kritik bezieht sich auf die Ungewißheit über zukünftige Inflationsraten. Bleibt die Inflation beständig bei drei oder fünf Prozent, können Unternehmen entsprechend planen; bei plötzlichem Inflationsanstieg oder -rückgang jedoch können kostspielige Fehlkalkulationen auftreten. Wenn, zum Beispiel, ein Unternehmen verstärkte Nachfrage nach seinen Produkten erlebt, ist die natürliche Reaktion, neues Rohmaterial zu bestellen und zusätzliche Arbeitskräfte einzustellen. Wenn das Unternehmen aber bloß die Inflationsrate falsch eingeschätzt und seine Produkte zu billig verkauft hat, wird es bei diesen Verkäufen nur ungenügende Gewinne erzielen. Korrigiert man die Preise, dann wird die Nachfrage nach diesen Gütern zurückgehen, und der Einkauf neuer Materialien und die Einstellung neuer Mitarbeiter sind nicht gerechtfertigt. Eine sprunghafte Inflationsrate veranlaßt Unternehmen zu größerer Lagerhaltung, um auf unerwartete Nachfragesteigerungen reagieren zu können. Diese zusätzliche Lagerhaltung bindet Kapital, das sich sonst in anderen Bereichen profitabler einsetzen ließe. Auf diese Weise läßt eine ungewisse Inflationsentwicklung die Geschäftskosten steigen und die wirtschaftliche Effizienz sinken.

Falls die vorherigen Abschnitte den Leser im Zweifel gelassen haben sollten: Dieses Buch vertritt keinen revisionistischen Standpunkt zur Preisinflation. Inflation hat viele Eigenschaften, die nicht erstrebenswert sind, und es wäre Unsinn, etwas anderes zu behaupten. Der Schaden, der allein in Europa von einer törichten Politik, die zweistellige Inflationsraten hingenommen hat, verursacht worden ist, läßt sich nicht leugnen. Kommt man aber zu einer vergleichenden Bewertung von stabiler Null-Inflation und einer stabilen drei- oder sogar fünfprozentigen Inflationsrate, dann muß sich der Autor von den Verfechtern der Nullinflation verabschieden. Trotz der landläufigen Beteuerungen der Finanzminister weist nichts darauf hin, daß es für ein anhaltendes Wirtschaftswachstum größere Vorteile bringt, wenn man, statt auf drei oder fünf Prozent, auf eine Nullinflationsrate zustrebt. Vor 1970 bezweifelten viele empirische Untersuchungen sogar, daß Inflation überhaupt einen signifikant nachteiligen Effekt auf das Wirtschaftswachstum hat. Solange man nur die Perioden niedriger Inflation der fünfziger und sechziger Jahre berücksichtigen konnte, war es unmöglich, zwischen Inflation und Wachstum statistisch ein negatives Verhältnis zu erkennen. Erst mit den zusätzlichen Erkenntnissen aus den siebziger und achtziger Jahren ist man zu diesem Ergebnis gekommen.

Zu überraschenden Ergebnissen kommt ein schwer zugängliches, 1995 geschriebenes Arbeitspapier von Michael Sarel, einem Wissenschaftler am International Monetary Fund in Washington, D.C. Sarel trug über die Jahre 1970 bis 1990 Informationen aus siebenundachtzig Ländern zusammen und entdeckte eine strukturelle Wende im Verhältnis zwischen den Raten des Wirschaftswachstums und der Inflation. Der Wendepunkt liegt bei einer jährlichen Inflationsrate von ungefähr acht Prozent. Zwischen null und acht Prozent, so fand er heraus, hat die Inflationsrate keinen oder sogar einen leicht positiven Effekt auf das Wirtschaftswachstum; über acht Prozent sind die vermuteten negativen Auswirkungen der Inflation auf die Wachstumsraten signifikant und schlagen massiv durch. Dieses Ergebnis bestätigt die ökonomische Einsicht, daß man zweistellige Inflationsraten nicht hinnehmen darf; weist aber gleichzeitig die Vorstellung zurück, die Inflationsrate sollte bei null liegen. Warum sollte man sich, wenn es bei niedrigen Inflationsraten keine erkennbaren Verluste wirtschaftlicher Effizienz gibt, auf das Nullziel versteifen?

**Die Gefahren des Nullinflations-Fanatismus**

Ganz abgesehen von Sarels Ergebnissen gibt es eine Reihe guter technischer Gründe, statt einer Nullinflation niedrige Inflationsraten anzustreben. Zunächst können bei den allgemein gebräuchlichen Meßverfahren zur Inflation der Verbraucherpreise Fehler auftreten. Preisindizes verlangen, daß man die richtigen Waren und Dienste in einer angemessenen Gewichtung bewertet, die das Kaufverhalten der Konsumenten genau widerspiegeln. Die Stichprobenpalette, mit der Daten über alle konstitutiven Waren erhoben werden, wird dann unzuverlässig, wenn sich neue Trends im Kaufverhalten herausbilden. Neue Arten von Läden, etwa große Discount-Warenhäuser, sind im Rahmen der Stichproben möglicherweise unterrepräsentiert, was zu einer impliziten Aufwärtstendenz beim Preisindex führt. Zweitens können Lebenshaltungskosten- und Preisindizes qualitative Veränderungen von Gütern und Dienstleistungen nur begrenzt erfassen. Werden Qualitätsverbesserungen als effektive Preissenkungen registriert, setzen die konventionellen Preisindizes die durchschnittliche Inflationsrate wieder höher an. Ein dritter Grund betrifft die Flexibilität einer Volkswirtschaft. Dort, wo eine Volkswirtschaft vom privaten Unternehmertum und schwach regulierten Waren- und Arbeitsmärkten bestimmt ist, fließen Ressourcen auf der Suche nach neuen Chancen und besseren Erträgen frei zwischen den Regionen und Sektoren hin und her. In einer Welt der Nullinflation würde ein beträchtlicher Teil benachteiligter Regionen und Sektoren unter längeren Perioden leiden, in denen dort Nominaleinkommen, auch die Löhne und Gehälter, sinken würden. In einer Ökonomie mit Niedriginflation kann sich der gleiche relative Transfer ohne das weitverbreitete Stigma von Lohnkürzungen vollziehen.

Dem Fanatiker aber gilt schon das Tolerieren geringster Inflationsbewegungen als Ketzerei. Wenn eine rasche Inflation sehr schlecht und eine gemäßigte ziemlich schlecht ist, dann, so die Fanatiker, ist es das beste, gar keine Inflation zu haben. Eine solche Logik ist unstrittig, wenn es um Verbrechen, Krankheit oder Müll geht, aber ein derart einfaches Denken greift nicht im Hinblick auf Inflation. Eine der falschen Vorstellungen ist, Inflation wirke wie eine gefährliche Krankheit, wie Pest oder Pocken. Wo diese Krankheiten auftreten, kann man den Erreger nur ausrotten. Aber anders als der Pockenerreger, gegen den es einen wirksamen Impfschutz gibt, der das Risiko eines neuen Ausbruchs auf eine zu vernachlässigende Größe reduziert hat, kann Inflation ohne weiteres verschwinden und wieder auftauchen. Bei Pocken gilt: Pocken oder nicht Pocken; Inflation dagegen hat einen Gegenpart, nämlich Deflation, ein Phänomen mit eigenem Schrecken.

### Stolz kommt vor dem Fall

Am Ende des 20. Jahrhunderts herrscht in der westlichen Welt eine einzige Einstellung gegenüber der Inflation: Man ist intolerant und moralistisch. Es würde, so argumentiert man, uns allen besser gehen, hätten die Preise keine besondere Tendenz zu steigen oder zu fallen. Dieses Glaubensbekenntnis müssen alle Zentralbanker vor dem Frühstück repetieren, um es ja nicht zu vergessen. Und alle politischen Parteien müssen es in ihre Parteiprogramme aufnehmen.

Doch Sagen und Tun sind zweierlei; politische Entscheidungsträger mit den strengsten Verfahrensregeln waren für einige der gröbsten Inflationsfehler verantwortlich. Es war der britische Premierminister Edward Heath, der 1973 den Satz geprägt hat, mit dem dieses Kapitel überschrieben ist. Die Abscheu vor der Inflation hat weder zu einem gemeinsamen Verständnis des Inflationsprozesses geführt noch zu einer allgemein anerkannten Methode der Inflationskontrolle.

Die Kluft zwischen dem moralisierenden Ton der Verlautbarungen und der Großzügigkeit im Handeln ist eines der zentralen Themen dieses Buches. In den letzten zwanzig Jahren hat es eine immer lautere Haßkampagne gegen die bitteren Ungerechtigkeiten gegeben, für welche man die Inflation verantwortlich macht. Dieser Konsens hat die Prioritäten staatlichen Handelns gesetzt; er hat zur Bildung neuer Institutionen und zu Verfassungsänderungen geführt. Der gemeinsame Kampf gegen Inflation hat die politischen Gegner innerhalb der Länder vereint und zu einem hohen Maß wirtschaftlicher Zusammenarbeit unter den großen entwickelten Staaten Nordamerikas und Westeuropas geführt. Die Pläne einer Europäischen Wirtschafts- und Währungsunion (EWU) hätten nie verwirklicht werden können ohne die Verpflichtung der Mitgliedsstaaten zur strengsten Inflationskontrolle. Daß vor allem Deutschland darauf insistierte, hat mit den schrecklichen Erfahrungen des Landes mit Hyperinflation zu tun. Wollte man die Wirtschaftsgeschichte der zweiten Hälfte des zwanzigsten Jahrhunderts schreiben, könnte man dies am Leitfaden des Kriegs gegen Inflation entlang tun.

**Ist der Krieg wirklich gewonnen?**

Statistiken – manche wurden zur Erstellung der Graphiken und Diagramme dieses Buches benutzt – liefern gewichtige Argumente dafür, daß der Krieg gewonnen ist. Zwischen 1990 und 1998 sind mehr OECD-Staaten in den Genuß einer niedrigen Inflationsrate (unter fünf Prozent pro Jahr) gekommen als jemals seit den sechziger Jahren. Für die meisten Erwachsenen in der westlichen Welt sind die rapiden Inflationsraten Mitte der siebziger Jahre nur eine dunkle Erinnerung. Aber die Medien haben die Menschen ständig darin bestärkt, Inflation als unerwünschtes Element im Wirtschaftsleben zu begreifen. Steigende Inflationsraten gelten als nationale Schande. Beim kleinsten Anzeichen bereits verlangen Wirtschaftskommentatoren und Politiker aller Lager sofortiges Gegensteuern, gewöhnlich in Form höherer Zinsen. In den meisten westlichen Ländern haben sich diese Fixierung auf und diese Unduldsamkeit gegen Inflation erst in den letzten zwanzig Jahren entwickelt. Und doch hat jedes dieser Länder eine Zentralbank, deren Vorstände oder Leitungsgremien in den öffentlichen Debatten über viel Einfluß verfügen. Die Unabhängigkeit der Zentralbank vom politischen Alltagsgeschäft ist nicht zufällig zum prominenten Thema geworden.

Während es noch viele ärmere Länder in der Welt gibt, in denen hohe Inflationsraten und sogar Hyperinflation herrschen, ist man im Westen ganz überwiegend zuversichtlich, den Krieg gegen die Inflation gewonnen zu haben; man ist überzeugt, daß dieser Sieg haltbar ist. Der Kampf, jährliche Inflationsraten von 20 auf 10 Prozent, von 10 auf 5 Prozent und von 5 auf 2,5 Prozent zu drücken, war, wenn man Leistungsverluste und steigende Arbeitslosigkeit betrachtet, in der Regel sehr kostspielig. Der Sieg über die Inflation ist kostbar, und er wird noch ausgekostet. Zudem wird an der Architektur von Institutionen, welche die Inflation unter Kontrolle halten sollen, noch gebaut. Da kann jede Warnung davor, daß diese Einrichtungen eine wirksame Antwort auf eine viel ernsthaftere Gefahr verhindern können, nur auf taube Ohren treffen. Tatsächlich wird die Einführung des EURO, die Tatsache, daß es gelungen ist, eine einzige europäische Währung zu schaffen – der irreversible Zusammenschluß ehemals inflationärer Ökonomien zu einer Währungsunion, deren Zentralbank (EZB) konstitutionell der praktischen Preis-Stabilität verpflichtet ist –, als Höhepunkt der Schlacht gegen die Inflation betrachtet.

**Zusammenfassung**

So lobenswert das Bedürfnis, die Inflation zu überwinden, und die Litanei der von ihr bewirkten Ungerechtigkeiten auch sein mögen, es bleibt dabei, daß Inflation nicht das einzige Übel ist, das Volkswirtschaften befallen kann; sie war es nicht und wird es nie sein. Immer wenn ein Land oder eine Gruppe von Ländern ein einziges ökonomisches Ziel in Angriff genommen hat, ist es zu Problemen in anderen Bereichen des gesellschaftlichen, wirtschaftlichen oder politischen Lebens gekommen. Je enger das taktische Ziel gesteckt war, desto verbissener wurde es verfolgt, und desto größer wurde die Wahrscheinlichkeit einer nachfolgenden Krise. Mit meinem Buch vertrete ich die These, daß die obsessive Ausrichtung des Handelns auf Inflation den Weg für eine Krise immenser Größenordnung ebnet. In einer grausamen, aber doch naheliegenden logischen Umkehrung ist das einzige Gegenmittel gegen diese anstehende Krise eine bewußte und koordinierte

Reflation der großen entwickelten Volkswirtschaften. Mit dieser Krise wird die Inflation der siebziger Jahre nicht länger das bestimmende ökonomische Ereignis für die heutigen Erwachsenengenerationen sein; nicht mehr das sein, was die zweite Weltwirtschaftskrise von 1929 bis 1939 für die kürzlich verstorbenen Generationen war.

Das Herunterdrücken der Inflationsraten rechtfertigt die Mittel nicht, mit denen dies geschehen ist. Nachfolgende Kapitel beschreiben, wie eine Diversifizierung des Kreditprozesses das Gravitationszentrum vom konventionellen Bankkreditwesen abgelenkt hat. Der Aufstieg von Finanzmärkten und die Wucherung privater Kreditkanäle außerhalb des monetären Systems haben in den großen westlichen Volkswirtschaften die Koppelung zwischen Kreditexpansion und Geldmenge sowie die zwischen Kreditexpansion und Preisinflation sehr stark gelockert. Die beeindruckende Rückführung der Inflationsraten ist eine gefährliche Illusion; sie wurde zu einem großen Teil dadurch erreicht, daß man eine gravierende Problematik durch eine andere ersetzt hat.

Um meine Leser von dieser Behauptung zu überzeugen, muß ich viele Argumentationslinien verknüpfen und Belege zusammenführen. Dieses Kapitel versuchte zu erklären, warum Inflation zum Staatsfeind Nummer eins wurde. Ohne ein tieferes Verständnis der Inflationsgeschichte der letzten fünfzig Jahre und ohne hinreichendes Wissen über die Inflation in früheren Zeiten läßt sich nur schwer begreifen, warum die Fixierung auf die Antiinflationspolitik im letzten Viertel des 20. Jahrhunderts so stark und beständig war.

In der gesamten westlichen Welt sind unsere Institutionen, unsere Geschäfte und persönlichen Entscheidungen in finanziellen Dingen von der Erfahrung ständig steigender Preise geprägt worden. Mietverträge, Hypotheken, Leasingkontrakte und Rentenversicherungen basieren alle auf der Annahme, daß das durchschnittliche Preisniveau für Waren und Dienstleistungen nicht fällt, oder allerhöchstens für sehr kurze Zwischenphasen. Obwohl stabile Preise intuitiv erstrebenswert erscheinen, bleibt das Problem, daß die westliche Nachkriegszivilisation Inflation in ihre Struktur integriert hat; sie ist viel anfälliger gegenüber der unbekannten Gefahr der Deflation als gegenüber der durchschauten Gefahr höherer Inflationsraten. Im fanatischen Bemühen, sie niedrig zu halten, liegt das beträchtliche Risiko, einige der größten Volkswirtschaften der Welt in eine regelrechte Deflation zu treiben.

Dieses Risiko wäre unter vielen Umständen ernst zu nehmen, man denke nur an die unerfreulichen Deflationserfahrungen in beiden großen Weltwirtschaftskrisen; heute jedoch hat es überwältigende Bedeutung. Hinter der mechanischen Antiinflationsrhetorik von Politikern und Zentralbankern (deren Rolle in dieser traurigen Geschichte im nächsten Kapitel erörtert wird) steckt die harte Realität einer unbeschränkten Expansion des Finanzmarktkredits. Wie der Mann, dessen Eigenheim blitzblank und sauber ist, der aber den Abfall immer nur auf den Speicher gebracht hat, hat der Entleiher an dem Tag viel zu fürchten, an dem die Decke durchbricht.

# 3
## Die Rattenfänger von Zürich

All' die kleinen Mädchen und Rangen,
mit flachsernen Locken und rosigen Wangen,
mit Perlenzähnen und Augenprangen,
trippelnd und wippelnd, froh liefen sie nach
der Wundermusik mit Geschrei und Gelach.
*Robert Browning, »Der Rattenfänger von Hameln«*

Im großen und ganzen, wenn das höchste Ziel
Preisstabilität ist, sind wir mit dem Goldstandard des
19. Jahrhunderts und passiven Zentralbanken, mit
Währungsausschüssen oder selbst mit »free banking«
besser gefahren. Die wirklich einzigartige Macht einer
Zentralbank ist schließlich die Macht, Geld zu
schaffen, und letztlich ist die Macht, zu schaffen, die
Macht, zu zerstören. *Paul Volcker, Vorsitzender
des US Federal Reserve Board (1979-1987)*

Am Ende des 20. Jahrhunderts gehören Notwendigkeit und
Bedeutung von Zentralbanken zu den unbestrittenen Wahr-
heiten des westlichen Wirtschaftslebens. Daß ein zentralisiertes Bankensystem mit einer staatlichen Bank an der Spitze,
die alleine die Geldmenge kontrolliert und Reserven unter-
hält, Vorteile bringt, gilt schon seit langem für selbstverständlich. Wie die Bankenhistorikerin Vera Smith gezeigt hat,
haben die entscheidenden Debatten über diese Frage in Westeuropa und Amerika zwischen 1830 und 1875 stattgefunden.
Es gibt eine Reihe von Alternativen zu einem zentralisierten
System, darunter den Währungsrat, eine Währungsbehörde
oder das System ungehinderten Wettbewerbs, in dem Privatbanken ihre eigenen Noten und Münzen ausgeben, Kredite
gewähren, Einlagen annehmen und Reserven vorhalten. Obwohl das »free banking« bis heute Fürsprecher hat, fürchten
sich die meisten Menschen vor dem Gedanken an die Zeiten

der Bankenzusammenbrüche und den sitzengelassenen Einzahlern. Vielleicht ist angesichts der Raffinesse des modernen Fälschertums eine Rückkehr zum freien Bankwesen schon aus praktischen Gründen ausgeschlossen. Das Fälschen von Banknoten war bereits im frühen 19. Jahrhundert ein Problem; wäre es heute nicht viel größer?

**Zentralbanken:**
### Die Errungenschaft zivilisierter Gesellschaften

Vielleicht ist es nützlich, wenn ich zunächst erkläre, was eine Zentralbank ist und tut. Sie ist eine Geldbehörde, in der Regel vollständig in Staatsbesitz, rechtlich jedoch unabhängig vom Finanzministerium. In der Regel liegt die Kontrolle über das Geld, also über die in der Öffentlichkeit zirkulierenden Noten und Münzen, Einlagen und die obligatorischen Einlagen der Banken, mehr oder weniger ausschließlich bei der Zentralbank. Daher kann sie eine unabhängige Geldpolitik verfolgen, ohne Bindung an ein formales Regelwerk oder die Verpflichtung, aus ihren Aktivitäten Gewinne zu erzielen. Dieser große Ermessensspielraum ist das entscheidende am Modell der Zentralbank, er unterscheidet es von anderen Modellen wie Währungsräten und Währungsinstituten. Dennoch sind nur wenige Zentralbanken tatsächlich politisch unabhängig. In den meisten Fälle sind sie verpflichtet, ihre Tätigkeit von Zeit zu Zeit vor staatlichen Gremien zu rechtfertigen.

Strenggenommen müßte die Zentralbank nicht unbedingt als Refinanzierungsinstitut letzter Instanz (RLI) für den privaten Sektor des Bankensystems fungieren, in der Praxis aber tun sie es ohne Ausnahme alle. Und dies vor allem, damit sie in Zeiten allgemeiner Panik vor einer Krise des Bankensystems einen Zusammenbruch der Geldversorgung verhindern können. Henry Thornton und Walter Bagehot formulierten die Begründung für das RLI mit einer Reihe von Regeln, die die im 18. Jahrhundert häufigen Bankkrisen und Paniken beenden sollten. Diese Regeln betonten die Verantwortung des RLI für den Schutz der Geldmenge, sie stützten die Zentralbank in der Verfolgung ihrer Ziele und in ihrer Verantwortung dafür, daß zahlungsunfähige Institutionen in Konkurs gehen können, nur kreditwürdige Institutionen Darlehen erhalten, von anderen Kreditnehmern Strafzinsen erhoben werden, gute Sicherheiten verlangt werden; außerdem waren sie, um Vertrauenskrisen zu vermeiden, verpflichtet, die jeweilige Politik vorab anzukündigen. Die heutigen Verhältnisse offener Märkte haben es überflüssig werden lassen, daß die RLI die Unterstützung kreditwürdiger Darlehensnehmer kanalisiert.

Am Ende des 20. Jahrhunderts wird das zentralisierte Bankensystem nicht ernsthaft in Frage gestellt. Zentralbanken genießen in der Öffentlichkeit hohes Ansehen und gelten als eine der Errungenschaften einer zivilisierten Gesellschaft. Obwohl nicht über jeden Vorwurf erhaben, gelten Zentralbanken als unverzichtbar für das reibungslose Funktionieren des Finanzsystems, auf dem Industrie und Handel basieren. Politische Einmischung in die Festsetzung der Zinssätze beispielsweise wird weithin verdammt; die moralische Entrüstung, die so etwas hervorruft, ist ein Beleg für die zunehmende Zustimmung, die die Unabhängigkeit der Zentralbank in monetären Angelegenheiten findet. In westlichen Demokratien ist der Status dieser Bank inzwischen fest etabliert: Sie ist Herrin des gesunden Geldes und Quelle weiser Ratschläge in Finanzfragen. Noch in ihrer Architektur strahlen Zentralbankgebäude Strenge, Umsicht und Dauerhaftigkeit aus, ohne darum wirklich grandios zu wirken.

Die Entwicklung hin zum System der Zentralbanken hat einige merkwürdige Umwege genommen. Die ersten Länder, die Nationalbanken einführten, waren Schweden (1668) und Großbritannien (1694); dann gab es wieder eine Pause, bis im Jahr 1800 die Banque de France die Bühne betrat. In der ersten Hälfte des 19. Jahrhunderts folgten schließlich die anderen Skandinavischen Länder sowie Belgien, Holland,

Spanien, Portugal und Indonesien. Die Vorläuferinnen der
Deutschen Bundesbank, der Nationalbanken von Bulgarien,
Rumänien, Japan, Serbien und Italien reihten sich zwischen
1875 und 1893 ein. Die Schweizer Nationalbank in Zürich
trat erst 1907 in Erscheinung und das amerikanische Federal
Reserve System mit dem Gesetz von 1913. Als dann der Goldstandard außer Kraft trat, sahen sich die Zentralbanken eindeutig aufgefordert, eine noch viel bedeutendere Rolle zu
spielen als in früheren Jahrhunderten. Zur Jahrhundertwende
gab es insgesamt 17 Zentralbanken, 1920 waren es 22, 1940
waren es 42, zwanzig Jahre später 76, weitere zehn Jahre
später 110, 1980 dann 136 und Mitte der neunziger Jahre über
170 mit weltweit 240 000 Angestellten.

Vertreter der meisten dieser Banken versammelten sich im
Februar 1994 in London zur Dreihundertjahrfeier der Bank of
England. Als Geste des Respekts verschoben die Vorstände
des US Federal Reserve Board ihre eigene reguläre geldpoli-
tische Sitzung, um an der Feier der Kollegen teilnehmen zu
können. Gleichwohl kehrten die Mitglieder der FED in der
festen Absicht nach Washington zurück, in ihrem Land sofort
die Zinsen zu erhöhen, was beträchtliche Auswirkungen auf
die weltweiten Anleihenmärkte zeitigte. Vielleicht war dieser
Akt, die Anhebung des Tagesgeldsatzes um einen knappen
Viertelprozentpunkt, das deutlichste Zeichen dafür, daß die
großen Zentralbanken schließlich den Status der obersten
Exekutive in der Wirtschaftspolitik erlangt hatten. Die Europäische Zentralbank (EZB), die ihre Arbeit Mitte 1998 aufgenommen hat, vereint in sich die geldpolitischen Funktionen
der Bundesbank, der Banque de France und neun anderer
Zentralbanken; sie steht damit für eine weitere Konzentration
von Kontrollmacht.

**Der Weg zum Ruhm**

Daß sich Zentralbanken solcher Beliebtheit erfreuen, läßt sich mit drei Stichworten erklären. Erstens hat die hohe Priorität, die der Kontrolle und schließlich nach den Turbulenzen der siebziger Jahre der Überwindung der Inflation beigemessen wurde, den Stellenwert der Kredit- und Geldpolitik und damit seiner ausführenden Institution erhöht. Wirksam war hier vor allem auch das in vielen Ländern entschlossene Bemühen, die operative Seite vom politischen Prozeß zu trennen. Zweitens gilt die Gründung einer Zentralbank in Entwicklungsländern als ein notwendiger Schritt auf deren Weg zur Aufnahme in die weitere Geschäfts- und Finanzgemeinschaft – den IWF und die Weltbank –; als Teil einer erfolgreichen Wirtschaftsentwicklung. Und weil das internationale Finanzsystem liberalisierter und komplexer geworden ist, betrachten es – drittens – sogar kleine Länder als notwendig, gegen die störenden Einflüsse massiv eindringender oder abfließender Kapitalströme Dämme zu errichten. Eine Zentralbank ist genau die richtige Stelle, um Marktkenntnisse zu sammeln und angemessene Strategien zu entwickeln.

Doch wenn es um Entwicklungsländer geht, kann gerade keines der genannten Argumente für die Notwendigkeit einer Zentralbank ins Feld geführt werden. Dr. Kurt Schuler, ein Wissenschaftler der Johns Hopkins Universität in Baltimore, hat das Verhältnis zwischen Währungsqualität und Geldsystemen in 155 Ländern einer kritischen Prüfung unterzogen. Er behauptet, die monetären Desaster in Argentinien, Brasilien, Kambodscha, Guinea, Jamaika, Mexiko, Nigeria, den Philippinen, Rußland, Tansania und Zaire wären allesamt verhindert worden, wenn diese Länder den US-Dollar als Leitwährung angenommen und nicht über ihre eigene Zentralbank eine eigene Geldpolitik betrieben hätten. In Entwicklungsländern mit Zentralbanken ziehen viele Leute und Unternehmen trotz rechtlicher Einschränkungen des Besitzes von Fremdwährungen immer noch harte Fremdwährungen den eigenen vor. Man schätzt, daß ihrem Wert nach 50 bis 70 Prozent aller US-Dollarnoten und 20 bis 30 Prozent aller deutschen Banknoten außerhalb ihrer Ursprungsländer in Umlauf sind. Schulers Untersuchung kommt zu dem Schluß, daß insbesondere für die Jahre 1983 bis 1993 die Entwicklungsländer mit eigenen Zentralbanken eine bei weitem negativere Inflationsentwicklung hatten als die ohne.

**Zentralbanken als Bezwinger der Inflation**

Die Geschichte der achtziger Jahre wird allzu leichtfertig beschrieben als ein Kampf zwischen den bösen, verschwenderischen Regierungen mit ihrer Politik zu hoher Ausgaben und den edlen, aufrechten Zentralbanken, die unter Inkaufnahme der Unpopularität die Zinsen erhöhten, um so die Exzesse der Politiker zu korrigieren. Einer ernsthaften Untersuchung hält diese saubere Trennung nach gut und böse jedoch nicht stand. Denn dies Argument setzt voraus, daß die Zentralbanken gar kein anderes Mittel zur Einflußnahme auf die jeweilige Volkswirtschaft hätten als ihre Eingriffe in den Geldmarkt und ihre Änderungen der Zinspolitik. Das aber ist keineswegs der Fall. Die Zentralbanken üben noch weit mehr Funktionen aus als Zinsänderungen, Verwaltung der Gold- und Devisenreserven und Ausgabe von Noten und Münzen. Die davon umstrittenste ist, daß sie in vielen Ländern eine bedeutende Rolle bei der Überwachung oder Regulierung des inländischen Finanzsektors und bei der Prüfung von Vorschlägen für Strukturreformen spielen.

Während der letzten zwanzig Jahre haben die Zentralbanken in vielen westlichen Ländern eine Schlüsselrolle gespielt, als dort Finanzmärkte und -institutionen liberalisiert wurden und sie diesen Prozeß auch überwacht haben. Positive Folgen der Deregulierung des Finanzwesens sind die Abschaffung restriktiver Wirtschaftspraktiken, die Beseitigung exzessiver Gewinne einiger weniger bevorzugter Institutionen und die mit neuen Anbietern zunehmende Vielfalt der Angebote für

Unternehmen und Bürger. Zu den negativen Aspekten zählen die Bereitstellung zusätzlichen Finanzkapitals für die Kreditgewährung (die von einer starken Expansion des persönlichen und unternehmerischen Kreditbedarfs ausgeht) und die Wahrscheinlichkeit, daß die Insolvenzen mit der Diversifizierung von Banken und anderen Institutionen in fremde Geschäftsfelder hinein steigen. Sicher kann man die Zentralbanken nicht für den Enthusiasmus verantwortlich machen, mit dem sich die westlichen Regierungen an die Deregulierung der Finanzmärkte gemacht haben, aber sie müßten doch bemerkt haben, daß die Aufgabe, ein dereguliertes Kreditsystem zu überwachen, viel schwieriger zu erfüllen sein würde.

Erfolgreiche Deregulierung des Finanzsystems überträgt Risiko, Verantwortung und Ertrag von staatlichen Institutionen auf Unternehmen und Privatleute. Entscheidend aber wäre, diese Trias zu erhalten. Anbieter von Finanzdienstleistungen haben die Möglichkeit, ihre Imperien zu erweitern und höhere Gewinne zu machen, sie müssen aber das Risiko in Kauf nehmen, daß manche ihrer neuen Unternehmungen Verluste einbringen. Der Konsument erhält Zugang zu einer Vielfalt von Produkten, von denen viele billiger sind als vorher, aber er muß die volle Verantwortung für die Konsequenzen einer falschen Entscheidung tragen. Die Deregulierungswelle hat jedoch nicht mit der Vorstellung aufgeräumt, daß der Staat einschreiten wird und jede Institution rettet, ob ihr Zusammenbruch die Stabilität des Finanzsystems bedroht oder nicht. Die nicht in Frage gestellte Rolle der Zentralbanken als RLI für die Geschäftsbanken und als Wächter des Finanzsystems bleibt zweideutig, wenn es darum geht, wer letzten Endes für desaströse Verluste verantwortlich ist, wie und wo immer diese auftreten. Diese Zweideutigkeit hat zu einer exzessiven Risikobereitschaft im privaten Sektor geführt und genau die Umstände befördert, unter denen in Zeiten zuvor Finanzkatastrophen aufgetreten sind.

In ihrer Praxis ist die amerikanische Zentralbank bereits

vom Modell des RLI abgewichen. Im allgemeinen leiht das FED nur an Geschäftsbanken, nicht an alle soliden Kreditnehmer. Es verlangt Zuschüsse anstatt Strafzinsen; es berechnet Sicherheiten zu aktuellen Marktpreisen und nicht zum Buchwert. Es leiht unter strenger Vertraulichkeit, nicht transparent und öffentlich, und hat gelegentlich auch Banken von zweifelhafter Solidität bedient, insbesondere wenn diese als »zu groß für einen Konkurs« betrachtet wurden. Seit dem Zusammenbruch des Aktienmarktes von 1987 ist dem FED zunehmend bewußt geworden, wie gefährlich nahe ein Kollaps des Finanzsystems ist. Mehrmals seit 1994 ist es an der Aufgabe gescheitert, die geldpolitischen Rahmenbedingungen zu straffen, wenn es sie nicht, trotz deutlicher Signale eskalierender Inflationsrisiken aus der heimischen Wirtschaft, gerade gelockert hat. Die Verfolgung übergeordneter Ziele, im Zusammenhang mit der globalen Finanzstabilität, scheint dabei die normalen Grundsätze überlagert zu haben.

Die Vorstellung der staatlichen Zentralbank als Verkörperung der Gelddisziplin und altehrwürdiger Traditionen mag noch so tief im öffentlichen Seelenleben verwurzelt sein, die Wirklichkeit ist eine andere. Zentralbanken waren in jedes Stadium der Finanzinnovation und der Deregulierung der Kreditmärkte verwickelt; sie haben eine Ära beispielloser Differenzierung und Komplexität des Finanzwesens eingeläutet. Die meisten Politiker befassen sich nicht damit und verstehen auch nichts davon. Mit dem Wissen, daß frühere Phasen der Deregulierung des Finanzsystems (etwa die Wettbewerbs- und Kreditkontrolle in Großbritannien 1971) mit einem ausufernden Wachstum der Kreditaufnahme einhergingen, hätten die Zentralbanken vor Wiederholungen gewarnt sein müssen. Sie alleine hätten auf strengeren Eigenkapitalbedarf und striktere Meldepflichten insistieren können. In der Tat gibt es drei ernsthafte Vorwürfe, die man an die Adresse der großen Zentralbanken des Westens richten muß: Unverantwortlichkeit, Nachlässigkeit, Inkonsequenz.

**Der Vorwurf der Unverantwortlichkeit**

Eine den meisten Zentralbanksystemen inhärente Schwäche liegt darin, daß ihre Beamten (und insbesondere ihre Vorstände) ernannt und nicht gewählt werden. Die Zentralbanken mögen in formeller oder informeller Beziehung zur gewählten Regierung stehen, der Preis, der für die Handlungsfreiheit der Bank gezahlt werden muß, ist eine teilweise Trennung von Macht und Verantwortlichkeit. Letztlich tragen die Regierungen die Verantwortung für ein tatsächliches oder vermeintliches Scheitern der Wirtschaft. Wenn sie gewisse Machtbefugnisse an die Zentralbank delegieren, sind sowohl Fehler als auch Triumphe ihre Sache. Und weil sie ökonomische Macht abgegeben haben, werden die Regierungen stets in Versuchung geraten, sich in die Entscheidungen der Bank einzumischen. Weil sie das wissen, lernen die Zentralbanker rasch, sich die Einmischung von jeder Seite zu verbitten. Nur allzuleicht fördert die Eifersucht, mit der eine Bank ihre verfassungsmäßige Macht verteidigt, eine ungesunde Isolierung von der Regierung und vom weiteren ökonomischen Kontext. Das muß kein Fehler der Zentralbank sein, vielleicht wurde ihr Mandat zu eng gefaßt. Dennoch finden sich die Beamten der Zentralbank häufig und aus gutem Grund dem Vorwurf ausgesetzt, ihren Einfluß geltend zu machen, um die eng gesteckten inflationspolitischen Ziele ohne Rücksicht auf wirtschaftliche und gesellschaftliche Konsequenzen zu erreichen.

Die Tendenz der Finanzmedien, Zentralbankpräsidenten und -direktoren den Status von Berühmtheiten zu verleihen, kann das Problem der fehlenden Rechenschaftspflicht verschärfen. Ein neuer Zentralbankchef entschließt sich vielleicht, mit größter Vorsicht zu agieren, bis sein Ruf gefestigt ist; doch diese anfängliche Amtszeit kann mit einer wirtschaftlichen Krise zusammenfallen, in der Nachsicht, Flexibilität und Durchsetzungsfähigkeit gefordert sind. Das trifft besonders für die Durchführung von Antiinflationsprogrammen zu, bei denen es die Politiker sind, die von der Wählerschaft zu übereifrigem Handeln gedrängt werden. Die Zentralbanken, die einzeln und kollektiv handeln, müssen sich vorwerfen lassen, daß sie zu einem Großteil für das deflatorische Klima verantwortlich sind, das nun, Ende der neunziger Jahre, in den meisten entwickelten Ländern herrscht. Wie der Rattenfänger von Hameln haben die Zentralbanken wohl einen Weg entdeckt, die Ratten (die Inflation) loszuwerden, sie sind aber durchaus fähig, die Kinder (das Wirtschaftswachstum) umzubringen.

### Der Vorwurf der Nachlässigkeit

Der zweite Vorwurf an die Adressen von FED, Bundesbank und Bank of England lautet: Nachlässigkeit in Sachen Finanzkredit. War es in den letzten zwanzig Jahren die fixe Idee der Regierungen, die Inflation besiegen zu wollen, dann verfolgten die Zentralbanken die Kontrolle der Geldmenge mit gleicher Besessenheit. Trotz der fortwährenden Meinungsverschiedenheiten über die praktikabelste Definition der Geldmenge, die richtige Methode, sie zu kontrollieren, und auch darüber, wie eng die Beziehung zwischen der Geldmenge und anderen wichtigen ökonomischen Variablen tatsächlich ist, erkennen die meisten Zentralbanken die bedeutende Rolle der Geschäftsbanken im ökonomischen Prozeß an. Die aus welchen Gründen auch immer rapide Ausweitung der Bankbilanzen erregt noch immer Verdacht in der Welt der Zentralbanken, leider in der Regel erst dann, wenn es schon zu spät ist.

Diese ausschließliche Präokkupation mit dem System der Geschäftsbanken hat in der westlichen Welt zu einer beträchtlichen Verschärfung der Vorschriften für die traditionellen Geschäftsaktivitäten der Banken geführt, ein Thema, auf das ich im nächsten Kapitel genauer eingehe. Die Fixierung der Zentralbanken auf die Kontrolle der Geldmenge steht in deutlichem Gegensatz zu ihrer laxen und indifferenten Haltung gegenüber dem Umfang der Finanzkredite. Dabei steht schon bei John Stuart Mill zu lesen: »Die Kaufkraft einer Person zu einem bestimmten Zeitpunkt bemißt sich nicht am Geld in ihrer Tasche, ob Münzen oder Banknoten. Sie besteht erstens aus dem Geld in ihrem Besitz; zweitens aus dem Geld auf ihrer Bank und all dem anderen Geld, das ihr geschuldet wird und bei Verlangen fällig ist; drittens aus dem Kredit, den sie besitzt.« (»Westminster Papers«, 1844)

Ob Emission von Staatsanleihen oder von Schuldverschreibungen von Industrie- und Handelsunternehmen, von Handelskrediten, Konsumentenkrediten, Leasingkrediten, Finanzmarktkrediten (etwa Wertpapierpensionsgeschäfte, Effektenkredite) und Derivatenmarktkrediten – all das sind Geschäfte, durch die zusätzliche Kaufkraft in die Wirtschaft oder in die Anlagenmärkte gelenkt werden kann. Geschäftsbanken haben sich inzwischen intensiv in einigen dieser Aktivitäten engagiert, meistens über Tochterunternehmen, aber es sind eben nicht die Banken, die den Großteil dieses Kreditgeschäfts tätigen. Da mag es Regeln geben für die Abwicklung dieser Geschäfte und überwachende Körperschaften mit dem Auftrag, deren Einhaltung durchzusetzen, die Gesamtkreditmenge ist weiterhin nicht wirksam geregelt. Regelmäßig werden neue Kreditangebote erfunden, und die Zahl neuer Kreditgeber wächst. Die Zentralbanken verschließen die Augen vor den Gefahren exzessiver Kreditschöpfung.

**Der Vorwurf der Inkonsequenz**

Moderne Zentralbanken brüsten sich mit der Aufmerksamkeit, die sie der Finanzstabilität, das heißt der Integrität des Kredit- und Zahlungssystems widmen. Die Geldpolitik funktioniert, und sie haben die Inflation fest im Griff, so rückt nun die Finanzstabilität ins Zentrum. Der Zusammenbruch der Bank of Credit and Commerce International (BCCI) und von Baring Brothers hat dieser Agenda in Großbritannien eine besondere Dringlichkeit beschert. Wenn aber Finanzstabilität überhaupt etwas bedeutet, dann muß sie die ständige Überwachung der Kreditqualität aller Finanzinstitutionen einschließen. Für die Darlehensbücher von Banken gibt es unabhängige Prüfer, welche die Qualität dieser Aktiva inspizieren. Wo aber sind die Inspektoren für Kreditkartenunternehmen, Leasinggesellschaften, Handelsanleihen und so weiter? Betrachten wir im folgenden drei Beispiele inkonsequenter Behandlung von Finanztransaktionen durch die Zentralbanken.

Hat eine Regierung einen defizitären Haushalt, kann dieser über den Geldverkehr oder über die Emission von Staatsanleihen finanziert werden. Im ersten Fall erweitert die Regierung den Geldvorrat in den Händen des Publikums, im zweiten Fall bietet sie statt dessen Anleihen zu einem konkurrierenden Preis an und tauscht sie gegen einen Teil des existierenden Geldvorrats. Dieses Geld wird zur Deckung des Haushaltsdefizits eingesetzt und dadurch in den allgemeinen Umlauf zurückgeleitet. Ein voll finanziertes Haushaltsdefizit hat keine direkte Auswirkung auf die Geldmenge, und die Zentralbank ist nicht beunruhigt.

Auf ähnliche Weise kann ein Unternehmen mit einem guten Ruf in der Finanzwelt, statt die benötigten Mittel bei einer Geschäftsbank aufzunehmen, über eine Investmentbank eine internationale Anleihe emittieren. Im diesem Fall würden beide Seiten der Bilanz der kreditgebenden Bank steigen, und die zusätzlichen Bankeinlagen würden zur Geldmenge gerechnet. Im ersten Fall verkauft oder plaziert die Investmentbank die Anleihe bei ihren Kunden gegen Cash. Dieses Geld, abzüglich der Gebühren, wird an die emittierende Gesellschaft weitergegeben. Die Finanzinstitute, die die Anleihen übernehmen, haben ihren Bargeldbestand reduziert, und die emittierenden Unternehmen den ihren erhöht. Die Geldmenge bleibt unverändert, und die Zentralbank ist glücklich.

Betrachten wir ein drittes Beispiel. Will ein Finanzinstitut öffentliche Bankeinlagen führen, braucht es dazu eine Lizenz der staatlichen Zentralbank. Solche Lizenzen werden nur nach einer Menge von Auskünften vergeben und wenn Absicherungen bereitgestellt sind. Will aber das gleiche Institut oder die gleiche Gesellschaft Geld oder andere Finanzmittel verleihen, dann wird die Zentralbank ohne weiteres bereit sein, diese Kredite einzutragen. In Großbritannien muß ein potentieller Kreditgeber eine Lizenz des Office of Fair Trading erwerben, die ungefähr 100 US Dollar kostet. Dafür braucht man weder berufliche Qualifikationen noch einschlägige Erfahrungen. Dahinter scheint folgende Logik zu stehen: Die Zentralbank hat die Pflicht, Anleger vor Scharlatanen und Betrügern zu schützen, und sie wird dabei in der Regel so weit gehen, daß sie eingreift und sogar eine kleine Bank saniert, um zu verhindern, daß sie zahlungsunfähig wird. Aber damit, daß Kreditgeber faule Kredite geben und nach Herzenslust große oder sogar katastrophale Verluste machen, wird sie sich abfinden. Und das um so eher, wenn dieser Kreditgeber zufällig das Tochterunternehmen einer ausländischen Bank ist.

Diese drei Beispiele sollten genügend deutlich machen, daß moderne Zentralbanken den Akt der Kreditschöpfung mit fast völliger Gleichgültigkeit betrachten. Wenn auf jeden willigen Kreditnehmer ein williger Kreditgeber kommt, dann, so argumentieren sie, seien die Effekte des hohen Kreditwachstums schlimmstenfalls neutral und bestenfalls gut für die Markteffizienz. Aber darin steckt ein kolossaler Fehler: Was ist, wenn der Anteil unratsamer Kreditgewährung wächst und gleichzeitig die Kreditmöglichkeiten ausufern? Was ist, wenn diese Kreditnehmer Kreditgeber oder Investoren über die Risiken ihrer Unternehmen im unklaren gelassen haben und ihre Schulden zur Fälligkeit nicht bezahlen können? Und noch schlimmer: Was ist, wenn es diesen skrupellosen Kreditnehmern immer wieder gelingt, neue Finanzquellen aufzutun und auszubeuten, um ihre geschäftlichen und persönlichen Interessen zu stützen? Dann entsteht eine Kreditpyramide, die praktisch nicht durch Immobilien oder andere einkommensbildenden wirtschaftlichen Vermögenswerte gesichert ist und die schließlich nur einstürzen kann. Dann und erst dann, so kann man vermuten, werden sich Zentralbanken endlich gründlich für den Akt der Kreditschöpfung und die Qualität aller Kredite interessieren, nicht nur für die der Bankkredite.

### Warum jede Art von Kredit bedeutsam ist

Fast alle Kreditarrangements haben zwei Eigenschaften gemeinsam: Es geht um feste Geldwerte, und es sind rechtlich bindende Vereinbarungen. Dabei muß man doch nur betrachten, was aus diesen Eigenschaften folgt, und dabei zunächst den festen Geldwert aller gewöhnlichen Schulden und Anleihen. Wie im vorangegangenen Kapitel dargestellt, erodiert ein ständiger Anstieg der Durchschnittspreise zur gleichen Zeit die Kaufkraft eines Pauschalbetrags von 1 Million US Dollar und der realen Schuldenlast von 1 Million US Dollar. Entsprechend erhöht die Tendenz sinkender Durchschnittspreise die Kaufkraft des Vermögens und die reale Last der Schuld. Die Überwindung oder zumindest das Herabdrücken der Preisinflation in den achtziger und neunziger Jahren hat sich signifikant auf die normale Dauer einer Schuldbegleichung ausgewirkt, und zwar negativ. Die in den siebziger Jahren und Anfang der achtziger freizügige und zuversichtliche Einstellung junger Menschen und unerfahrener Unternehmen, wenn diese in großem Stil Schulden machten, basierte auf der Erwartung einer anhaltend steilen Inflationsrate, insbesondere von Immobilienpreisen. Mit dem Durchbrechen des Inflationszyklus hat die Geldpolitik der westlichen Länder den Kreditnehmern den traditionellen Lösungsweg versperrt. So groß ist die Furcht der Zentralbanken vor einem Wiederaufleben der Inflation, daß die Realzinsen wahrscheinlich gefährlich hoch bleiben, bis es zu einer neuen Krise kommt.

Für Millionen von Unternehmen und Haushalten, die in dieser Schuldenfalle steckten, erschienen die in immer größerer Zahl auftretenden Kreditgeber als annehmbarer Fluchtweg. Anstatt sich mit dem Problem der Schulden aus der Vergangenheit, welche die Inflation nicht aus der Welt geschafft hat, auseinanderzusetzen, haben bedrängte Kreditnehmer bei konkurrierenden neuen Leihgebern zusätzlichen Kredit finden können. Diese Kreditnehmer müssen auch erst noch erkennen, daß es für lange Zeit nicht wieder zu einer Inflation kommen wird. Je nachdem, was der neue Anbieter auf dem Kreditmarkt über die bereits bestehenden Verpflichtungen des Kreditnehmers in Erfahrung bringen kann, mag dieser Kredit nur unter der Bedingung einer Bürgschaft durch einen Dritten gewährt werden. Doch über die Leichtigkeit, mit der sowohl Privatpersonen als auch kleine Firmen riesige Schuldenberge aufhäufen können, bevor sie auf die kollektive Mißbilligung der Kreditindustrie stoßen, kann man sich nur wundern. Solange es in der Kreditindustrie immer neue Anbieter gibt, die verzweifelt Kreditbücher von, sagen wir, 10 Millionen US Dollar füllen wollen, wird sich auch immer wieder jemand finden lassen, an den sich der insolvente Privathaushalt oder Unternehmer wenden kann. Gewöhnlich übertrifft der Eifer, Kreditkunden zu finden, dabei den Eifer bei der Prüfung der Kreditwürdigkeit.

Ungeachtet der Identität des Kreditgebers oder Emittenden, stellen die Bedingungen von Zinszahlung und Tilgungsfrist eine rechtlich bindende Vereinbarung dar. Oft ist es gar nicht der größte Gläubiger eines Kreditnehmers, der rechtliche Schritte gegen diesen unternimmt, sondern einer der kleineren. So zeigen sich die Inhaber von Versandhaus- und Kreditkartenunternehmen als besonders prozeßsüchtig, auch wenn es nur um kleine Beträge geht. Die Einleitung rechtlicher Schritte wegen geringerer Schulden kann dann rasch viel größere Probleme nach sich ziehen, so etwa die Sperrung von Kreditlinien oder die Kündigung einer Hypothek. Die negative Entwicklung in einem Bereich des Kreditsystems, ob Geschäftsbanken direkt davon betroffen sind oder nicht, birgt aber eine Gefahr für das ganze System. Je alltäglicher, je akzeptierter in der Gesellschaft Zahlungsverzug, Zinsrückstand, häufige Refinanzierung von Schulden, Umschuldung und blanke Zahlungsunfähigkeit werden, desto größer die Ressourcen, die aufgewendet werden müssen, um solche Verluste abzusichern oder auszugleichen. Angesichts einer so offensichtlichen Quelle von Marktineffizienz hätten sich die Zentralbanken auf jeden Fall der Integrität des gesamten Kreditsystems widmen sollen, und nicht nur den traditionellen Tätigkeiten eines begrenzten Bereichs von Institutionen.

**Der Glaube an »Geldmagie«**

Während der letzten zehn oder fünfzehn Jahre haben es unsere ehrwürdigen Zentralbanken versäumt, die Gefahren zur Kenntnis zu nehmen, die Finanzinnovation und Differenzierung der Finanzinstrumente für die Stabilität der Wirtschaft und des Finanzwesens mit sich bringen. Aus welchen Gründen auch immer: Sie haben einer beispiellosen Explosion des Finanzkredits zugesehen. Mit einer Selbstzufriedenheit, wie man sie nur dort findet, wo man in der Traumwelt reiner Lehre lebt, haben die Beamten der Zentralbanken die Finanzinnovationen als Vorboten größerer wirtschaftlicher Effizienz begrüßt. Sie scheinen die Möglichkeit, daß freie Kredit- und Kapitalmärkte auch schädliche Nebenwirkungen haben könnten, erst gar nicht in Betracht gezogen zu haben. Daß Quantität und Qualität der Kreditmenge proportional zu einander sein sollten, kann niemand überraschen; wenn die Kreditquantität zunimmt, bekommen schließlich diejenigen Zugang zu Krediten, die nicht die geringste Absicht oder Möglichkeit haben, sie zurückzubezahlen. Völlig abwegig und in grober Pflichtverletzung haben die Zentralbanken zwar ihr Monopol auf Geldschöpfung verteidigt, aber dem Gerangel um die Kreditschöpfung, in dem jeder mitmischen kann, freie Hand gelassen. Vera Smith hat die Gefahren folgendermaßen beschrieben: »Aufrufe zum Freihandel im Bankwesen, wie man sie heute gelegentlich hört, kommen aus Quellen, die diesen Parolen selbst nicht folgen. Sie sind das Produkt von

Theorien der ›Geldmagie‹. Ihr Appell für ein freies Bankwesen basiert auf der Vorstellung, daß es praktisch unbegrenzte Kreditmengen schaffen würde, und sie schreiben alle Übel in Wirtschaft und Gesellschaft den vom Bankmonopol verursachten Fehlern des Bankwesens zu.« (»The Rationale of Central Banking«, 1935)

Die Frage, die die Zentralbanken nun, zu Ende der neunziger Jahre, beantworten müssen, ist, ob die Finanzdifferenzierung, die sie in den letzten zwanzig Jahren so bereitwillig zu ihrer eigenen Sache gemacht haben, etwas anderes ist, als die von Vera Smith beschriebene »Geldmagie«. Das Bankmonopol der Ausgabe von Noten und Münzen und der Ausstellung von Geschäftsbanklizenzen ist intakt, hat aber seine Bedeutung zum großen Teil verloren. In allen anderen Bereichen haben sie es zugelassen, daß unsere modernen westlichen Volkswirtschaften von »praktisch unbegrenzten Kreditmengen« überschwemmt werden.

**Spezialisten des Krisenmanagements**

Eines der entscheidenden Argumente, das für ein zentralisiertes Bankensystem und gegen die »free banking«-Alternative des 19. Jahrhunderts ins Feld geführt wurde, war, daß eine Zentralbank besser in der Lage sei, die Probleme im Fall von Banken- oder Finanzkrisen zu mildern. Unter der Voraussetzung, daß in jedem System immer wieder Finanzkrisen auftreten werden, ist eine Zentralbank der einzige Ort, an dem eine Strategie entwickelt werden kann, Störungen und Panik zu minimieren. In einem Bankensystem, das ohne führende Bank ganz auf Konkurrenz basiert, sind alle Banken gezwungen, in einer Krise die Ausgabe ihrer Kredite zurückzustufen, da die Einleger ihre Einlagen in Gold konvertieren wollen; keine Bank würde es wagen, unter solchen Umständen ihre Notenausgabe auszudehnen. Eine Zentralbank hingegen, die ja ein hohes Maß öffentlichen Vertrauens genießt, kann als RLI für alle privaten Banken fungieren, einen allgemeinen

Zusammenbruch abwenden und schnell wieder für Zuversicht sorgen. Eine Zentralbank kann in Krisenzeiten die Menge der umlaufenden Noten erhöhen, weil die Bürger bereit sind, ihre Währung zu akzeptieren; dies wäre in einer Situation, in der es viele verschiedene Banknoten gäbe, von denen manche durch die Krise wertlos geworden wären, kaum der Fall. Daß es so viele verschiedene Arten von Banknoten kleineren Nennwerts gab, manche mehr, andere weniger wert, war in den Zeiten vor einem zentralisierten Bankensystem ein Grund für Paniken in den weniger gebildeten Schichten der Bevölkerung.

Charles Kindleberger hat in seinem klassischen Buch »Maniacs, Panics and Crashes« die Finanzkrise als winterharte mehrjährige Pflanze beschrieben. Seine historische Studie widerlegt die Vorstellung, daß der ökonomische Mensch von heute das irrationale Verhalten, das vergangene Krisen beschleunigte, überwunden hätte, und ist damit eine deutliche Warnung vor Selbstzufriedenheit. Man mag den heutigen Zentralbanken zutrauen, mit einem Bankenkonkurs alter Art und sogar auch mit den Anforderungen einer teuren Kriegsführung umzugehen, aber sind sie auch auf eine Preisdeflation oder einen Börsencrash vorbereitet? Einer der weit verbreiteten Irrtümer ist, die größere Differenzierung des Finanzsystems habe das Investitionsrisiko für den einzelnen verringert. Und warum sieht man das so? Weil man die mächtigen westlichen Zentralbanken für fähig hält, einzugreifen und eine Krise zu verhindern.

Eine kühne, wenn nicht gar tollkühne Annahme. Die Zentralbanken heute haben zwar mehr Erfahrung im Umgang mit Paniken und viel größeres technisches Können als vor fünfzig Jahren; aber die schiere Vielfalt von Schocks, die einen Börsencrash auslösen können, macht doch jede Hoffnung, daß sie einer Krise vorbeugen könnten, zunichte. Die Innovationen und Differenzierungen der Finanzmarktinstrumente, das Ineinandergreifen von Schlüsselfinanzmärkten und Bankensystem und die blitzartige Geschwindigkeit, mit der sich Schockwellen ausbreiten, werden wahrscheinlich jegliche Präventivmaßnahme der Zentralbanken scheitern lassen. Aller Wahrscheinlichkeit nach können sie bestenfalls eine strukturierte und koordinierte Reaktion auf die Situation nach der Krise organisieren.

## Zusammenfassung

Das Märchen, das man heute erzählen müßte, wäre das vom großen Guten Riesen, dem Gurie des Roald Dahl, der mit einem wohlwollenden Auge, einem langen Arm und tiefen Taschen über das Finanzsystem wacht. Keine Zentralbank kann diese Rolle kompetent oder konsequent erfüllen. Während der letzten zwanzig Jahre hat der Ruf der Zentralbanken deren wahres Format und tatsächliche Leistungsfähigkeit bei weitem übertroffen. Die Chefs der Banken mit dem höchsten Ansehen wurden auf hohe Podeste gehievt, von denen der Abstieg nur abrupt und schmerzlich sein kann. Paul Volcker, ein geeigneter Kandidat für den Beinamen eines Gurie, ging, als alles gutlief. Alan Greenspan muß, auch wenn er in Finanzkreisen hohes Ansehen genießt, täglich in Furcht vor der globalen Finanzkatastrophe leben, die seine Reputation hinwegfegen wird.

Vergleichen wir zwei Aussagen des gegenwärtigen Präsidenten des Federal Reserve Board.

> Der überschießende Kredit, den das FED in die Wirtschaft gepumpt hat, ist in den Aktienmarkt übergeschwappt und hat einen phantastischen Spekulationsboom ausgelöst. Spät versuchten die Verantwortlichen des FED, die Überschußreserven abzuschöpfen, und es gelang ihnen, den Boom zu beenden. Aber es war zu spät: 1929 waren die spekulativen Ungleichgewichte so überwältigend angewachsen, daß schon der Versuch dazu einen scharfen Rückgang der wirtschaftlichen Zuversicht und schließlich die völlige Demoralisierung der gewerblichen Wirtschaft auslöste.
>
> *(A. Greenspan, »The Objectivist«, 1966)*

Und dagegen:

»Warum sollte die Zentralbank über die Möglichkeit besorgt sein, daß die Finanzmärkte Renditen überschätzen oder Risiken falsch berechnen? Wir sehen deutlich, daß momentan die Aktienpreise notwendigerweise exzessiv sind oder die Risikostreuung offensichtlich zu gering ist. ... Vielmehr muß das FOMC [Federal Open Market Committee] sensibel auf Anzeichen selbst langsam wachsender Ungleichgewichte reagieren, die, wo immer deren Ursachen liegen, durch das Auslösen eines neuerlichen Inflationsdrucks letztlich ein gesundes Wirtschaftswachstum gefährden würden.« *(A. Greenspan, »Testimony to US Congress«, 26. Februar 1997)*

Die folgenden Kapitel dieses Buches betrachten die Umstände, unter denen die Zentralbanken der Welt vollauf mit Krisenmanagement beschäftigt sein werden. Es ist kaum zu bezweifeln, daß sie die Herausforderung brillant meistern und von der erleichterten Bevölkerung Bewunderung ernten werden; aber daß sie versäumt haben, ihre jeweiligen Regierungen vor den Gefahren exzessiver Kreditschöpfung zu warnen, setzt die Zentralbanken dem schwerwiegenden Vorwurf der Selbstzufriedenheit aus.

# 4
## Die Banken: Gescholten und neu erfunden

Ein ›solider‹ Bankier ist leider! nicht einer, der die
Gefahr voraussieht und abwendet, sondern einer, der,
wenn er ruiniert ist, auf konventionelle Weise
zusammen mit seinen Kollegen ruiniert ist, so daß ihm
keiner etwas vorwerfen kann. *John Maynard Keynes,*
*»Consequences to the Banks of a Collapse*
*in Money Value«, 1931*

Für ein bestimmtes Bankensystem zu einer
bestimmten Zeit können geldliche Zahlungsmittel
nicht nur innerhalb des vorhandenen Systems
von Banken erweitert werden, sondern auch durch die
Bildung neuer Banken, durch Entwicklung neuer
Kreditinstrumente und durch Erweiterung des
Personalkredits außerhalb von Banken.
*Charles P. Kindleberger,*
*»Manias, Panics and Crashes«, 1978*

Geschäftsbanken haben seit dem 17. Jahrhundert während
langer Perioden einfach, effektiv und umsichtig gearbeitet.
Sie haben Bürgern und Unternehmen zu bezahlbaren Zinsen Darlehen angeboten, ihren Anlegern Sicherheit gegeben,
die gelegentlich auftretenden Lasten von Betrug und Katastrophen mit Geduld und Verständnis getragen und der erwachsenen Bevölkerung des Großteils der entwickelten Welt
Zugang zu den einfachsten Finanzdienstleistungen verschafft.
Geschäftsbanken haben ein privilegiertes Verhältnis zu ihren
nationalen Zentralbanken genossen, was ihnen gegenüber
anderen Finanzinstituten stets Wettbewerbsvorteile verschafft hat. Vor allem genießen Banken in finanziellen Angelegenheiten nach wie vor den Vertrauensvorschuß der Mehrheit der Bürger. Die Aura von Sicherheit und Respekt, die
die ferne Zentralbank umgibt, überträgt sich in den Augen

der breiten Öffentlichkeit unmittelbar auf die lokalen Geschäftsbanken.

## Das Erbe der Geschäftsbanken

Selbständig geführte Geschäftsbanken in privatem Besitz sind weit älter als Zentralbanken. Einlagegeschäfte gab es schon im Altertum, wie eine Stelle im Evangelium des Matthäus (25:27) belegt. Die Ausgabe zirkulierender Scheine, als Fiat oder Papiergeld bekannt, durch Banken begann um das Jahr 1000 vor Christus in China und im 17. Jahrhundert in Europa und Japan. Was die Banken für ihre ersten Kunden attraktiv machte, waren vor allem die Sicherheit ihrer Einlagen und die Möglichkeit, ohne Mühe Kapital zu erwerben. Die Banken entdeckten, daß nur ein Bruchteil der ihnen anvertrauten Depositen an einem bestimmten Tag abgehoben wurden, was ihnen erlaubte, große Teile davon an verschiedene, für kreditwürdig befundene Personen auszuleihen. In der Frühzeit des Bankwesens wäre es für die Verantwortlichen einer Bank undenkbar gewesen, jemandem einen Kredit zu geben, den sie nicht persönlich kannten.

Die Verletzbarkeit einzelner Banken hat ihren Ursprung in der Primärfunktion der Geschäftsbanken, Einlagen anzunehmen und Rückzahlungsversprechen auszugeben, die als Ersatz für Scheine und Münzen zirkulieren. Solange die Einzahler darauf vertrauen, daß sie ihre Guthaben abheben können, wann immer sie wollen, steht es der Bank frei, Scheine und Münzen in Reserve zu halten, deren Summe nur einem Bruchteil ihrer gesamten Verbindlichkeiten entspricht. Dieses Banksystem der fraktionalen Reserve, bei dem nur ein Teil der Kundeneinlagen gehalten wird, versetzt die Banken in die Lage, eine Leihgebühr, die Seigniorage zu verlangen, die aus dem Privileg erwächst, Verbindlichkeiten (Darlehen) zu schaffen, die von der Öffentlichkeit als Geld akzeptiert werden. Es gehört zu den kennzeichnenden Fähigkeiten der Banken, Geld emittieren zu können.

Die grundsätzliche Schwäche dieses Arrangements liegt in zwei Risiken, auf die sich die Bank notwendigerweise einlassen muß. Das eine besteht darin, daß sie von Einlegern leiht, die erwarten, ihr Geld kurzfristig abheben zu können, während sie an Geschäftsleute und andere verleiht, die in längerfristigen Unternehmungen engagiert sind. Mit anderen Worten, die Laufzeit der Vermögenswerte (Kredite) der Bank ist wahrscheinlich viel länger als die ihrer Verbindlichkeiten (Einlagen). Das zweite Risko besteht darin, daß die Bank einen zu großen Teil ihrer Vermögenswerte in nicht unmittelbar verkäuflichen Investitionen oder Krediten verpflichtet, die nicht sofort zurückgerufen werden können. Wenn Einleger plötzlich große Mengen ihrer Einlagen als Bargeld auslösen wollen, kann es passieren, daß die Rücklagen der Bank erschöpft sind. Dies ist als Liquiditätsproblem bekannt; die Vermögenswerte der Banken sind im Verhältnis zu ihren Verbindlichkeiten nicht flüssig genug. John Presley und Paul Mills haben das klassische Dilemma einer Bank so beschrieben: »Durch die Verbindung von fraktionalen Reserven, illiquiden Vermögenswerten und nominell garantierten Einlagen besteht für jede Bank die Gefahr des Zusammenbruchs.« (»Islamic Banking. Theory and Practice«, in Vorbereitung)

Das Image, das Geschäftsbanken in der Gesellschaft traditionell genießen, hat natürlich wenig Reize und ist eher konservativ. Banken sehen sich seit jeher der Kritik ausgesetzt, verstaubt und hierarchisch zu sein und zu viel für ihre Dienste zu verlangen. Aber dieser Tadel ist harmlos im Vergleich mit den wütenden Angriffen, die sie treffen, wenn sie in unbekannte Geschäftsgefilde vorstoßen und dabei schwere Verluste machen. Die Anteilseigner der Banken sind nicht begeistert, wenn die Banken regelmäßig Aktienkapital ausschütten müssen, um die Verluste zu ersetzen, und ihre solventen Kreditnehmer sind höchst abgeneigt, höhere Zinsen zu bezahlen, nur weil andere in Konkurs gegangen sind.

Nach dem Zweiten Weltkrieg wurden private Geschäftsbanken in Nordamerika und Westeuropa die längste Zeit durch praktische Hindernisse oder gesetzliche Bestimmungen davon abgehalten, sich in bestimmten Geschäftsbereichen zu engagieren, insbesondere im Wertpapierhandel. Dafür genossen die Banken einen privilegierten Status in den Finanzsystemen dieser Regionen. Die Zentralbank stand im Notfall einer Bankenkrise bereit, als Kapitalquelle zu fungieren; sie sicherte die Einlagen des Bankensystems (bis zu einer Obergrenze), und dies wiederum gestattete den Banken, ihren Kunden Einlagenversicherung zu bieten. Die Banken genossen exklusive Teilnahme an den Interbankenmärkten, die täglichen Abrechnungsverkehr untereinander erlauben, und am Leihverkehr mit den Reserven der Zentralbank. Nicht-Banken waren von diesen Märkten ausgeschlossen, und sie durften keine Publikumseinlagen führen. Die Deregulierungswelle im Finanzwesen der achtziger und neunziger Jahre hat auf Kosten von einigen traditionellen Bankprivilegien die Bandbreite ihrer Aktivitäten erweitert. In vielen Ländern sind die eingespielten Beziehungen zwischen einer Handvoll großer Banken von einem Arrangement viel intensiverer Konkurrenz abgelöst worden.

Da ihre traditionellen Geschäftsbereiche einem größeren Kreis von Wettbewerbern geöffnet wurden, sahen sich die Geschäftsbanken in Nordamerika und Europa gezwungen und der Versuchung ausgesetzt, die Gebiete ihrer erwiesenen Sachkenntnis und Stärke in beispiellosem Ausmaß zu verlassen und ihr Kapital so wie ihren Ruf aufs Spiel zu setzen. Während ihre inländischen Haupttätigkeiten jetzt streng nach den Standards, die in der Zusammenarbeit zwischen nationalen Zentralbanken und der Bank für Internationale Zusammenarbeit in Basel vereinbart wurden, geregelt sind, gibt es für die Finanztochterunternehmen der Banken relativ wenig Vorschriften. Die Deregulierung oder Liberalisierung des angelsächsischen Bankensystems hat den Weg geebnet, daß die Geschäftsbanken ihre Fühler in Richtung Versicherungen,

Immobilien, kollektive Investmentfonds und Wertpapiere ausstrecken; daß genossenschaftsähnliche Versicherungsgesellschaften und Banken zu Privatbanken werden; daß Nicht-Banken Tochterbanken eröffnen und Bank-, Versicherungs- und andere Geschäfte tätigen konnten. Im Lauf einer Generation hat sich der Charakter typischer Geschäftsbanken gewandelt.

Ein Nebenprodukt der Liberalisierung des Finanzwesens war die Vermehrung von Unternehmen, die Handels- und Konsumentenkredite gewähren, und der verfügbaren, dem Publikum angebotenen Kreditarten wie Leasing, Mitinhabertum, Versandhandel, unverlangt einlösbare Kreditschecks und so weiter. Angelsächsische Banken erlitten in den späten achtziger und frühen neunziger Jahre schmerzliche Verluste im Kreditkarten- und Konsumentenkreditgeschäft, was dazu geführt hat, daß sie die Kriterien für Kreditwürdigkeit verschärften. Nachdem sie jedoch gesehen hatten, wie die Nicht-Banken, von denen die meisten keine Erfahrung mit notleidenden Verbindlichkeiten hatten und die dennoch ihre eigenen Kreditkarten vertrieben, auf den Markt drängten, stürzten sie sich bald wieder in den Kampf, um ihre Marktanteile zurückzuerobern. Die wachsende Konkurrenz der Nicht-Banken in deren Kernmärkten hat die Banken dazu gebracht, Gelegenheiten zur Finanzinnovation zu nutzen und ihre bilanzneutralen, nicht unter die Regularien fallenden beziehungsweise selbstregulierten Aktivitäten zu intensivieren. Tätigkeiten, die ohne Belastung der Bilanzstruktur abgewickelt werden, haben den Vorzug, aus dem Raster der Eigenkapitalvorschriften zu fallen, an die alle Geschäftsbanken gebunden sind. Härterer Wettbewerb hat in der US-Bankenindustrie auch zu fieberhaften Megafusionen geführt; ein prominentes Beispiel war die Fusion von Citicorp und Travelers Group im Jahr 1998.

## Bankenkritik

Amerikanische, britische und Banken aus einigen anderen europäischen Ländern erlitten in der ersten Hälfte der achtziger Jahre schwere Kapitalverluste, weil sie sich im Kreditgeschäft mit Entwicklungsländern exponiert hatten, insbesondere in Lateinamerika. Theoretisch waren diese Kredite durch die Exporteinnahmen und Fremdwährungsreserven von Staaten wie Brasilien, Argentinien, Mexiko, Chile, Venezuela und Peru gesichert. Zudem war es im Prinzip vernünftig, bevölkerungsreiche Gebiete Lateinamerikas mit Entwicklungskapital zu versorgen, in der Erwartung, daß neue Industrie- und Handelsaktivitäten am Ende große Profite einbringen würden. Unglücklicherweise sorgten die ausländischen Banken für große Bereitstellungen, bevor sich diese Länder daran gemacht hatten, ihre Bankensysteme zu stabilisieren. Statt die wirtschaftliche Entwicklung zu fördern, wurden die aufgenommenen Mittel von höheren Ölpreisen verschlungen, in unwichtigen Regierungsprojekten verschwendet oder von korrupten Beamten in die eigenen Taschen geleitet. Selbst heute noch sind viele dieser Auslandsschulden unter beträchtlichem Abzug von ihrem Ausgabewert auf dem sekundären Fremdkapitalmarkt oder sie sind in Brady Bonds umgewandelt worden. Wenn es denn einen Trost für die Banken des Westens gab, dann den der Gemeinsamkeit ihres Unglücks, was Keynes schon Jahre zuvor beobachtet hatte: Man hatte den Trost, daß es den Konkurrenten nicht anders erging als einem selbst.

Von den Kapitalverlusten zu wenig bedachter Auslandskreditgeschäfte in unvertrauten Ländern hart getroffen, suchten die Geschäftsbanken des Westens, um aus ihren Verlegenheiten zu kommen, dringend nach neuen profitablen Einnahmequellen. Sie waren dabei besonders angezogen von der vergleichsweisen Sicherheit ihrer inländischen Personalkreditmärkte; hier bestand die Chance, Zugang zum Kreditgeschäft mit größeren Teilen der erwachsenen Bevölkerung zu bekommen. Die Banken vergaßen jedoch die Lehren der siebziger Jahre und gingen auch aggressiv in den Kreditmarkt für kleine Unternehmen und den Gewerbeimmobilienbau. In den fünf Jahren der Rehabilitation, von 1990 bis einschließlich 1994 mußten norwegische Banken Verlustrückstellungen in Höhe von 11 Prozent ihres durchschnittlichen Bilanzwertes vornehmen. Die Geschäftsbanken von Island (9,5 Prozent), Dänemark (7,2) und Schweden (6,7) komplettierten das unglückliche Quartett in Skandinavien, während auch Banken in Großbritannien (4,7 Prozent), der Schweiz (4,6), Spanien (4,4), Australien (4,0), den USA (3,5) und Italien (3,4) beträchtliche Schäden davontrugen. Am wenigsten betroffen waren die Bankensysteme der Niederlande, wo nur 1,2 Prozent der Bilanz für Verluste zurückgestellt wurde, gefolgt von Frankreich (2,2) und Deutschland (2,9).

Um während dieser Phase phänomenaler Kreditnachfrage die Kreditwürdigkeit im Einzelfall genau zu prüfen, hätte man Tausende zusätzlicher Bankmitarbeiter einstellen müssen, was wiederum zu einer Verlangsamung der Geschäftsentwicklung geführt hätte. Aus Furcht, Kunden an Konkurrenzbanken zu verlieren, wurde das Hauptaugenmerk von der Fähigkeit des einzelnen Kunden, eine Anleihe zu bedienen, auf die Sicherheiten verlegt, die einem Kredit gegenüberstanden. Die allgemeine Abhängigkeit von Privat- und Gewerbeimmobilien als Kreditsicherheit führte zu einer übertriebenen Nachfrage nach Immobilien; eine Nachfrage, die vom Bau neuer Häuser und Gewerbeimmobilien nicht sofort gedeckt werden konnte. Die Nachfrage übertraf das Angebot, da Spekulanten, Bauunternehmer und andere ihr Interesse an schnellen Profiten im Immobilienhandel entdeckten. Ausnahmslos folgte in allen Ländern, die den Banken und Sparinstituten erlaubten, ihre Bilanzen auf Grund steigender Immobilienpreise auszubauen, ein spektakulärer Boom.

**Anatomie einer Immobilienspekulation**

Feuerwehrleute sprechen von dem Feuerdreieck aus brennbaren Materialien, Sauerstoff und Hitze, den Elementen jedes Brandes. Das »Feuerdreieck« der Immobilienspekulation besteht aus Bankkredit, der optimistischen Einschätzung der zukünftigen Immobilienpreise und einem schnellen Marktumsatz. Wenn Bankkredite durch einen Mangel qualifizierter Bewerber beziehungsweise die Nachfrage durch hohe Zinsen eingeschränkt sind, dann bleiben die Immobilienpreise niedrig. Wenn Geschäftsinhaber und potentielle Hauseigentümer, aus welchen Gründen auch immer (zum Beispiel Steuersätze, politische Unsicherheiten und dergleichen), wenig Zuversicht haben, dann werden sie Immobilien als Geldanlage meiden. Wenn die Fixkosten von Kauf, Verkauf und den Wechsel von Immobilien entmutigend hoch sind oder wenn eine große Kluft besteht zwischen den Erwartungen der Verkäufer und der Kaufkraft der Käufer, dann wird der Marktumsatz schwach sein. Schwacher Umsatz wiederum bremst Spekulation und Preisanstieg. Nur wenn alle drei Elemente zusammenkommen, ergibt sich die Entfaltungsmöglichkeit für Immobilienspekulation.

Der einfachste Weg, ein Feuer zu löschen, ist in der Regel, ihm den Sauerstoff zu entziehen; meist ist es nicht möglich, die Brennstoffquelle zu entfernen und/oder die Temperatur zu senken. In extremen Fällen, etwa bei brennenden Ölquellen, nimmt man Sprengstoff, um dem Feuer die Sauerstoffzufuhr zu nehmen. Diese Metapher trifft auch auf den Immobilienboom zu. Ein plötzlicher Zinsanstieg kann Marktzuversicht und Preishysterie augenblicklich ersticken. Einer der Hauptwege, auf denen die Spekulation beendet wird, ist die Beeinträchtigung der Bankenprofite. Man muß deutlich sehen, daß ein allmählicher Anstieg der Zinsen während eines Immobilienbooms meistens nichts bewirkt. Solange die Immobilienwerte jährlich schneller steigen als die Zinsen, die der Schuldner bezahlt, brennt das Feuer weiter. Nur plötzliche Zinssatzsteigerungen verbreiten genug Furcht auf dem Markt, um etwas gegen die Vorherrschaft der Gier ausrichten zu können.

Immobilienhändler reagieren wegen ihrer üblicherweise hohen Fremdkapitalaufnahme als erste auf Zinssteigerungen. Selbst ein kleiner Anstieg bereits kann ihre Hoffnungen auf einträgliche Handelsspannen gefährden. Ihr eifriges Bestreben, einem Marktrückgang zuvorzukommen, führt zu niedrigeren Vergleichspreisen für Immobilien. Die Medien verbreiten das, es kommt zu weiteren Verkaufswellen, und der Prozeß abklingender Immobilienspekulation hat begonnen. Ist die Flamme aus, sinkt auch die Temperatur; entsprechend geht bei Immobilien das Tempo der Transaktionen zurück. Dieser Rückgang ist in manchen Fällen so dramatisch, daß die meisten der noch getätigten Geschäfte eher durch besondere Umstände als durch den Verkäuferwillen bestimmt sind. Die Immobilienpreise können sich dann nahe an ihren Spitzenwerten stabilisieren, bei geringer Marktaktivität allerdings. Diese Phase wird dann von einem substantiellem Rückgang der Preise abgelöst, der bis auf ein Niveau führt, auf dem dann realistische Transaktionen stattfinden können. Die Asche eines Booms muß entfernt sein, bevor ein neuer beginnen kann.

Wenn die Immobilienpreise wenigstens teilweise wieder so steigen wie zuvor, werden die Kreditgeber ihren Fehler bemerkt haben. Ein wachsender Teil ihrer Kredite wird notleidend, die Kreditnehmer geraten in Zahlungsverzug oder -unfähigkeit. Damit stehen die Kreditgeber vor der schwierigen Entscheidung, wann sie den Kredit kündigen und die Immobilie übernehmen sollen. Letztlich sind die Banken gezwungen, beträchtliche Ressourcen zur Einzelfallprüfung ihrer notleidenden Kredite zu verpflichten. Ist es dahin gekommen, müssen sich Kreditgeber, im Unterschied zur Prävalenz der Kreditsicherheit während der spekulativen Phase, nun wieder auf die individuellen Umstände eines Kreditnehmers konzentrieren.

Der angelsächsische Immobilienboom von 1985 bis 1989 und sein schließlicher Absturz hatten immense Auswirkungen auf Geschäftsbanken und Sparkassen. Während die Banken Schulden abgeschrieben, Verlustrückstellungen gebildet und ganz allgemein das Durcheinander geordnet haben, konnten sie nicht verhindern, daß die Unternehmen auf der Suche nach besseren Konditionen auf die Kapitalmärkte gingen. Im Klima niedriger Zinsen der frühen neunziger Jahre wären die Banken in der Regel stark gewachsen; nun aber leckten sie ihre Wunden, erweiterten die Profitmargen und erhöhten ihre Kapitalausstattung. Zudem bedeutete die fehlende Inlandsnachfrage nach Wohnungsbaukrediten, daß niedrige Zinsen den privaten Konsum nicht im üblichen Maß belebten. Die Regierungen haben diese Schwäche bei den privaten Ausgaben durch höhere Ausgaben für Transferzahlungen (Sozialleistungen und Renten) ausgeglichen, denen keine höheren Steuereinnahmen gegenüberstanden. Im wesentlichen ersetzte staatliche Kreditaufnahme auf dem Anleihenmarkt die private Kreditaufnahme bei den Banken. In einem Zeitraum von nur sieben oder acht Jahren verloren die Banken ihre Vormachtstellung als Finanzierungsinstitute sowohl für Unternehmen als auch für Privathaushalte.

### Neuerfindung der Banken

Die letzten Jahre des 20. Jahrhunderts erlebten ein Nachhutgefecht der Geschäftsbanken. Sie haben ihre Kapitalreserven aufgestockt, Anfang der neunziger Jahre ihre Kostenraten stark reduziert, aber auch ihre Geschäftsstruktur verändert. Durch Fusionen und Übernahmen und durch die Bindung großer Summen des eigenen Kapitals in Technik und Kommunikation haben sich die Banken in Nordamerika und Westeuropa als Schlüsselakteure auf den globalen Märkten für Kapital und Privatkundenkredite etabliert. Der Privatkundenbereich bildet nicht mehr das Kerngeschäft der Geschäftsbanken, sondern ist nur noch eine Abteilung unter mehreren.

Die Finanzstruktur heutiger Banken ist kaum anders als die vieler Nichtbankkonzerne. Wegen der Entwicklung ihrer Finanzgeschäfte wiederum ähneln große Unternehmen wie General Electric in den USA und Great Universal Stores in Großbritannien durchaus einer Bank.

Ein kritischer Blick auf das heutige Bankwesen zeigt, daß dort keine Zeit mehr für Beziehungen zur großen Zahl der Kunden bleibt. So entwickelt sich ein zweigliedriges System, in dem die meisten Privatkundengeschäfte nur mehr den Status einer Massenware haben. In den Bankfilialen wird ein Rest menschlicher Präsenz aufrechterhalten, aber die Banken sähen es lieber, wenn die Kunden ihre Transaktionen über Telefon, Computer oder Bankautomaten abwickeln würden. Im großen und ganzen sind Bankangestellte an den Einzelheiten unserer Daueraufträge nicht mehr interessiert als ein Lebensmittelhändler an unserer Gemüseauswahl. Neben dem Massengeschäft (in dem zunehmender Wettbewerb herrscht) gibt es aber auch das Geschäft nach Maß, in dem der Kunde Beratung braucht. Alles, was zu einer Geschäftsgründung, einer Gebühren- oder Kommissionszahlung führen soll, verlangt intensiven Service.

Fernbankgeschäfte, ob über das Telefon oder mit Hilfe einer Computerverbindung abgewickelt, mögen vielbeschäftigten Leuten, die während der Geschäftszeiten nicht zur Bank kommen, willkommen sein. Doch wird das Wachstum dieser Fernbankgeschäfte unweigerlich dazu führen, daß in den kommenden Jahren Tausende lokaler Geschäftsstellen schließen werden. Die USA, mit 9000 Geschäftsbanken und 67 000 Filialen (Geldautomaten nicht gezählt) im Jahr 1997, sind reif für diese besondere Revolution. Der Verlust des direkten Kontakts zwischen Bank und Kreditkunden, oder eines Kontakts nur dann, wenn es ein Problem gegeben hat, ist nicht ohne Bedeutung. Da die Kontrolle der Kreditwürdigkeit durch den Einsatz von schematisierten Standards und Datenabgleichssystemen über notleidende Kreditnehmer und Gerichtsurteile wegen Nichtbezahlung von Schulden immer stärker automatisiert wird, beginnt das Kreditsystem ein Eigenleben zu führen. Immer weniger Möglichkeiten bleiben, sich eine professionelle Einschätzung zu verschaffen und persönlichen Kontakt zu pflegen. Kreditbewerber lernen schnell, wie man bei der Kreditprüfung für das Vorhaben ungünstige Informationen verbirgt; sich im Gespräch unter vier Augen zu verstellen, ist lange nicht so einfach.

In geschäftlichen Zusammenhängen gibt es keinen Ersatz für das Wissen, über das eine regionale Bank hinsichtlich der örtlichen Situation in Industrie und Gewerbe verfügt. Die Kosten-Nutzen-Erwägungen für zehn Kreditanträge von zehn verschiedenen Bewerbern können eingehend sein und, nach einem abstrakten Kreditprüfungssystem beurteilt, Annahme finden; aber was geschieht, wenn alle zehn die gleiche begrenzte Geschäftsidee am gleichen Ort realisieren wollen? Solche Anomalitäten werden von Computern oft nicht bemerkt, in einem Netz von Individuen mit Sachverstand und Erfahrung jedoch können Informationen flexibler verglichen werden. Eine Bank, die nur noch auf Kreditausweitung setzt, wird immer willige Kunden finden; aber es ist höchst bedauerlich, daß die vielen Finanz- und Kreditspezialisten, die als Kollektiv die schweren Fehler der achtziger Jahre machten, nicht mehr auf ihren Posten sitzen und schwören, es dazu nie wieder kommen zu lassen.

**Die entscheidende Bedeutung der Banken
für den modernen Inflationsprozeß**

Im zweiten Kapitel wurde bemerkt, daß der Feldzug westlicher Staaten gegen die Inflation weder zu einem gemeinsamen Verständnis des Inflationsprozesses noch zu einer übereinstimmenden Methode der Inflationskontrolle geführt hat. Im Hinblick auf das Thema Inflation bleibt die Welt der Ökonomie in zwei große Schulen geteilt. Die eine betont die Rolle des vorzeitigen Wachstums in einer Definition der

Geldmenge, ja gibt ihr sogar absolute Priorität; die andere schreibt die führende Rolle den gegensätzlichen Ansprüchen zu, die die verschiedenen Gruppen im Wirtschaftssystem auf reale Ressourcen erheben. Das können Konflikte zwischen dem öffentlichen und privaten Sektor sein, solche zwischen Anteilseignern und Angestellten oder zwischen anderen Vertretern von Partikularinteressen. Die deterministischen Modelle der Inflation setzen klar voraus, daß, wären die Gesamtgeldmengen mehr oder weniger schnell gestiegen, die Inflation und ihre Wirkungen auf vorhersehbare Weise anders ausgefallen wären. Für die Geldpolitik, die sich daraus folgerichtig ableitet, hat die Kontrolle der Geldmenge und ihres Wachstums oberste Bedeutung. Im Unterschied dazu, beschäftigt sich die behavioristische Denkschule mit der Bildung wirtschaftlicher und gesellschaftlicher Strukturen und Institutionen, die jene Konflikte lösen, von denen man annimmt, sie leiteten Inflationsphasen ein. Anhänger dieser Schule betrachten das Geldmengenwachstum im allgemeinen als Sicherheitsventil, das eine temporäre Konfliktlösung gestattet, zum Beispiel durch die Finanzierung zusätzlicher Beschäftigung im öffentlichen Sektor. Daher sehen sie wenig Sinn in der Geldmengenkontrolle, weil sie dem Staat nicht zutrauen, die notwendige monetäre Zurückhaltung sicherzustellen.

Roger Bootle hat versucht, eine deterministische Sicht hoher Inflationsraten mit einer eher eklektischen und behavioristischen Sicht niedriger Inflationsraten zu verbinden, wie sie gewöhnlich in reifen entwickelten Volkswirtschaften zu beobachten sind: »Es gibt jedoch einen allgemeinen und umfassenden Erklärungsrahmen, der für sich spricht – Inflation wird verursacht vom Kampf verschiedener gesellschaftlicher Gruppen um ihren Anteil am nationalen Einkommen.« (»The Death of Inflation«, 1966) Bootles These interpretiert Inflation in einem historischen und institutionellen Kontext und erklärt, daß die Verbindung von schwacher Regierung und schlechten Zeiten immer zu Inflation führe, und zwar durch die Aufgabe von Selbstbeherrschung. Daß dies bereits lange vor der Gründung von Geschäftsbanken und dem Aufkommen von Papiergeld der Fall war, widerspricht nicht notwendig der monetären Erklärung des modernen Inflationsprozesses. Bootles These scheint jedoch die Möglichkeit auszuschließen, daß ein aus technischen oder politischen Gründen sprunghaftes Wachstum der Geldmenge als unabhängiger Faktor die Inflationsrate erhöhen könnte, ohne daß es gesellschaftliche Auseinandersetzungen zwischen Löhnen und Gewinnen oder zwischen öffentlichem und privatem Sektor gibt. Ich halte dies für nicht zutreffend; die These wird von vielen geldpolitischen Fehlern in Großbritannien, von Lord Barber in den siebziger Jahren bis zu Lord Lawson Mitte der achtziger Jahre, klar widerlegt. Zudem gab es 1984, dem Jahr des letzten Bergarbeiterstreiks, keinen Mangel an wirtschaftlichen und sozialen Konflikten, und doch blieb die Inflation die folgenden drei Jahre lang konstant.

Im Deutschland der Niedriginflation, wo Lohnverhandlungen noch immer stark zentralisiert sind und staatliche Entscheidungsprozesse auf parteiübergreifendem Konsens beruhen, müßten behavioristische Modelle des Inflationsprozesses größere Unterstützung finden, doch die Bundesbank sieht die Dinge anders. Die Bundesbank, eine der wenigen politisch unabhängigen Zentralbanken, hat im Kreis ihrer Schwesterinstitute ein höchst rigides und formalistisches Verständnis vom Verhältnis zwischen dem Tempo des Geldmengenwachstums und dem anschließenden Inflationsdruck. Zudem läßt sich die Inflation der Verbraucherpreise von 4,7 Prozent im Jahr 1992 eher durch den monetären Schock im Zusammenhang mit der deutschen Wiedervereinigung im Jahr zuvor erklären als durch eine Neigung der Menschen in den neuen Bundesländern zu militanten Lohnforderungen.

### Die Bedeutung eines monetären Erklärungsrahmens

Auch wenn viele von Roger Bootles Warnungen vor dogmatischen und mechanistischen Erklärungsmodellen der Inflation richtig sind, muß man doch einen klaren Rahmen festlegen, innerhalb dessen man die Ereignisse interpretiert, sonst wird die Versuchung groß, jedesmal wieder neue Erklärungen oder Entschuldigungen für unerwartete inflationäre Ereignisse zu suchen. Das deterministisch-monetäre Inflationsmodell leidet an vielen konzeptionellen Schwächen, aber es bietet einen kohärenten Erklärungsrahmen. Wenn wir jemals unseren Weg durch den Nebel finden wollen, müssen wir einige Marksteine erkennen und einige wichtige Unterscheidungen treffen.

»Um Verwirrung zu vermeiden, sollte man betonen, daß Inflation ein Geld- und kein Kreditphänomen ist. Bei einem Boom des Bankenkredits ist das Entscheidende nicht die Kreditbeschaffung, sondern die Konsequenzen, die eine bestimmte Art und Weise der Kreditbeschaffung für die Geldmenge hat.« (Gordon Pepper, »Money, Credit and Inflation«, 1991) Will man den monetären Erklärungsansatz der Inflation genauer untersuchen, muß man definieren, was man unter der Geldmenge versteht. Eine (grobe) Definition ist, daß sich die Geldmenge zusammensetzt aus den Bankeinlagen des privaten Sektors sowie den Scheinen und Münzen im allgemeinen Umlauf. Der größte Anteil des Bestandes an Bankeinlagen wird von privaten Haushalten, Konzernen und kleinen Unternehmen gehalten, die manchmal als der private Sektor zusammengefaßt werden. Auch Bankeinlagen von Unternehmen und anderen inländischen Finanzinstituten werden zur Geldmenge gezählt. Einlagen des privaten Sektors in der Landeswährung repräsentieren den Löwenanteil der Verbindlichkeiten des Geschäftsbankensektors. Deren andere Verbindlichkeiten sind die Einlagen des öffentlichen und des Auslandssektors, alle Fremdwährungseinlagen, Verbindlichkeiten in Verbindung mit ihren Anteilseignern und andere Kreditaufnahmen auf dem Kapitalmarkt. In der Praxis kommt das schnelle Wachstum der Bankbilanzen dem schnellen Wachstum der Geldmenge gleich.

## Die praktischen Schwierigkeiten der Geldmengenkontrolle

Trotz der von Milton Friedman und Anna Schwartz sowie anderen in großer Zahl veröffentlichten empirischen Belege wird nicht allgemein akzeptiert, daß zwischen der allgemeinen Geldmenge und anschließender Inflation eine notwendige Verbindung besteht. Wer mit mir dieser Ansicht ist, wird vielleicht auch meinen weiteren Ausführungen folgen. Für diejenigen, die Geldmengenkontrolle als ein notwendiges Mittel der Inflationssteuerung betrachten, gibt es zwei verschiedene Wege, diese Aufgabe zu erfüllen. Auf dem ersten wird man versuchen, die Kontrolle durch unterschiedliche Preise für Geld zu erreichen, bei der zweiten durch Variationen seiner Quantität.

Auf dem ersten Weg versucht man, das Wachstum des Geldbestandes durch indirekte Einwirkung auf den Einlagen- und Bargeldbedarf des privaten Sektors zu kontrollieren. Erreicht wird das durch ein Variieren der Zinsen, mit dem sich die Nachfrage nach Bankeinlagen im Rahmen der Zielwachstumsrate der Zentralbanken für die Geldmenge halten läßt. Steigt die Nachfrage zu schnell, müssen die Zinsen erhöht werden, und umgekehrt. Obwohl dieser Ansatz sehr einfach klingt, sind viele Regierungen, die diesen Weg verfolgt haben, in ernste Schwierigkeiten geraten; wir werden darauf noch eingehen.

Der zweite, quantitative Weg ist die Kontrolle der dem Bankensystem zugänglichen Rücklagenmenge. Der Bestand der Bankreserven, die monetäre Basis, setzt sich aus den Scheinen und Münzen im allgemeinen Umlauf und den Geschäftsbankeinlagen bei der Zentralbank zusammen. Die Zentralbank kontrolliert die Geldemission und hat das Recht, Banken, die ihr erlaubtes Kreditlimit überschreiten, zu sanktionieren, indem sie von diesen verlangt, zusätzliche Guthaben bei der

Zentralbank einzulegen, auf die dann keine Zinsen gezahlt werden. Das Kreditwachstum der Banken wird durch die Auflage einer Obergrenze für das Verhältnis von Bankreserven und Gesamtkreditvergabe beschränkt. Weil jeder Bankkredit das Gegenstück einer Bankeinlage gleichen Betrags ist, läßt sich das Geldmengenwachstum mit dem Wachstum der monetären Basis regulieren. Bei diesem Ansatz gibt die Zentralbank durch die Einschränkung ihres eigenen Bilanzzuwachses das Beispiel vor. Auch dieser Weg jedoch hat Nachteile.

Angenommen, der Neukaufzyklus von Autos und anderen langlebigen Konsumgütern erreicht genau in dem Moment einen Höhepunkt, in dem Unternehmen gerade dringend neue Investitionen und Anlagen finanzieren wollen; auf der Suche nach Krediten wenden sich alle an ihre Banken. Selbst wenn die Unternehmen und Konsumenten alle kreditwürdig sind und gute Sicherheiten vorzuweisen haben, müssen die Banken aufgrund ihrer Kreditmengengrenze viele abweisen. Die Rationierung von Kredit kann zu einer Art Schlangestehen führen, zu einem Wer-zuerst-kommt-mahlt-Zuerst oder zu einer anderen Priorität; die Reihenfolge der Bedienung kann auch durch einen Preismechanismus bestimmt werden. Das amerikanische Experiment mit der Kontrolle der monetären Basis in den frühen achtziger Jahren sah vor, den überschießenden Kreditbedarf über den Preis zu rationieren, was zur Zinsexplosion von 1981 führte. Einlagezertifikate brachten Spitzensätze von fast 16 Prozent, was die Sparer veranlaßte, ihre Vermögen aus den Anleihen- und Aktienmarktanlagen abzuziehen – mit der Folge aller möglichen Verwerfungen im Finanzsystem. Für die finanzpolitische Praxis lag das Dilemma darin, die normalen und berechtigten Erwartungen auf Zugang zur Bankfinanzierung zu gängigen Zinssätzen mit einer strikten Geldmengenkontrolle in Einklang zu bringen. Man muß wohl kaum erwähnen, daß diese Regulierung der monetären Basis in den USA rasch wieder aufgegeben wurde.

Dieses lehrreiche Experiment hat die meisten westlichen Regierungen dazu gebracht, die alternative Methode der Geldmengenkontrolle anzuwenden. Unglücklicherweise bringt eine Geldkontrolle über die Zinspolitik mindestens ebenso viele praktische Schwierigkeiten mit sich, von denen wir hier nur zwei ansprechen. Die erste liegt in der Uneindeutigkeit zwischen dem Geldbedarf für Transaktionen und dem für Spareinlagen; höhere Zinsen erschweren Transaktionen, fördern aber die Nachfrage nach Spareinlagen. Außerdem machen höhere Zinsen den Ertrag von Einlagen im Vergleich zum Ertrag anderer Finanzvermögenswerte attraktiver. Je nach der relativen Stärke der Effekte von Transaktionen und Spareinlagen kann der Gesamtkapitalbedarf des privaten Sektors steigen oder fallen. Unter Kontrollgesichtspunkten ist dies natürlich unbefriedigend.

Wenn, zweitens, die Zentralbank keinen Versuch unternimmt, die dem Bankensystem zur Verfügung stehende Rücklagenmenge zu kontrollieren, dann besteht die Gefahr, daß der Bankenkreditvergabe keine effektiven Grenzen gesetzt werden. Theoretisch wird die Bankenkreditmenge durch höhere Zinsen eingeschränkt, durch Knappheit von Bankenkapital und durch die Kreditwürdigkeit der Kreditnehmer. Die Erfahrung der achtziger Jahre aber hat gezeigt, daß alle drei Mechanismen zu schwach sind; wenn sich die Geschäftsbanken zu einer aggressiven Bilanzexpansion entschließen, steht ihnen außer irgendeiner Art von Desaster nichts im Wege. Der Zugang zu zinsvariabler Finanzierung erlaubt den Banken, höhere Zinsen an ihre Kunden weiterzugeben; wenn eine Bank unterfinanziert ist, kann sie auf dem Eurobond-Markt leihen; und das aufwendige Geschäft der Kreditwürdigkeitsprüfung der Kreditnehmer läßt sich umgehen, indem man vom Kunden Sicherheiten, meist in Form von Immobilien, verlangt. So kann man kaum bezweifeln, daß die Verbindung von Finanzinnovation und Liberalisierung die Flucht der Banken aus jeder effektiven Art der Geldkontrolle erleichtert hat.

**Das Dilemma der Geldpolitik**

Die vorausgehenden Abschnitte lassen sich ganz einfach zusammenfassen. Es gibt zwingende empirische und anekdotische Belege für die These, daß monetäre Schocks als Störung des Preisgefüges in die Märkte für Waren und Dienstleistungen übertragen werden. Zwischen den Ländern und über die Jahre gibt es viele Beweise für eine langfristige Beziehung zwischen Veränderungen im breiten Geldbestand und Veränderungen im gesamtwirtschaftlichen Preisgefüge. Im Prinzip gibt es gute Gründe für die quantitative Geldmengenkontrolle. Das Problem ist, daß die Kontrolle weder praktisch durchführbar noch politisch durchsetzbar ist. Ob quantitative Kontrollen oder vorangekündigte Geldmengenziele eingesetzt werden, die Geschäftsbanken haben genügend Kompetenzen, um die geldpolitischen Vorhaben ins Leere laufen zu lassen. Es gibt keine Garantie dafür, daß der angestrebte Grad monetärer Zurückhaltung erreicht wird. Zudem wäre die Volatilität kurzfristiger Zinsraten, welche die Experimente monetärer Kontrolle von den verschiedenen Regierungen in den achtziger Jahren begleiteten, heute politisch inakzeptabel.

Die Kontrolle von Geldbeständen über die Änderung von Zinsen ist unbefriedigend, weil der Geldbedarf, aus unterschiedlichen Gründen, darauf verwirrend und widersprüchlich reagiert. Auf jeden Fall haben die geldpolitischen Akteure, meistens Ausschüsse, die von den Zentralbanken organisiert und beherrscht werden, viel weniger freie Hand, die kurzfristigen Zinsen festzulegen, als weithin angenommen wird. In der Praxis setzen die in der Gewinnkurve verkörperten Erwartungen der Finanzmärkte (das Zinsspektrum von Übernachtkrediten bis zu Anleihen mit zwanzig- oder dreißigjähriger Laufzeit) der Bandbreite machbarer Politikoptionen enge Grenzen. Die einzig effektive Begrenzung der allgemeinen Geldbestände liegt einerseits in der Besorgnis der Kreditnehmer über den laufenden Schuldendienst, andererseits in der der Bankmanager über die prospektive Rentabilität ihres Kreditgeschäfts. An kritischen Punkten können die von den Exekutivorganen der Zentralbanken angesetzten Zinsveränderungen dramatische Auswirkungen auf das monetäre Verhalten haben, doch zu anderen Zeiten und für lange Perioden auch wieder kaum spürbare.

## Zusammenfassung

Dieses Kapitel sollte zwei deutliche Botschaften vermitteln. Die erste ist, daß die äußerst ertragreichen angelsächsischen Geschäftsbanken, die heute auf der globalen Bühne glänzen, in Geschäftsstil und Geschäft ganz andere sind als diejenigen, die in den späten achtziger Jahren von der Bühne abtraten, gebeutelt von Kapitalausfällen im Zusammenhang mit dem Immobilienmarkt. Nach einem mehrere Jahre dauernden rigorosen Prozeß der Erholung, Diversifizierung und Konzentration sind die überlebenden Banken, gemessen am traditionellen Maßstab der Kapitalstärke, aus den Turbulenzen größer und stärker als je zuvor hervorgegangen. Die heute erfolgreichen Banken sind multinationale Finanzkonzerne mit weitreichendem Einfluß und unterschiedlichen Interessen. Ihre Risikoprofile sind nicht vergleichbar mit denen, wie sie die Generation der Inlandsbanken in den achtziger Jahren aufwies, ganz zu schweigen von denen der traditionellen Regionalbanken des 19. Jahrhunderts und davor. Gebühren und Courtagen bilden heute einen viel größeren Teil des Bankeinkommens, während die Gewinnspannen traditioneller Banken unter dem Druck zunehmender Konkurrenz stehen. Inzwischen sind Einnahmen aus dem Holdinghandel mit Wertpapieren und Derivaten ins Zentrum gerückt.

Die zweite Botschaft bezieht sich auf die besondere Rolle, die Bankeinlagen im Finanzsystem spielen, trotz all der Innovationen und verwandten Ersatzinstrumente. Bankeinlagen bilden die Masse der allgemeinen Geldmengedefinitionen, und Banken haben immer noch die tägliche Verantwortung dafür, daß ausreichend Liquidität im Zahlungssystem vorhanden ist. Die Banken haben noch das Potential zu einer neuen Runde exzessiver Kreditschöpfung, seien diese von den Sicherheiten steigender Immobilienwerte oder von Finanzportfolios gedeckt. Da ein anwendbares System effektiver Geldmengenkontrolle fehlt, werden die Banken nur von ihren internen Managementzielen gezügelt. Handeln sie im Rahmen ihrer traditionellen Bilanzen, haben sie das latente Potential, ein ganz neues Inflationsfieber auszulösen. Handeln sie ohne Belastung der Bilanzstruktur, haben sie das Potential, in Liquiditätsprobleme zu geraten und das Kapital ihrer Aktionäre in beispiellosem Maß zu verschwenden. Wie sicher sind Bankeinlagen oder gar Bankaktien in dieser schönen neuen Welt?

# 5
## Die Finanzmärkte wachsen und wachsen

> Wenn man einen Fremden durch die Straßen von
> Amsterdam führen würde und ihn fragte, wo er sei,
> würde er antworten:»Unter Spekulanten«, denn es
> gibt keine Straßenecke [in der Stadt], an der man nicht
> über Aktien spricht. *Joseph de la Vega,*
> *»Confusión de Confusiones«, 1688*

Im Lauf der achtziger Jahre gerieten die Anleihen-, Aktien-
und Derivatenmärkte der OECD-Länder explosionsartig in
Bewegung. Ob man das Volumen neuer Wertpapieremissionen, den Umsatz der laufenden Anleihe- und Anteilspapiere
oder den Gesamtwert der Wertpapiermärkte betrachtet: Das
Wachstumstempo war atemberaubend schnell. Strukturelle,
kulturelle und technische Wandlungsprozesse beschleunigten
dieses Wachstum der Finanzmärkte noch. Das Wertpapier-
geschäft veränderte seinen Charakter fundamental. Eine ehemals stark regulierte, traditionsgeleitete Tätigkeit an der Peri-
pherie der meisten Finanzsysteme begann die gesamte Finanzlandschaft radikal umzugestalteten. Am nachhaltigsten
wirkten die Aufgabe der Währungskontrollen, womit der freie
Kapitalfluß über Ländergrenzen hinweg möglich wurde, die
Deregulierung inländischer Kapitalmärkte, die zu schärferer
Konkurrenz führte, und die Privatisierung öffentlicher Unternehmen. Der von innovativer Informationstechnik unter-
stützte Einsatz elaborierter Finanzinstrumente ging Hand in
Hand mit einer liberalen Haltung gegenüber den Finanzmärkten und ihren neuen Produkten.

Parallel zur raschen Entwicklung der Märkte für Anleihen,
Wertpapiere und Derivate haben sich professionelle Invest-
mentinstitutionen, darunter Rentenfonds, Versicherungsgesellschaften, kollektive Anlageprojekte und andere Spar-

institute zunehmend in der Vermögensverwaltung des privaten Sektors der entwickelten Welt engagiert. Diese Zentralisierung des Vermögenspools hat die zu bewältigende Maxi-
malgröße von Emissionen in der Absicht, Anlagekapital aufzubringen, erheblich aufgestockt. Unternehmen können sich
über eine Emission von Anteilspapieren, eine Anleihe oder
einen Kredit eines Konsortiums mehrerer Banken, auf einem
globalen Kapitalmarkt Kapital verschaffen. Vor dem Start
einer besonders großen Emission von Wertpapieren (etwa
über 500 Millionen US Dollar) bildet die Investmentbank, die
mit der Verwaltung dieser Emission beauftragt ist, ein »book«,
um unter Annahme verschiedener hypothetischer Ausgabe-
kurse den potentiellen Bedarf von Investmentfonds zu ermitteln. Mit diesen Informationen läßt sich das Risiko einer Fehl-
notierung von Emissionen beträchtlich reduzieren. Modernes
»book-building« und Konsortialtechniken könnten ohne
diese großen institutionellen Fonds nicht funktionieren. Darauf geht das elfte Kapitel ausführlicher ein.

Viele Faktoren haben zu dieser enormen Entwicklung der
globalen Finanzmärkte beigetragen, vor allem anderen jedoch
der kontinuierliche Aufwärtstrend der Anleihen- und Aktienpreise seit 1982. Große Anleihen- oder Aktienemissionen sind
in einem wachsenden Markt viel leichter zu plazieren als in
einem schrumpfenden. Als der Aktienmarkt im Oktober 1987
einbrach, hatten die internationalen Finanzmärkte eine ausreichende Dynamik entwickelt, so daß sich der Crash nur als
vorübergehender Rückgang erwies; die abrupten Verluste
konnten als bloßer Ausgleich der spektakulären Gewinne der
vorangegangenen neun Monate verstanden werden. Ende der
achtziger Jahre war der Strukturwandel der Wertpapiermärkte in den westlichen OECD-Ländern weitgehend abgeschlossen; aber genau zu jener Zeit bot sich dann die strategische Gelegenheit für weiteres schnelles Wachstum.

## Die Gelegenheit beim Schopf gepackt

In den frühen achtziger Jahren war die in den meisten großen Ländern des Westens vorherrschende Finanzierungsform immer noch der konventionelle Bankkredit an Firmen und Haushalte. Der Großteil dieser Kredite war mit dem (steigenden) Wert privater und gewerblicher Immobilien besichert, eine Praxis, die in Zeiten mit höherer Inflationstendenz viel für sich hatte. Wie im vorhergehenden Kapitel beschrieben, schmälern dann notleidende Kredite und Verlustrückstellungen die Gewinne der Geschäftsbanken und erodieren die Kapitalreserven. Das schwedische Bankensystem war in der Tat am Rande des Zusammenbruchs, bevor es 1992 vom Staat saniert wurde. Wo das Schicksal der Banken unauflöslich mit dem der privaten und gewerblichen Immobilienmärkte verknüpft war, waren die Verbindungen zwischen Immobilien und Finanzmärkten nicht sehr ausgeprägt. Möglichkeit und Bereitschaft der Banken zur Kreditvergabe wurden genau zu dem Zeitpunkt geschwächt, als viele große Kreditnehmer im öffentlichen und privaten Sektor bestrebt waren, von sinkenden Zinsen zu profitieren. Innerhalb einer kurzen Zeit, beginnend in den späten achtziger Jahren, erreichten multinationale Unternehmen Kreditqualitätseinstufungen, die denen der angeschlagenen Geschäftsbanken und Sparkassen glichen, und waren daher in der Lage, Kapital auf den Finanzmärkten genauso günstig aufzunehmen wie bei Banken.

In den USA verschärften sich die Schwierigkeiten von Großbanken zusätzlich durch die Konkurse vieler kleinerer und etlicher Bau-Sparkassen im Anschluß an den Immobilienmarkt-Crash Mitte der achtziger Jahre. Diese Entwicklungen trieben die USA auf den Weg zu schnellem Kredit und billigem Geld. Der Diskontsatz halbierte sich von 7 Prozent Ende 1989 auf 3,5 Prozent zwei Jahre später. Es dauerte nicht lange, bis die sinkenden Zinsen in Amerika auch in vielen anderen großen Ländern zur Vorherrschaft niedriger kurzfristiger Zinsen führten. Wenn ein junger Markt jemals die stra-

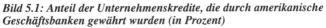

*Bild 5.1: Anteil der Unternehmenskredite, die durch amerikanische Geschäftsbanken gewährt wurden (in Prozent)*

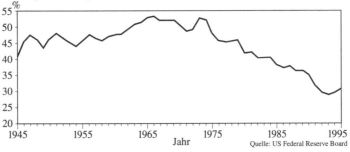

tegische Gelegenheit brauchte, um zur Reife zu gelangen, dann bot sie sich hier. Unter den idealen Bedingungen florierten die Anleihen- und Wertpapiermärkte, während das traditionelle Bankkreditgeschäft dahinwelkte. Wie die Zusammenstellung 5.1 zeigt, ersetzten die Kapitalmärkte rasch den konventionellen Bankkredit als Hauptfinanzierungsquelle amerikanischer Unternehmen, und auch im lukrativen privaten Kreditmarkt verloren die Banken die Initiative an Finanzierungs- und Kreditkartengesellschaften. Diese Angewohnheiten wurden in der gesamten angelsächsischen Welt rasch kopiert.

In den neunziger Jahren wurden die nationalen und internationalen Finanzmärkte volljährig. Tabelle 5.2 gibt für das Jahresende 1995 einen Überblick über die bedeutendsten Weltfinanzmärkte und ihre Zusammensetzung. Die Aktienmarktkapitalisierung von 13 Billionen US Dollar repräsentierte knapp 40 Prozent einer 33,5 Billionen US Dollar umfassenden Gesamtsumme. Der globale Anleihenmarkt schwoll von 2 Billionen in Jahr 1980 auf 12 Billionen im Jahr 1990, dann auf über 20 Billionen im Jahr 1995 und auf etwa 25 Billionen US Dollar 1998. Ende 1995 waren grob zwei Fünftel dieser Anleihen ursprünglich begeben worden, um staatliche

106

**Tabelle 5.2: Struktur der Weltfinanzmärkte (Werte und Wechselkurse Jahresende 1995)**

| Anteil in Prozent | ANLEIHEN (in Milliarden US Dollar) | | | | | | | Aktien | Summe Anleihen und Aktion Anleihen gesamt | |
|---|---|---|---|---|---|---|---|---|---|---|
| | Zentralregierung | Regierungsbehörde oder Bürgschaft | Staatsregierung oder lokale Behörde | Unternehmen (incl. Wandelschuldverschreibung) | Andere inländische | Internationale | Gesamt | Aktien | Milliarden US Dollar | Anteil in Prozent |
| USA | 25546 | 2406 | 1030 | 1742 | 283 | 830 | 8837 | 5367 | 14204 | 42,5 |
| Japan | 2003 | 210 | 99 | 405 | 745 | 346 | 3808 | 3472 | 7280 | 21,8 |
| Deutschland | 727 | 67 | 85 | 2 | 1121 | 281 | 2283 | 465 | 2748 | 8,2 |
| Großbritannien | 361 | 0 | 0 | 30 | 0 | 150 | 541 | 1292 | 1833 | 5,5 |
| Frankreich | 490 | 235 | 3 | 154 | 0 | 142 | 1024 | 433 | 1457 | 4,4 |
| Italien | 859 | 19 | 0 | 4 | 143 | 59 | 1084 | 197 | 1281 | 3,8 |
| Kanada | 183 | 0 | 108 | 54 | 1 | 78 | 424 | 307 | 731 | 2,2 |
| Niederlande | 194 | 0 | 3 | 91 | 0 | 65 | 353 | 317 | 670 | 2,0 |
| Schweiz | 29 | 0 | 23 | 37 | 77 | 114 | 280 | 382 | 662 | 2,0 |
| Belgien | 226 | 7 | 0 | 18 | 125 | 36 | 412 | 92 | 504 | 1,5 |
| Schweden | 112 | 0 | 1 | 9 | 128 | 4 | 254 | 143 | 397 | 1,2 |
| Spanien | 161 | 0 | 12 | 19 | 15 | 12 | 219 | 144 | 363 | 1,1 |
| Dänemark | 107 | 0 | 0 | 0 | 179 | 6 | 292 | 48 | 340 | 1,0 |
| Australien | 68 | 25 | 0 | 10 | 0 | 30 | 133 | 201 | 334 | 1,0 |
| Österreich | 54 | 2 | 0 | 5 | 68 | 3 | 132 | 26 | 158 | 0,5 |
| Finnland | 33 | 0 | 2 | 6 | 13 | 1 | 55 | 40 | 95 | 0,3 |
| Norwegen | 19 | 3 | 7 | 3 | 17 | 1 | 50 | 37 | 87 | 0,3 |
| Griechenland | 41 | 0 | 0 | 0 | 0 | 2 | 43 | 11 | 54 | 0,2 |
| Irland | 24 | 1 | 0 | 1 | 0 | 1 | 27 | 24 | 51 | 0,2 |
| Neuseeland | 13 | 1 | 0 | 2 | 0 | 2 | 18 | 24 | 46 | 0,1 |
| Ecu Anleihen | 73 | 0 | 0 | 0 | 0 | 91 | 164 | 28 | 164 | 0,5 |
| Summe/Hauptmärkte | 8323 | 2976 | 1373 | 2592 | 2915 | 2254 | 20433 | 13026 | 33459 | 100,0 |
| Anteil in Prozent | 24,9 | 8,9 | 4,1 | 7,7 | 8,7 | 6,7 | 61,1 | 38,9 | 100,0 | |

Quelle: R. Bremades, »How big is the world bond market?« und: Datastream equity market capitalization calculations

Haushaltsdefizite in entwickelten Ländern zu decken. Emissionen anderer öffentlicher Anleihen machen ein weiters Fünftel des Gesamtbetrags aus. Der Rest setzt sich aus Emissionen von inländischen Industrie-, Handels- und Finanzunternehmen sowie von internationalen Begebern in einer Auslandswährung zusammen. Kapitalemissionen von Entwicklungsländern auf den internationalen Märkten addierten sich auf geschätzte 2 Prozent der Gesamtumsätze auf dem Anleihenmarkt.

## Kapital- und Vermögensmärkte

In den entwickelten Ländern Westeuropas und Nordamerikas ist fast jeder private Haushalt mit zweierlei beschäftigt: mit Sparen und mit Leihen. Man kann beides auf viele verschiedene Arten tun, in jedem Fall aber müssen beide Aktivitäten zum Ausgleich gebracht werden. Auf einer niedrigen Ebene kann sich dieser Ausgleich in einer in sich geschlossenen Gemeinde mit ihrer eigenen Sparkasse vollziehen. In einem größeren Maßstab einer nationalen Volkswirtschaft ist er im Rahmen strenger Gesetze möglich, die den Kapitalfluß nach innen und nach außen unterbinden. Und schließlich kann es zu dieser Entsprechung zwischen Ursprung (den Ersparnissen) und Nutzung (dem Ausleihen) von Kapital in einem System freier internationaler Kapitalflüsse kommen. Natürlich verweisen wir, wenn wir vom Kapitalmarkt oder sogar dem globalen Kapitalmarkt reden, nicht auf einen konkreten Ort, sondern auf ein komplexes Netzwerk unsichtbarer elektronischer Transfers.

Der Kapitalmarkt ist der »Ort«, an dem die Kapitalvermögen von Millionen von Privathaushalten und das nicht ausgeschüttete Einkommen von Millionen von Unternehmen mit den Kreditanfragen der öffentlichen Hand, großer Industriekonzerne und Finanzunternehmen verbunden werden. Dieser Vermittlungsprozeß ist im Lauf der letzten zwanzig Jahre immer vielfältiger geworden, so daß sich heute jede Privatperson bei kleineren asiatischen Unternehmen, japanischen Unternehmen, amerikanischen Multimediafirmen und auf inländischen oder ausländischen Geldmärkten, in inländischen oder internationalen Anleihen sowie in vielen weiteren spezifischen Anlagekategorien engagieren kann. Umgekehrt kann jeder seine Ersparnisse einem verwalteten Fonds übertragen, der versucht, aus einem Portfolio von Vermögensanlagen mit Risikostreuung eine gute Rendite zu erzielen. Obwohl die Erweiterung des Angebots für den Konsumenten zu begrüßen ist, liegt es in der menschlichen Natur, daß Anlagekategorien mit den hohen Renditen (und Risiken), die in der Geschichte bislang einmalig sind, die größte Anziehungskraft entwickeln.

Bevor wir näher auf die Funktionsweise der einzelnen Kapitalmärkte eingehen, ist es notwendig, ein fundamentales Prinzip festzuhalten. Die Haushalte und Fonds, die den privaten Sektor ausmachen, besitzen letztlich alles. Firmen, Banken, Rentenfonds und andere Institutionen sind rechtliche Fiktionen; sie existieren als Annehmlichkeiten des modernen Lebens und als buchhalterische Eintragungen. Letzten Endes besitzen sie weder etwas, noch schulden sie etwas; ihre Nettovermögen beziehungsweise ihre Nettoverbindlichkeiten sind im Besitz des Publikums. Dementsprechend ist der Staat Vertreter eines kollektiven Besitzes; er handelt im Auftrag von Einzelpersonen. Seine Ermächtigung, Schulden zu machen, ist verbürgt, zum Teil durch das Vermögen in seiner Bilanz, prinzipiell durch sein Recht, von den Bürgern Steuern zu erheben. Der Staat hat kein eigenes Vermögen. Er ist ein Transfermechanismus im Finanzsystem.

### Beschreibung eines nationalen Kapitalmarkts: Großbritannien

Um die Funktionsweisen eines modernen Kapitalmarkts besser zu verstehen, ist es hilfreich, ein praktisches Beispiel zu betrachten. Zwei Schlüsselbegriffe stehen im Zentrum eines nationalen Kapitalmarkts: der Bestand an physischem Kapital

# Tabelle 5.3: Geschätzter Wert von fixem Kapital und Privatvermögen in Großbritannien, Stand: Ende Juni 1997

| NETTOAKTIENKAPITAL (in Milliarden Pfund) | | NETTOWERT DES PRIVATEN SEKTORS (in Milliarden Pfund) | |
|---|---|---|---|
| Fahrzeuge, Schiffe, Flugzeuge | 64 | Direktes Eigentum an: | |
| Fertigungsanlagen und Maschinen | 477 | Sachanlagen minus Anleihen | 805 |
| *Davon Industrie und Gewerbe* | *388* | Aktien | 410 |
| Wohnhäuser | 754 | Regierungsanleihen | 69 |
| *Davon vom Eigentümer bewohnt* | *612* | Bargeld und Einlagen | 468 |
| Fabriken, Läden, Büros | 436 | Summe des direkten Eigentums | 1752 |
| Regierungsgebäude, Schulen, Krankenhäuser, etc. | 290 | | |
| | | Indirektes Eigentum an: | |
| | | Sachanlagen minus Anleihen | 95 |
| | | Aktien | 764 |
| | | Regierungsanleihen | 286 |
| | | Bargeld und Einlagen | 115 |
| | | Andere Papiere | 42 |
| | | Summe des direkten Eigentums | 1302 |
| Gesamtsumme | 2021 | Gesamtsumme | 3054 |

| Preisindex Investitionsgüter | Preisindex Baukosten (Hausbau) | Index Andere Baukosten | Produktionspreis von Transportgütern | Index Renditen aus Anlagevermögen | Index Renditen aus Unternehmenspapieren | Index Renditen aus Regierungspapieren | Index Renditen aus Einlagen |
|---|---|---|---|---|---|---|---|

Quelle: ONS National accounts Blue Book and Financial Statistics (eingeschlossen das Netto-Auslandsvermögen) und der Nettowert des privaten Sektors. Das Inventar an physischem Kapital ist ein zentrales Element bei der Schöpfung von Gewinnen und Mieten, auf die der Vermögensbestand Anspruch erhebt. Tabelle 5.3 illustriert die Zusammensetzung dieser beiden Gesamtmengen für Großbritannien Mitte des Jahres 1997. Auf der linken Seite ist ein Inventar des festen Kapitalvermögens aufgelistet, abzüglich der Wertminderung und zu aktuellen Wiederbeschaffungspreisen. Die Liste umfaßt Häuser, Fabriken, Geschäfte, Büros, Krankenhäuser, Schulen, Straßen, Fahrzeuge, Schiffe, Flugzeuge, Industrieanlagen und -einrichtungen und alles andere feste Kapital. Unten auf der Liste erscheint der geschätzte Gesamtwert des festen Kapitals. Dieses Vermögen befindet sich, vereinfacht gesagt, im Besitz der Einwohner Großbritanniens.

In der rechten Spalte erscheint aufgelistet der Nettowert des inländischen privaten Sektors, verteilt auf Immobilien und andere Realvermögen, Bargeld und Einlagen, Wertpapiere und öffentliche Anleihen. Einige dieser Werte sind direktes Eigentum, andere befinden sich nur indirekt im Besitz von Einzelpersonen: über Lebensversicherungen, Renten- und andere Investmentfonds. Der Einfachheit halber werden alle finanziellen Verbindlichkeiten so behandelt, als seien sie durch festes Kapitalvermögen besicherte Kredite, und daher von ihren Marktwerten abgezogen. Vergleicht man die beiden Vermögensbestände, wird sofort deutlich, daß der Marktwert der finanziellen Ansprüche des privaten Sektors die Wiederbeschaffungskosten des festen Kapitals bei weitem übersteigt.

Die Bedeutung dieses Ungleichgewichts wird in späteren Kapiteln vollends deutlich, an dieser Stelle ist nur festzuhalten, daß diese zwei Bestände auf verschiedene Art und Weise neu bewertet werden. Die Festkapitalwerte werden bestimmt vom Tempo der langfristigen Nettokapitalanlagen und von den Preisbewegungen der Kapitalvermögenswerte. Für Gebäude sind das die Kosten für Baumaterialien und Arbeit, nicht die Marktpreise für Häuser und Bürobauten. Im Gegensatz dazu wird das Nettovermögen des privaten Sektors vom Nettozuwachs an Einlagenvermögen und den Marktwertbewegungen von Immobilien, Wertpapieren und Anleihen bestimmt. Es gibt keinen praktischen Grund, aus dem der Wert des finanziellen Anspruchs auf den Bestand realer Vermögenswerte gleich dem Wiederbeschaffungswert dieses Vermögens sein muß.

Im unteren Teil der Graphik 5.3 werden auf der linken Seite die Verbindungen zwischen den Märkten für Investitionsgüter, Stahl, Baumaterialien und anderen, auf der rechten Seite die Märkte für Häuser, Gewerbeimmobilien, Pfund Sterling-Guthaben, inländische Wertpapiere und Anleihen hergestellt. Unter diesen Primärfinanzmärkten sind die Derivatenmärkte für Futures, Optionen, Terminwerte und Swaps. Die Variationsbreite in der Bewertung des Nettovermögens des privaten Sektors ist sichtbar größer als die des festen Nettokapitalvermögens. In Zeiten deutlicher Prosperität und starker Zuversicht der Investoren sind die Möglichkeiten, neue Wertpapiere zu emittieren oder bestehende höher zu bewerten, praktisch unbegrenzt. Es ist hingegen selbst in solchen Zeiten extrem schwierig, das physische Kapital von einen Jahr aufs andere um mehr als nur einen winzigen Bruchteil zu erhöhen, insbesondere, weil es ständig altert und an Wert verliert. Demgegenüber nutzen sich Wertpapiere und Bankeinlagen nie ab. Dieser Unterschied ist äußerst bedeutsam.

### Renditen des physischen und des Finanzkapitals

Obwohl es sinnvoll und wünschenswert ist, ein kleine Marge von Ersatzkapazitäten vorzuhalten, erwirtschaften die Eigentümer ihr Einkommen unter normalen Umständen mit dem Großteil des festen Kapitals in einer Wirtschaft, also mit Gebäuden, Fahrzeugen, Anlagen und Maschinen. Immobilien bringen Mieteinnahmen; eine Industrieanlage wie etwa ein Fließband bringt Gewinne; Maschinen und Fahrzeuge bringen indirekte Leihgebühren; stets vorausgesetzt, die Dinge werden profitabel eingesetzt. Eine typische durchschnittliche Jahresrendite des festen Kapitals des Unternehmenssektors in OECD-Ländern in den späten neunziger Jahren liegt bei 16 Prozent; 12 Prozent waren es im Rezessionstief von 1982. Dieses Muster deckt sich mit einem allmählichen Anstieg des Anteils der Unternehmensgewinne am nationalen Einkommen. Vergleicht man die größeren westlichen Wirtschaften, dann reicht die Spanne von fast 20 Prozent in Kanada, 18,7 Prozent in den USA und 18 in den Niederlanden bis hinunter zu 15,4 Prozent in Frankreich, 15,1 in Deutschland, 14,7 Prozent in Italien und 13,3 in Großbritannien. Die meisten westlichen Länder haben während der neunziger Jahre mäßige Steigerungsraten der Kapitalrendite erlebt; nur in Japan ist sie seit 1990 fast jedes Jahr gesunken.

Diese Renditen des festen Kapitals werden jedoch von den Renditen des angelegten Finanzkapitals spielend übertroffen. Der Bestand des Finanzkapitals setzt sich aus dem Stammkapital und dem einbehaltenen Vorjahresgewinn plus anderen Rücklagen zusammen. Im einfachsten Fall wären die Finanzkapital-Ressourcen einer Firma identisch mit dem Wiederbeschaffungswert ihres festen Vermögens. Dann wären die Rendite des Finanzkapitals und die des physischen Kapitals gleich. In der Praxis gibt es im Zusammenhang mit Übernahmeaktivitäten, Steuer- und sonstigen Vergünstigungen zahlreiche buchhalterische Mittel, die es den Firmen regelmäßig erlauben, die Finanzkapitalrenditen viel höher zu verbuchen als die Renditen aus dem festen Kapital. Anstelle der typischen 16 Prozent rangieren diese Renditen zwischen 20 und 40 Prozent. Die Aufregung über derart exzellente Erträge läßt häufig die Aktienkurse der Firmen steigen und treibt einen noch dickeren Keil zwischen die Marktwerte der Finanzvermögen und die Werte des festen Vermögens.

**Sieben Dimensionen der Kapitalmarktentwicklung**

Seit Anfang der achtziger Jahre sind die Verknüpfungen zwischen Spar- und Leihtätigkeiten auf regionaler und sogar auf nationaler Ebene zunehmend schwächer geworden. Um ein Beispiel zu nennen: Ein typischer angelsächsischer Haushalt der sechziger und siebziger Jahre hielt den größten Teil seines finanziellen Vermögens in Form von Einlagen bei Geschäftsbanken und Sparkassen, einen geringeren Teil als Versicherungspolicen und Rentenansprüche. Zu dieser Zeit waren viele Banken noch regional geprägt, sie gaben Kredite an lokale Firmen, kleine Geschäfte und Haushalte. Andere Banken waren auf das Hypothekengeschäft spezialisiert, wiederum mit einer stark regionalen Identität. Investmentfonds favorisierten, je nach Ausrichtung, einen größeren oder kleineren Anteil an Anleihen oder Wertpapieren, aber diese Bestände waren überwiegend inländische. Die Revolution des globalen Kapitalmarkts hat die Optionen von Sparern und Kreditnehmern in viele Richtungen erweitert. Insgesamt sieben Prozesse sind dabei am Werk gewesen, nämlich Konzentration, Diversifizierung, Globalisierung, Vermittlung, Sekurisierung, Mobilisierung und neue Beweglichkeit. Sie werden im folgenden der Reihe nach beschrieben.

1. Konzentration

Seit Beginn der achtziger Jahre ist der Anteil des finanziellen Vermögens von Haushalten, der unter der Verwaltung oder Obhut einer kleinen Zahl großer Banken und Investmentfonds steht, in den USA, Großbritannien und anderswo kontinuierlich gewachsen. Der Konzentrationsprozeß dieser Industriezweige erscheint noch dramatischer, wenn man ihn im Hinblick darauf betrachtet, wohin die Ersparnisse der Haushalte fließen. Was die Geschäftsbanken und Sparkassen betrifft, wurde die Konsolidierung dieser Gewerbe durch Kapitalverluste im Zusammenhang mit dem Immobiliencrash am Ende der letzten Dekade beschleunigt. Durch die Stärkung von Wettbewerbsvorteilen und direkte Übernahmen hat sich eine Führungsgruppe großer Banken gebildet, die in den meisten westlichen Ländern über 50 Prozent der Privatkundeneinlagen betreut. Auch in der Branche des internationalen Fondsmanagements hat es diesen Prozeß gegeben, der riesige Vermögenswerte in den Händen relativ weniger Institutionen konzentriert hat. Merrill Lynchs Übernahme von Mercury Asset Management im Jahr 1977 erhöhte das von diesem Institut verwaltete Vermögen auf 600 Milliarden US Dollar. Erfolgreiche Fondsmanagement-Gruppen haben zusätzliche Kunden gewinnen können, wo andere den Weg der Übernahme gewählt haben. Angesichts des möglichen Kostendrucks im Management globaler Fonds scheint in der Tat eine weitere Konzentration unausweichlich.

2. Diversifizierung

Während der letzten fünfzehn Jahre haben Fonds für langfristige Spargelder ihren Besitz an Auslandsvermögen erhöht, und Geschäftsbanken haben ihr internationales Kreditgeschäft beträchtlich ausgeweitet. Die Geschäftsbanken sind hoch diversifiziert, was die Auslandskredite und das Sortengeschäft betrifft. Ende 1996 waren 34 Prozent der Aktivposten britischer Banken Marktkredite und Darlehen an Ausländer, und 54 Prozent der Vermögenswerte in anderen Währungen als Pfund Sterling denominiert.

Obwohl Investmentfonds ihre Aktiva immer in Wertpapieren, Anleihen, Immobilien und Bargeld diversifizieren, waren sie in den meisten Ländern eher auf inländische Werte ausgerichtet. Die Standardbegründung dieser Strategie war, daß sich die Währungen von Aktivposten und Verbindlichkeiten entsprechen sollten, um die Wechselkursrisiken zu minimieren. Ein Fonds mit einem großen Bestand ausländischer Wertpapiere ist dem Risiko ungünstiger Wechelkursschwankungen ausgesetzt. Da aber die meisten Rentenfonds Anfang der achtziger Jahre noch keine lange Laufzeit hatten, waren die

Lasten, Rentenverpflichtungen zu bedienen, durch den Eingang laufender Rentenbeiträge leicht zu decken. Da die Dividendeneinkommen nicht an Rentner und Versicherungsnehmer ausgeschüttet werden mußten, zog es die Investmentfonds in ihrem Bestreben, die Renditen zu steigern, immer stärker zu internationalen Kapitalinvestitionen. Die Renten- und Versicherungsbranche Großbritanniens gehört zu denen, die – mit 25 Prozent ihres Kapitals in Auslandsanlagen – am weitesten diversifiziert sind. Die Diversifizierung hat sich in den USA langsamer entwickelt, aber der Besitz ausländischer Wertpapiere und Anleihen hat sich von 409 Milliarden US Dollar 1991 auf 1,49 Billionen US Dollar Ende März 1998 vergrößert. Dies stellt einen Sprung von 8,8 auf 14,6 Prozent der persönlichen Vermögenswerte in Amerika dar, die in Versicherungs-, Renten- und offenen Investmentfonds oder direkt in ausländischen Wertpapieren angelegt sind.

3. Globalisierung

Ein Kennzeichen der neunziger Jahre war das Auftauchen (oder, in manchen Fällen, Wiederauftauchen) großer bevölkerungsreicher Länder auf der globalen Investmentszene. China, die ehemalige Sowjetunion und Indien sind Beispiele von Ländern, in denen bereits Portfolio-Investitionen getätigt werden können. Auf der Suche nach neuen Investitionsmöglichkeiten strömen die Manager internationaler Investmentfonds auch in die entstehenden Märkte Lateinamerikas, Osteuropas, des Mittleren Ostens und Afrikas. Es gibt bereits einige spezialisierte regionale Fonds, bei denen Einzelanleger zeichnen können. Angesichts dieser exotischen Vielfalt von Investitionsmöglichkeiten, kann der Amateuranleger leicht die Fallstricke in solchen Regionen übersehen, in denen womöglich Eigentumsrechte erst vor kurzen gesetzlich verankert worden sind.

## 4. Vermittlung

Renten-, Versicherungs- oder andere Investmentfonds agieren als Agenten oder Vermittler zwischen Privathaushalten oder Nonprofit-Organisationen auf der einen Seite und Finanzmärkten auf der anderen Seite, zu beiderseitigem Vorteil. Eine Vielzahl von Gründen – steuertechnische oder auch Marktkenntnis, Größenvorteile, Handelskosten und so weiter – bewegt Einzelpersonen dazu, ihre Ersparnisse in einem Fonds und nicht direkt auf dem Markt anzulegen. Für ihre Dienste nehmen die Fonds wiederum Gebühren und Kommissionen. Der deutliche Nachteil für den Anleger ist aber, daß er Transparenz, Übersicht über den Einsatz der Mittel und damit eigenes Ermessen verliert. Wo man früher sicher davon ausgehen konnte, daß Investmentfonds nur Schuldverschreibungen hoher Bonität und Aktien erstklassiger Industriewerte führen, sieht die moderne Wirklichkeit anders aus. Ein großer Investmentfonds mag über einen spezialisierten Fonds auf einen sich entwickelnden Markt drängen; er mag Derivate nutzen, um sein Wechselkursrisiko oder einen abrupten Kursverfall eines Papiers zu sichern; er mag Aktienkapital am Markt verleihen. Die Aufgabe, zu identifizieren, was ein typischer Begünstigter eines Rentenfonds im Sinne eines Sicherheitspolsters tatsächlich besitzt, ist immer schwieriger und manchmal unmöglich geworden.

In gleicher Weise, wie die zusätzlichen Vermittlungsebenen den Sparer von seiner Geldanlage entfernen, werden auch die Geldgeber zunehmend von ihren Endkunden getrennt. Der Niedergang der regionalen Banken und die Restrukturierung der Bankgeschäftsbeziehungen, wie im vierten Kapitel beschrieben, haben Bankkredite und Hypotheken zu Waren gemacht, die rasch gekauft und verkauft werden.

## 5. Sekurisierung

In seiner wörtlichen Bedeutung beschreibt Sekurisierung den Umwandlungsprozeß von Bankkrediten in vermarktbare

Wertpapiere (gewöhnlich Anleihen). Das geschieht vor allem dann, wenn eine Bank einen Teil ihres Kapitals profitabler einsetzen will. Sie entschließt sich, ein Paket von Hypotheken guter Qualität im Wert von 100 Millionen US Dollar zu schnüren und am Markt als Anleihe von Investmentgütern zu verkaufen. Banken sekurisieren Kredite vor allem darum, weil sie die sich aus Verordnungen ergebenden Kosten vermeiden wollen. Solange die Hypotheken bei der Bank bilanziert werden, muß sie Rückstellungen bis zu einem bestimmten Prozentsatz ihres Wertes verpflichten. Wenn die Kredite in Schuldverschreibungen umgewandelt sind, umgeht man diese Vorschrift. Am gebräuchlichsten ist Sekurisierung in den USA, aber ihr Gebrauch hat sich auch in anderen Ländern verbreitet. Sie repräsentiert ein Beispiel spezifischer Vermittlung, bei der der einzelne Sparer und der letztliche Kreditnehmer einander unbekannt sind.

## 6. Mobilisierung

Seit etwa Mitte der achtziger Jahre rollt ein Festwagen durch das Reich des individuellen Sparverhaltens. Trotz heftigem Holpern im Aktienmarkt-Crash von 1987 haben Haushalte dem Bargeld oder Bankeinlagen zunehmend leistungsorientierte Geldanlagen vorgezogen. Im Verhältnis zu den für Einleger in den neunziger Jahren niedrigen Nominalzinsen sind Geldanlagen in den verschiedensten Anteilspapieren immer populärer geworden. Sogar Anleihen haben im allgemeinen eine höhere Nominalrendite erzielt als Bankeinlagen, was sowohl junge wie alte Sparer in die Finanzmärkte gelockt hat. Bei den jungen Menschen waren es die steuerlichen Anreize, die sie dazu brachten, ihre Ersparnisse in kollektive Investmentprogramme wie offene Fonds oder Investmentgesellschaften umzuleiten, die Älteren hat die Möglichkeit gereizt, ihren Lebensstil im Rentenalter durch ertragreichere Geldanlagen erhalten zu können. So wie die Konsumenten zunehmend einen festen und erfolgreichen Aktienmarkt wahrnehmen, so orientiert sich die Anlage laufender Ersparnisse und manchmal des vorhandenen Reichtums zunehmend an höheren Renditen.

## 7. Neue Beweglichkeit

In diesem Zusammenhang läßt sich Beweglichkeit definieren als die zunehmende Bereitschaft des breiten Publikums, sich auf komplexe Finanzierungsarrangements einzulassen, die auf flüchtigen Erwartungen späterer Renditen oder Kosten basieren. Die Finanzinnovation in Spar- und Kreditprodukten ist, zum Teil durch technische Neuerungen ermöglicht, seit Mitte der achtziger Jahre explodiert. Das Marketing für Finanzprodukte hat die Konsumenten von den guten alten Hypotheken und Sparkonten, mit denen nicht viel Gewinn zu erzielen ist, weggelenkt hin zu komplexen Transaktionen, mit denen zusätzliche Provisionen und Honorare verdient werden können. So wie schludrige Bauarbeiten meistens erst nach einigen Jahren ihre Früchte in Form teurer Reparaturen tragen, so wird erst lange nach dem Kauf spürbar werden, daß eine Rentenversicherung oder ein Hypothekenprodukt den Bedürfnissen des Käufers nicht angemessen war.

Der im Lauf der letzten 15 Jahre kumulative Effekt dieser sieben unabhängigen, aber verwandten Prozesse war die Entwicklungsmöglichkeit eines Finanzsystems, das parallel zu dem entstand, das die Geschäftsbanken und Sparkassen zu Beginn der achtziger Jahre boten. Der globale Kapitalmarkt macht es möglich, daß ein Kredit aus Manila stammt, in Spanien finanziert, in New York bedient und im Depot eines schwedischen Rentenfonds gehalten wird. Aus diesem Grund kann betrügerische oder aus Inkompetenz resultierende Zahlungsunfähigkeit ganz unerwartet auftreten und weitreichende Folgen haben. Von regulierenden Instanzen relativ unbehelligt, genießen die Finanzmärkte Freiheiten, von denen die Geldmärkte nur träumen können.

## Die Mängel der Kapitalmärkte

Eines der Probleme, das jeder Kapitalmarkt kennt, sogar ein Markt nach Art der in sich geschlossenen Gemeinde, ist der ungleiche Zugang zu Informationen. Manche Sparer akzeptieren niedrige Bankzinssätze oder gar keine Zinsen, weil sie vielleicht gar nicht wissen, daß anderswo bessere Erträge zu erzielen sind. In einem umkämpften Kapitalmarkt wird ein konkurrierendes Finanzinstitut diese Informationslücke sofort füllen. Es würde die Einlagen von der selbstzufrieden agierenden Bank weglocken und die Guthaben in profitablere Kredite und Kapitalanlagen umleiten. In dieser Hinsicht markiert die Entwicklung der freien Kapitalmärkte eine große Verbesserung gegenüber einer selbstzufriedenen und ineffizienten Bankenclique.

Aber der Kapitalmarkt erfüllt nicht nur die Funktion einer Clearingstelle für die Investition von Spargeldern des privaten Sektors. Es gibt zwei andere Arten von Aktivitäten, die ein allgegenwärtiges Kennzeichen des Kapitalmarkts sind: Portfolio-Verwaltung und Risiko-Arbitrage. Die Portfolio-Methode zeigt das ständige Bestreben der Investmentinstitute, durch die Anpassung des Aktivposten-Mixes (aus Bargeld, Immobilien, Wertpapieren und Anleihen) an den Mix spezifischer Investitionen in jeder Kategorie, die Eckwerte der Industrie zu überbieten. Risiko-Arbitrage ist ein allgemeiner Begriff für alle Arten von Transaktionen, die Vermögensbestände von einer Anlageform in eine andere überführen. Der Charakter der Risiko-Arbitrage kann konservativ sein (so gestaltet, daß das Risiko auf Kosten höherer Renditen reduziert wird), opportunistisch (als Hinnahme eines moderaten Risikos in Erwartung einer höheren Rendite) oder aggressiv (Bereitschaft zu erhöhtem Risiko in Erwartung einer außergewöhnlichen Rendite).

Wo die großen institutionellen Fonds Vermögensbestände im Namen ihrer Kunden verwalten, finanzieren die Arbitrageure ihre Transaktionen gewöhnlich mit geliehenem Geld.

Sie gehen dabei nicht notwendigerweise höhere Investitionsrisiken ein als die großen Fonds, aber ihre Investitionsleistungen sind in der Regel von größerer Volatilität, einfach weil sie eine viel höhere Fremdkapitalaufnahme haben. Sehr wohlwollend beschrieben, erinnern Arbitrageure an die kleinen Putzerfische, die von Nahrungsresten um das Maul großer Fische leben. Obwohl sie eine nützliche und ergänzende Rolle spielen, indem sie nämlich Anomalien in den Kapitalmärkten identifizieren und damit einen Beitrag zu deren Korrektur leisten, gehen sie ständig das Risiko ein, bei lebendigem Leib verspeist zu werden.

**Die dunkle Seite der Risiko-Arbitrage**

Die Beschreibung der Risiko-Arbitrage kann aber nicht bei einer wohlwollenden Interpretation stehenbleiben. Während der neunziger Jahre hat es eine wahre Explosion ihrer aggressiven Formen gegeben, manchmal offen – im Fall der Hedgefonds –, doch häufiger verdeckt, nämlich hinter der respektablen Fassade einer großen Bank oder eines Investmentfonds. Hedgefonds zielen ganz unverblümt auf Höchstrenditen ab. Ihre Kunden sind meist reiche Leute, die es reizt, einen kleinen Teil ihres Gesamtvermögens zu hohem Risiko anzulegen. Es kümmert sie nicht, ob ihr Hedgefonds 100 Prozent Anleihen hält oder keine; ob sie wissen, daß der Fonds Kreditaufnahmen und Derivate einsetzt, um eine Position zu vergrößern, oder Leerverkäufe von Aktien durchführt, mit der Verpflichtung, sie später zurückzukaufen. Solange der Fonds nur Renditen weit über denjenigen der gängigen Investmentfonds erzielt, ist der Hedgefonds-Anleger glücklich.

Verdecktere Formen aggressiver Risiko-Arbitrage werden routinemäßig von selbständigen Händlern in großen Investmentfonds, multinationalen Firmen (gewöhnlich mit Verbindungen zu den Warenbörsen) und sogar von staatlichen Stellen praktiziert. Anders gesagt: Diese Händler haben die Erlaubnis ihrer Vorgesetzten, das Kapital der Institution einzusetzen, um in der Hoffnung, außergewöhnliche Gewinne zu erzielen, ihre Positionen zu etablieren. Zwar ist jedem Händler oder jedem gehandeltem Wertpapier ein nominelles Limit gesetzt, aber dieses kann durch den Einsatz von Derivatenhandel oder komplexen Instrumenten aufgeweicht oder umgangen werden. Immer wieder entdecken Vorstände, wie sich Handelsverluste weit über das beabsichtigte Risikolimit hinaus multiplizieren können. Die Verantwortlichen in Investmentbanken zeigen sich inzwischen besorgt und setzten Millionen US Dollar zur Förderung von Risiko-Initiativgruppen und Value-At-Risk-Projekten ein, um ein gewisses Maß der Standardisierung und Kontrolle wiederherzustellen.

Diese Bemühungen sind sicherlich ehrenwert, aber in gewissem Sinn hinkt die Risikoüberwachung immer hinterher; die Finanzinnovation reißt genauso schnell neue Löcher in den Sicherheitszaun wie die alten gestopft werden. Zudem haben Handelstätigkeiten, die einen beträchtlichen Anteil am Gewinn der Gruppe ausmachen, gewöhnlich intern ein enormes politisches Gewicht; selbstverständlich irritieren Bemühungen, das Risikoprofil der Gruppe zu steuern, die Gänse, die die goldenen Eier legen sollen. Eines der immer wiederkehrenden Themen bei modernen Finanzskandalen ist die lange Zeit, in der sich das Problem aufgeschaukelt hat; das geht in der Regel über viele Monate, wenn nicht Jahre. Es liegt in der Natur des Futures- und Optionshandels, daß der Schrank mit den Skeletten möglicherweise erst Jahre später entdeckt wird. Das könnte die belgische Regierung bezeugen, deren schlecht beratene Entscheidung, während der Wechselkurskrise vom September 1992 die italienische Währung zu stützen, sich fünf Jahre später zu einem Derivatenverlust von 1,2 Milliarden US Dollar ausreifte.

Ein Kennzeichen aggressiver Arbitrageure ist deren absolute Zuversicht, alle Fehler könnten berichtigt werden, vorzugsweise bevor sie eingestanden oder bemerkt worden sind. Selbst für erfahrene Händler besteht immer die Gefahr, daß das Investitionsrisiko einer Arbitrage-Gelegenheit nicht völlig durchschaut werden kann. Sollte eine Handelsstrategie mit großen Kosten scheitern, dann ist es durchaus vorstellbar, ja sogar wahrscheinlich, daß sie versuchen werden, den Verlust dadurch zu kompensieren, daß sie noch größere Risiken eingehen. Die Praxis des »Marking-to-market«, das heißt, die Bewertung der Handelskontrakte einer Firma zu den aktuellen Marktpreisen, mag nur in bestimmten Intervallen, vielleicht sogar nur am Jahresende vorkommen. In den Wochen und Monaten dazwischen besteht die Möglichkeit, beschämende Verluste in respektable Gewinne zu verwandeln. Handelsverluste werden selten freiwillig gemacht, allenfalls zu dem Zweck, steuerliche Verpflichtungen zu begrenzen.

Hier ein extremes Beispiel aus dem Jahr 1996. Eines der damals besten möglichen Geschäfte wäre gewesen, Yen zu weniger als 0,5 Prozent Jahresverzinsung von einer japanischen Bank zu leihen, diesen Betrag am Anfang des Jahres in US Dollar zu tauschen (als der Kurs 90 Yen zu einem US Dollar betrug) und den Erlös auf dem russischen Aktienmarkt zu investieren, was zu einer (US Dollar-) Rendite im Lauf des Jahres von 100 Prozent geführt hätte. Der japanische Yen fiel im Lauf des Jahres 1996 von 90 auf 120 Yen pro US Dollar, was den Wert des aufgenommenen Geldes um 25 Prozent minderte. Die Gesamtrendite dieser Strategie hätte also 170 Prozent in 12 Monaten betragen.

Wir sollten aber auch betrachten, was bei diesem schlauen Plan hätte schiefgehen können. Erstens hätten die Kreditkosten während des Jahres steigen können; schließlich waren die japanischen Tagesgeldsätze tiefer als je zuvor. Zweitens hätte der Wechselkurs von Yen zu US Dollar um 25 Prozent in die andere Richtung schwanken können, was zu einer entsprechenden Wertsteigerung der zurückzuzahlenden Yen geführt hätte. Drittens hätte der russische Aktienmarkt angesichts der wirtschaftlichen Turbulenzen im Land um die Hälfte seines Wertes nachgeben können, anstatt zuzulegen. Bei diesem schlimmsten anzunehmenden Szenario hätte die ursprüngliche Investition in den gleichen 12 Monaten 60 Prozent Verlust gebracht.

Die Banken unterliegen durch ein von außen vorgeschriebenes Mindestkapitalsoll Einschränkungen; aber jede ausreichend große Firma oder Finanzinstitution mit Zugang zu Kreditfazilitäten hätte diesen Handel riskieren können. Die latenten Kreditkapazitäten des privaten Sektors in den führenden entwickelten Volkswirtschaften sind immens; ein nicht unbeträchtlicher Anteil dieser Kapazitäten liegt immer ungenutzt. Ende 1996 beispielsweise entsprach der Wert ungenutzter Kreditfazilitäten im privaten Sektor Großbritanniens 20 Prozent des ungetilgten Kreditvolumens. Zudem können Bürger und Firmen potentiell gegen ein riesiges Volumen an Sicherheiten in Form von Immobilienwerten Kredit aufnehmen, sollten sie das wollen.

In einem grenzenlosen, globalen Kapitalmarkt ist schwer zu erkennen, ob Zuweisung und Rückführung von Spargeldern die verschiedenen Risiko-Arbitragegeschäfte beherrschen oder umgekehrt. Ich vertrete die These, daß die Waage zwischen beiden Aktivitäten sich stark zugunsten von Risiko-Arbitrage einschließlich Derivatenhandel geneigt hat. Obwohl das Primärgeschäft der Manager großer institutioneller Fonds, die umsichtige Anlage der Pensionsansprüche der Bürger, ihrer Versicherungsgelder und dergleichen, von dem zusätzlichen Marktumsatz, den Spekulationen und Arbitragegeschäfte schaffen, profitieren, tun sie das auf Kosten der Markttransparenz. Es ist möglich, daß die Motivationen hinter einem plötzlichen Nachfrageboom nach peruanischen Anteilspapieren, Silber oder italienischen Staatsanleihen keinerlei Beziehungen zu den Grundorientierungen des Marktes, zu Gewinnvoraussagen, Zinsbewegungen, Industriedaten oder der Praxis staatlicher Anleihen-Emissionen, erkennen lassen. Obwohl die Fondsmanager oft Wertsteigerungen durch solche Ereignisse erzielen, bleiben ihnen die Ursachen der Erfolge unklar.

**Zusammenfassung**

Zwanzig Jahre lang ist jeder Versuch gescheitert, die Wirtschaft durch niedrige Zinsen anzukurbeln. Banken haben exzessiv Kredite vergeben, Unternehmen haben angesichts reger Nachfrage nach ihren Gütern und Dienstleistungen die Preise in die Höhe getrieben, um das Angebot zu verknappen. Der Staat war gezwungen einzugreifen; man hat die Zinsen erhöht, um den Inflationsdruck zu dämpfen oder eine ungünstige Außenhandelsbilanz zu sanieren. Die Politiker haben sich nach einem Zaubertrank gesehnt, der Unternehmen und Regierungen eine Kreditaufnahme ermöglichen sollte, ohne daß die Banken ihre Bilanzstruktur hätten ausweiten müssen. Die Zinsen hätten nicht steigen müssen, um die Nachfrage zu dämpfen, und die Inflationsrate hätte niedrig bleiben können, weil der traditionelle Trichter der Bankenkreditgewährung umgangen worden wäre. Da schafft der globale Kapitalmarkt eine Bühne: einen Markt, auf dem das Angebot an Spargeldern grenzenlos erscheint und auf dem jeder Kreditnehmer, wie groß auch immer, zu klein ist, um den Preis von Krediten zu beeinflussen. Endlich, so schien es, sei die Klammer zwischen nationaler Kreditaufnahme und Inflation gesprengt.

So weit läßt sich die Revolution der Kapitalmärkte mit Zustimmung betrachten. Nach einigen Anfangsproblemen der Finanzmärkte in den Jahren 1987, 1990 und 1994 sind die meisten westlichen Staaten ganz beruhigt, was deren erweiterte Rolle für die wirtschaftliche Entwicklung betrifft. Fortwährend gratulieren sie sich selbst zu ihrer exzellenten Inflationskontrolle, während sie die Wachstumsraten der inländischen Verschuldung (die zwei- oder dreimal so hoch sind wie die Inflationsrate) und anhaltend hohe Realzinssätze ignorieren. Doch die Flitterwochenzeit dieses radikalen Wandels unserer Finanzarrangements wird nicht ewig dauern, die Nebenwirkungen und gesellschaftlichen Folgen werden bislang noch kaum richtig verstanden.

# 6
## Jede Vorsicht über Bord geworfen

Einigen alarmierten Beobachtern erschien es, als sei die Wall Street dabei, das Geld der ganzen Welt zu verschlingen.                    *John K. Galbraith,*
*»The Great Crash«, 1929*

Da die alten Werte der Sparsamkeit, Ehrlichkeit und harten Arbeit ihre Anziehungskraft verloren, wollte jeder schnell reich werden, besonders weil die Währungs- oder Aktienspekulation spürbar mehr einbrachte als Arbeit.
*Adam Ferguson, »When Money Dies«, 1975*

In den achtziger und neunziger Jahren wurde in den meisten angelsächsischen Ländern Bargeld als Geldanlage verpönt. Immer mehr Menschen hielten das Sparen für ein Zeichen finanzieller Naivität, des Ungeschicks im Umgang mit Steuerlasten und irrationaler Furcht vor Risiken. Bankeinlagen, Einlagenzertifikate und Geldmarktkonten haben, nach Steuern und inflationsbereinigt, in der Tat oft negative Renditen erbracht. Selbst als diese Erträge während der achtziger Jahre durchgehend positiv wurden, erschienen sie im Vergleich zu den möglichen Investitionsgewinnen aus Aktien oder Fonds verschwindend klein. Jahr um Jahr wurde die ständige Abwanderung der Spargelder privater Haushalte in ertragreichere Anlagen Jahr für Jahr mit solchen Hinweisen gerechtfertigt. Dies ist eine verständliche Reaktion von älteren Bürgern und anderen, die von Kapitaleinkommen abhängig sind, um ihre täglichen Rechnungen zu bezahlen. Jedoch verachten auch die hochverschuldeten jungen Haushalte flüssige Ersparnisse und ziehen Sparpläne vor, die mit Investitionen auf dem Aktienmarkt verbunden sind.

Die Warnungen in diesem Kapitel gelten nicht mit gleicher

Vehemenz für alle westlichen Länder. Wie Graphik 6.1 anzeigt, gibt es zwischen diesen Ländern große Unterschiede im Ausmaß, in dem private Haushalte sich von Bargeld und Bargeld-Äquivalenten als Bestand ihres Finanzvermögens verabschiedet haben. Schweden, Großbritannien und die USA kommen unserer Definition am nächsten; es kann aber sein, daß manche Kreditmittel wie auch nicht investierte Mittel auf dem Kontinent nicht als flüssige Mittel betrachtet werden sollten. Frankreich, Österreich, Holland und Dänemark wären dann gleichermaßen gefährdet.

**Was heißt Liquidität ?**

Es ist wichtig, sich gleich am Anfang klarzumachen, was das Wort »Liquidität« bedeutet. Wie eine Flüssigkeit von einem Gefäß in ein anderes geschüttet werden kann, so können wirklich flüssige Finanzmittel von einem Gebrauch in einen anderen überführt werden. Diese Analogie unterliegt der

*Tabelle 6.1: Der geschätzte Anteil liquider oder fast liquider Einlagen an der Gesamtsumme der Finanzanlagen privater Haushalte. Stand Ende 1995*

| In Prozent | Bargeld und Äquivalente | Darlehen und Hypotheken | Andere nicht investierte Anlagen | Summe |
|---|---|---|---|---|
| Schweden | 14 | 3 | 1 | 18 |
| Großbritannien | 22 | 0 | 4 | 26 |
| USA | 20 | 3 | 3 | 26 |
| Frankreich | 16 | 2 | 13 | 31 |
| Österreich | 8 | 6 | 21 | 35 |
| Italien | 32 | 1 | 9 | 42 |
| Kanada | 32 | 6 | 5 | 43 |
| Deutschland | 37 | 4 | 6 | 47 |
| Niederlande | 8 | 38 | 1 | 47 |
| Dänemark | 13 | 36 | 1 | 50 |
| Norwegen | 41 | 8 | 12 | 61 |
| Spanien | 52 | 4 | 6 | 62 |
| Japan | 53 | 13 | 1 | 67 |

Annahme, daß es dabei keine Verdunstung, kein Eindicken oder Verschütten gibt. Vorausgesetzt, die richtigen Meßgefäße sind verfügbar, können exakt bemessene Flüssigkeitsmengen ausgeschüttet werden. Flüssigkeiten sind in kleinste Mengen teilbar. Bargeld in Form aktuell umlaufender Scheine und Münzen erfüllt die Kriterien eines liquiden Mittels am besten. Im Austausch für Waren, Dienstleistungen und Vermögenswerte wird es von Person zu Person weitergegeben, ohne daß man an seinem monetären Wert zweifeln müßte. Ist eine genügende Menge von Scheinen und Münzen verfügbar, kann Geld in die kleinste anerkannte Währungseinheit geteilt werden. In den USA und Kanada ist dies ein Cent, in Großbritannien ein Penny; in Deutschland (noch) ein Pfennig (und bald ein Euro-Cent).

Als nächstes ist eine Geld- oder Kundenkarte so gut wie bares Geld in der Hand, doch sie wird nicht überall und immer akzeptiert. Wenn der Einzel- oder Großhändler die technischen Vorrichtungen nicht hat, funktioniert die Kundenkarte nicht. Der Nachteil für den Karteninhaber ist dann, daß er erst Geld vom Bankautomaten holen muß, um zum Point of Sale zurückzukehren und die Transaktion abzuschließen. Dies bedeutet einen marginalen Verlust an Liquidität. Vergleichbar kann man mit einem Scheck auf Geldmarkteinlagen, etwa einem Euroscheck, direkt einkaufen, aber es dauert, bis der Vorgang abgewickelt und der Scheck abgerechnet ist. Wenn auf dem Konto des Ausstellers nicht genug Geld vorhanden ist, kommt der Scheck unbezahlt zurück. Geldkarten, Kundenkarten und Schecks sind zwar noch liquide Mittel, aber die Flüssigkeit gleicht eher Sirup als Wasser.

Als nächstes dann kommen das Postsparkonto, Festgeldkonto und Einlagezertifikate. Für eine Verzinsung zu einem Satz, der nahe an dem des kurzfristigen Geldmarkts liegt, müssen die Inhaber solcher Konten eine Abbuchung vorher anmelden und haben während dieser Frist Zinsverluste. Selbst dort, wo diese Konten Scheckverkehr erlauben, ist es klar, daß die Guthaben nicht unmittelbar transferierbar sind. Für Käufe mit sofortiger Abrechnung eignen sich diese Konten nicht. Sie sind eher wie Gelee als wie Wasser.

Was alle oben genannten Finanzinstrumente verbindet, ist ihr fester nominaler Betrag. Niemand streitet über den Nennwert eines Geldscheins oder Schecks. Geht man im Spektrum nun weiter zu den staatlichen Wertpapieren, Schatzwechseln, Anleihen und Aktien, kommt man in das Terrain von Vermögenswerten mit ungewissen Nennwerten. Der Rückzahlungswert einer Anleihe mag wohl vorher geldlich festgesetzt sein, wie etwa der Kupon. Aber als täglich am Markt gehandeltes Wertpapier wird sich sein aktueller Wert im Lauf seiner Lebensspanne ändern. Wertpapiere werden gewöhnlich mit einem Nennwert ausgegeben, der sich aber nur auf das Aktienkapital in der Bilanz des Unternehmens bezieht. Aktienkurse schwanken ständig, da die Finanzmärkte auf allgemeine und spezifische Nachrichten und Entwicklungen reagieren. Aus diesem Grund können Wertpapiere und die Mittel, die in sie investiert sind, nicht als liquide Mittel bezeichnet werden. Um bei der Analogie zu bleiben, diese Instrumente sind wie Puddings, die in ihrer Festigkeit zwischen der einer Mousse, eines Schwamms oder eines Kuchens variieren. Sie können kaum wieder in ihre einzelnen Zutaten aufgelöst werden.

Unter normalen Umständen sind Staatsanleihen und Aktien innerhalb von 14 Tagen zu liquidieren (gegen Geld verkauft), aber ohne daß der Preis, der zu einem bestimmten Zeitpunkt erzielt werden kann, garantiert ist. Das bringt uns zum Thema der Mindest- und Reservierungskurse, die bei Kunst- und Antiquitätenauktionen üblich sind, aber auch bei Investitionen gelten. Die meisten Anleger haben den Reservierungskurs ihrer Aktien und Anleihen, die sie direkt (nicht über einen Mittler) besitzen, im Kopf. In manchen Fällen ist das einfach der Kaufpreis; in anderen kann es ein kürzlicher Höchststand eines Aktienkurses sein. Prinzipiell hassen es Anleger, Verluste zu machen. Kein Wunder, denn wenn die

Anlage kreditfinanziert ist, kann es sich der Anleger möglicherweise nicht leisten, einen Verlust auflaufen zu lassen. Diese Aversion vor realen oder nominellen Verlusten spielt eine wichtige Rolle in der Dynamik des Finanzmarkts. Sie erklärt, warum nur wenige Anleger verkaufen, wenn ein Aktien- oder Anleihenkurs weniger als 5 Prozent unter seinem jüngsten Spitzenwert liegt, aber viele verkaufen wollen, wenn der Verlust 20 Prozent erreicht hat, womit sie den Verfall noch beschleunigen.

Es ist ein Nebenprodukt dieses Verhaltens, daß man die leichte Beschaffungsmöglichkeit und den niedrigen Preis, die den Anleger locken, wenn er populäre Aktien kauft, kaum mehr beobachtet, wenn sich die Popularität in ihr Gegenteil verkehrt hat. Das Tempo, mit dem die Kurse in einem Markt mit fallender Kurstendenz zurückgenommen werden, erlaubt üblicherweise wenigen Anlegern, über ihrem Reservierungskurs auszuverkaufen. Primärhändler nutzen dieses Zögern aus, und führen bei unpopulären Aktien hohe Preisabschläge ein, womit sie die Menge der tatsächlichen Verkäufe minimieren. Wenn das Unternehmen weiter unter schlechten Nachrichten leidet, können seine Aktien wertlos werden; andernfalls tut sich schließlich eine neue Nachfragequelle auf, und der Preisabschlag für die Aktien wird zurückgenommen. In jedem Fall kann es sein, daß Anleger lange warten müssen, bevor ihre Aktien wieder einen akzeptablen Verkaufskurs erlangen. So etwas wie liquide Aktien gibt es nicht in einem Baissemarkt. Was für Aktien eines einzelnen Unternehmens gilt, gilt auch für einige Aktienmärkte. Christopher Fildes definierte vor einigen Jahren im *Spectator* junge Märkte als solche, aus denen man in einem Notfall nicht mehr herauskommt.

Eines der schlimmsten Vergehen der Finanzterminologie ist der falsche Gebrauch des Wortes »Liquidität«, nämlich in der Bedeutung von Marktfluidität; zur Bezeichnung der Leichtigkeit, mit der Transaktionen bei einem anhaltenden Kurs getätigt werden können. So wurde der US-Schatzobligationen-Markt als der liquideste der Welt beschrieben. Mit anderen Worten, dieser Markt hat ein so hohes tägliches Handelsvolumen, daß selbst sehr große Einzelabschlüsse kaum Einfluß auf den Kurs haben werden. Dadurch kann die Identität einer Partei großer Abschlüsse verborgen bleiben, bis das Geschäft abgeschlossen ist. Bequemlichkeit und Anonymität des Handels sind grundsätzlich wichtige Kennzeichen des Marktes, es ist aber sehr verwirrend, sie als Liquidität zu bezeichnen. Schatzobligationen und Wertpapiere solider Großunternehmen sind keine liquiden Mittel. In diesem Kapitel wird wie im ganzen Buch das Wort Liquidität in diesem, dem finanztechnischen Sinn verstanden.

**Mengenmessungen der Liquidität**

Alle Liquidität stammt aus dem monetären oder Banken-Sektor einer Volkswirtschaft. Ob die Quelle die Zentralbank, eine Geschäfts- oder eine private Bank ist, ist unerheblich. Gleichermaßen unwesentlich ist, ob die Bank unabhängig ist, im Besitz einer ausländischen Muttergesellschaft, eines Versicherungs- oder Industrieunternehmens oder einer großen Supermarktkette. Nur Banken können Liquidität schaffen oder vernichten; Zentralbanken sind dazu als Institution autorisiert, und der übrige monetäre Sektor eines Landes genießt eine von der Zentralbank delegierte Autorität. Liquidität, in Form von Einlagen, wird geschaffen, wenn Banken ihre Nettokreditvergabe im privaten oder öffentlichen Sektor erhöhen; die Einlage ist nur ein entsprechender Buchungseintrag zum Kredit. Umgekehrt geht Liquidität verloren, wenn Banken ertraglose Kredite aus ihrer Bilanzsumme nehmen (abschreiben) und damit das Kapital der Anteilseigner reduzieren.

Schon problematischer ist die Messung der Liquidität in den großen westlichen Volkswirtschaften. Die Geldbestände oder -mengen sind von Land zu Land unterschiedlich. Im großen und ganzen bieten die weitgefaßten Geldmengen M3 oder

M4 (die den Verbindlichkeiten des monetären Sektors eines Landes entsprechen) einen vernünftigen Annäherungswert für die »Liquidität«, aber einige davon enthalten große Anteile an zinstragenden Geldern, die aus praktischen Gründen nicht transferierbar sind. Wo er bestimmt wird, ist M2, oder der Geldbestand von Null-Maturität, wahrscheinlich geeigneter. Diese Definitionsnuancen sind aber für den Kern der Argumentation ohne Belang. Der interessierte Leser sei daher auf die detaillierteren Definitionen im Glossar verwiesen.

Im dritten Kapitel wurde der Unterschied zwischen Liquidität und Kaufkraft eingeführt. Die Kaufkraft der Konsumenten wurde definiert als deren Besitz an Geld, Bankeinlagen, anderen ihnen zustehenden und auf Verlangen zahlbaren Geldmitteln und ungenutzten Kreditfazilitäten. Zu den Kreditfazilitäten des einzelnen gehören vor allem Kredite und Überziehungsmöglichkeiten bei Banken und anderen Kreditinstitutionen, Kreditkarten, Ratenzahlungsverpflichtungen und die Kreditkomponente von Leasingverträgen. Ungenutzte Kreditfazilitäten stellen zusätzliche Kaufkraft, aber keine zusätzliche Liquidität dar. Der Kreditnehmer zahlt letztendlich für das Privileg, die Liquidität eines anderen zu nutzen. Diese Zahlung, in Form von Zinsen, Gebühren oder Kommissionen, hat, so kann man sagen, drei Komponenten: erstens eine Zinszahlung zum marktüblichen Satz an den Einleger für die Nutzung des Geldes, zweitens eine Versicherungsprämie an die Bank oder Finanzierungsgesellschaft zur Deckung des Ausfallrisikos (Kreditrisiko) des Kreditgebers; und drittens eine Gewinnmarge an den Mittler für dessen Dienstleistung.

### Grundlegender Wandel im Umgang mit Geld

Nach diesen notwendigen Erklärungen läßt sich verdeutlichen, wie die Konsumenten in den USA und mehreren anderen großen Ländern ihr Verhalten in finanziellen Dingen in zweifacher Hinsicht signifikant verändert haben. In der ersten

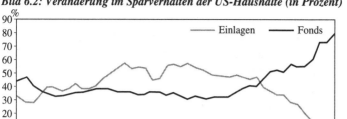

*Bild 6.2: Veränderung im Sparverhalten der US-Haushalte (in Prozent)*

Phase, von 1977 bis 1986, haben sie in schneller Folge Verbindlichkeiten (Schulden) angehäuft; und in der zweiten, von
1984 bis 1997, sind sie dazu übergegangen, statt der liquiden
nun illiquide Mittel zu erwerben, also Renten-, Versicherungs-
und offene Fonds sowie ganz direkt Anleihen und Aktien. Für
die amerikanischen Haushalte war das Gesamtergebnis dieses
Übergangs ein Rückgang der Nettoliquidität von plus 17 Prozent des persönlichen Einkommens nach Steuern im Jahr 1984
auf minus 25 Prozent im Jahr 1995. Abbildung 6.2 zeigt, daß
bei der Verteilung der Bruttoersparnisse der Haushalte der
Anteil neuer, in Form liquider Mittel vorhandener Spargelder
von 47 Prozent im Jahr 1948 auf fast Null im Jahr 1994 fiel. In
der Zeit zwischen diesen beiden Jahren ist der Anteil der
Bruttoersparnisse, die in Fonds oder Wertpapiere flossen, von
41 auf 73 Prozent gesprungen.

Der herkömmliche Grund, aus dem man über Bargeld oder
Bankguthaben mit sofortigem Zugriff verfügen möchte, ist die
Vorsorge. Bargeld rechtfertigt sich im Krisen- oder Notfall. Es
wird überall akzeptiert, um Rechnungen oder Schulden zu
begleichen, es ist zu seinem Nennwert in Vermögenswerte,
Güter und Dienstleistungen konvertierbar, es ist bequem zu
tragen und zu teilen. Selbst wenn man verstehen kann, daß

133

Einlagen als Geldanlage an Anziehungskraft verloren haben, hat das Massenmarketing privater Kredite auch die Anziehungskraft der Vorsorgeintentionen geringer werden lassen. Die durchschnittliche Höhe kaum oder gar nicht verzinster Sparguthaben der Privathaushalte für »schlechte Zeiten« ist in den USA, Kanada und anderswo kontinuierlich gesunken. 1997 schätzte eine Studie über US-Haushalte flüssigen Mittel eines Arbeitnehmerhaushalts auf im Durchschnitt rund 1000 US Dollar.

Was in vielen Ländern als zögernde Akzeptanz der Tatsache begann, daß Wertpapiere langfristig bessere Renditen erzielen als Bankeinlagen, ist zu einer Lawine geworden. 1980 bestanden 51 Prozent des Bruttofinanzvermögens der Privathaushalte aus Bankeinlagen; 1994 nur noch 35 Prozent. In den USA, Großbritannien und Kanada sank dieser Anteil zusammengenommen von 38 auf 26 Prozent, und in anderen G7-Ländern (Japan, Deutschland, Frankreich und Italien) von 61 auf 42 Prozent. Dementsprechend hat es eine Zunahme des Anteils des in Wertpapieren und Investmentfonds angelegten Finanzvermögens gegeben. Im letzten Jahrzehnt (insbesondere in den letzten fünf Jahren) hat sich die Zahl derjenigen, die zum ersten Mal direkt in den Markt oder in Fonds investieren, ungeheuer vergrößert. Die seit fünfzehn Jahren währende Beständigkeit der Gewinne auf dem Aktienmarkt hat die Wahrnehmung für die Risiken, die diese Art der Geldanlage im Verhältnis zu Bankeinlagen und anderen Geldmarktinstrumenten in sich birgt, getrübt; und das wiederum macht eine neue Anlegergeneration durch einen Zusammenbruch der Finanzmärkte verwundbar.

Bei einer distanzierten Betrachtung dieser Entwicklungen ist es sinnvoll, drei Dimensionen des Wandels im persönlichen Finanzverhalten zu unterscheiden; dieser Wandel hat eine kulturelle Dimension. Als die Erinnerungen an die Not der Zwischenkriegs- und ersten Nachkriegsjahre verblaßt waren, hat eine neue Erwachsenengeneration die vorsichtige, sparsamkeitsorientierte Kultur ihrer Eltern aufgegeben und schon im frühen Erwachsenenleben zu neuen Kreditmöglichkeiten gegriffen. Dazu kommt die Dimension des technischen Wandels. Eine Revolution in der Computertechnik, den Datenübertragungsmöglichkeiten und der Kommunikation hat zahlreiche Innovationen im Umgang mit Geld, in den Zahlungsweisen und persönlichen Bankgeschäften möglich gemacht. Die Verfügbarkeit neuer Finanzprodukte hat die Möglichkeiten von Kreditaufnahme und Investition erweitert. Dann gibt es noch die Dimension des Aktienmarkts. Das außergewöhnliche Abschneiden der nordamerikanischen und westeuropäischen Aktienmärkte seit 1982 hat als Katalysator für den Übergang vom Einlagen- zum marktbezogenen Sparen gewirkt. Zu anderen Zeiten hätte die den Aktienmärkten eigene Volatilität die Anleger vielleicht von solch dramatischen Verhaltensänderungen abgehalten.

**Aspekte des kulturellen Wandels**

In der siebzig- bis achtzigjährigen Lebensspanne eines jeden Menschen gibt es gewöhnlich mindestens eine Phase extremer Finanzturbulenzen. Die schweren Wirtschaftskrisen der achtziger Jahre des 19. und der dreißiger Jahre des 20. Jahrhunderts sind die bekanntesten Beispiele, doch die Hyperinflation in Deutschland zu Beginn der zwanziger und die Währungskrise Ende der vierziger Jahre waren für die, die sie durchlebt haben, vielleicht verheerender. Die Macht solcher Erfahrungen, die manchmal noch durch Kriege überschattet sind, relativiert die Annahmen jeder nachfolgenden Generation über die Sicherheit der verschiedenen Vermögensformen. Die etablierte Rangordnung von Immobilien, Gold, Bargeld, Anleihen und Aktien wird gewöhnlich auf den Kopf gestellt. Wenn die Preise steigen und Angst vor Inflation herrscht, zieht die allgemeine Klugheit Aktienmarktinvestitionen (in Firmen, die Preisbildungsmacht haben) und Immobilien staatlichen Anleihen und Bargeld vor. Bahnt sich eine von einem sinkenden Preisniveau für Güter und Dienstleistungen des alltäglichen Bedarfs begleitete Wirtschaftskrise an, verhält es sich genau umgekehrt. Dann erscheinen Gold und feste Vermögenswerte wertvoller, und der Aktienmarkt verliert seine Anziehungskraft. Der Übergang von einer stabilen Inflation zu einer Hyperinflation ist gleichermaßen traumatisch; er führt zu einer Häufung von Schulden und Finanzspekulation und bestraft Geldvermögen.

Eine von vernünftigen Bürgern und Unternehmen geprägte Wirtschaft könnte rasch mit einem ökonomischen Erdbeben zurechtkommen. Doch im wirklichen Leben sind die Reaktionen der breiten Öffentlichkeit auf solche Schocks eher unbeholfen und konfus. Das fehlende Verständnis für das Wesen einer Wirtschaftskrise oder einer Hyperinflation verstärkt den ersten Schock und seine Wirkungen, führt zu noch höherer Arbeitslosigkeit und Kriminalität. Diese wirtschaftlichen oder finanziellen Katastrophen hinterlassen dauerhafte Spuren, die möglicherweise ebenso stark sind wie die eines Krieges. Wer sein Vermögen zerrinnen sah oder plötzlich seines Lebensunterhalts beraubt war, der wird diese Erfahrung sein Leben lang mit sich tragen. Unweigerlich werden auch die Einstellungen der Allgemeinheit zu finanziellem Reichtum und zu Schulden von solchen Ereignissen geprägt.

Es kommt aber eine Zeit, in der diese Erinnerungen nur mehr die älteren Generationen betreffen. Dann spiegeln Politik und Finanzverhalten bald die Werte und Prioritäten einer neuen Generation wider, die von der kollektiven Erinnerung zurückliegender ökonomischer Desaster unbelastet blieb. Aus diesem Grund wäre die Liberalisierung von Wirtschaft und Finanzen in den achtziger und neunziger Jahren, hätte man sie in den fünfziger und sechziger Jahren gefordert, höchst unpopulär gewesen. Die Entbehrungen der Nachkriegsjahre verlangten nach konservativen Finanzinstitutionen und staatlicher Überwachung der Wirtschaft. Seit Anfang der siebziger Jahre hat sich dann ein Klima größerer Zuversicht entwickelt, in dem der einzelne mehr persönliche Verantwortung und Risikobereitschaft übernehmen wollte. Ein Zeichen dafür war die Zunahme des schuldenfinanzierten Hauseigentums, insbesondere in angelsächsischen Ländern. Man betrachtete dies als risikoarme Anlage, die ihren Wert stets behalten würde. Dennoch war das Angebot an Hypothekendarlehen eher durch die Quantität als durch den Preis limitiert. Die eigentliche Explosion der Baukredite in den angelsächsischen Ländern geschah in den achtziger Jahren.

Eine weitere für die kulturelle Dimension relevante Entwicklung ist, daß auch unter Fünfundzwanzigjährige Zugang zu Krediten erhielten. Das Ethos hinter der Bankkreditvergabe in den sechziger und siebziger Jahren war paternalistisch: Die jungen Erwachsenen sollten erst beweisen, daß sie sparen konnten, bevor sie leihen durften. Erst später entwickelte sich die Neigung, viele Kredite und diese so früh wie möglich aufzunehmen. Bausparkredite, Kreditkarten, persönlicher Kredit und Studentenkredite werden in den meisten entwickelten Ländern bereits jungen Leuten ab 18 Jahren angeboten. Die Einladung oder Versuchung für einen Achtzehnjährigen, gegen die Sicherheit eines zukünftigen Einkommens Kredit aufzunehmen, wäre in den Jahren nach dem Zweiten Weltkrieg undenkbar gewesen; inzwischen jedoch ist dies in einer Reihe westlicher Länder kulturell akzeptiert. Es zeichnet Deutschland und die Niederlande aus, daß sie diesen kulturellen Trends widerstanden haben.

Die Bereitschaft junger Erwachsener, beträchtliche Schulden aufzuhäufen, ist ein für die Lebenskultur bedeutsames Phänomen. Sie ist entweder ein Ausdruck großer Zuversicht in die Zukunft oder das Ergebnis von Ignoranz und Selbstzufriedenheit in finanziellen Dingen. Das achte Kapitel geht auf dieses Thema näher ein. Was fehlt, ist die Stimme der älteren Generationen, die direkte eigene Erfahrungen mit tatsächlicher wirtschaftlicher Not und den Folgen finanziellen Ruins haben. Sogar die Entbehrungen der Nachkriegsjahre sind inzwischen fünfzig Jahre alt. Neben den verblassenden Erinnerungen der Rentnergeneration stehen den jungen Erwachsenen heute nur die Geschichtsbücher als Quelle der Vorsicht zur Verfügung. Es war Nicolai Kondratieff, der erstmals die These langer Konjunkturzyklen formulierte, der bemerkte, daß die Klugheit stets eine Generation überspringt.

**Aspekte des technischen Wandels**

Technische Fortschritte, Rechenkraft und Datenumsatzleistung, Softwareentwicklung und elektronische Kommunikationsformen haben die Palette und die Reichweite der Finanzprodukte, die der breiten Öffentlichkeit zur Verfügung stehen, verändert. Drei Entwicklungen sind dabei für eine Erörterung von Liquidität und Kaufkraft von besonderem Interesse. Ersten sind Banken überall auf der Welt zunehmend dabei, Papierschecks durch elektronische Abbuchungseinrichtungen zu ersetzen. In Großbritannien ist der Marktanteil automatisierter Vorgänge bei den gesamten Sterling-Transaktionen im Umfang von 30 Prozent im Jahr 1985 auf 45 Prozent im Jahr 1995 und vom Wert her betrachtet von 20 auf 95 Prozent gestiegen. Der zunehmende Gebrauch von Plastikkarten als Zahlungsmittel bedeutet einen Effektivitätsgewinn, den die Banken im Prinzip einbehalten, der aber auch ihren Kunden größere Bequemlichkeit verschafft. Ein Aspekt dieses Gewinns ist der Rückgang von Betrug. Gestohlene Karten können im gesamten Zahlungsnetz ungültig gemacht werden, sobald sie als verloren gemeldet sind. In dem Maße, in dem Plastikkarten liquider werden als Papierschecks, ist die Revolution des elektronischen Zahlungsverkehrs eine Verbesserung.

Eine Innovation, die gerade auf den Markt gekommen, aber noch nicht allgemein verbreitet ist, ist das elektronische Geld oder der elektronische Geldbeutel. Anstatt Bargeld von einem Geldautomaten abzuheben, transferiert der Kunde Geld von einem Bankkonto auf eine SmartCard, die eine Kreditsumme speichert. Nach jeder Transaktion aktualisiert die

Karte den Kontostand. Elektronisches Geld hat das Potential, in einer Vielzahl von Zusammenhängen Scheine und Münzen zu ersetzen, und wiederum Möglichkeiten des Diebstahls zu reduzieren.

Das kann man von einer anderen Entwicklung nicht behaupten: Und damit meine ich die Vervielfältigung der Kreditwege. Die Plastikkarten haben kostengünstige Zugänge zum privaten Kreditmarkt geschaffen. Ausländische Banken, multinationale Konzerne, Einzelhandelsunternehmen und viele andere haben Kreditkarten-Tochterfirmen gegründet, um profitable Kreditgeschäfte zu tätigen. Gewiß sind Plastikkarten nur ein Aspekt der Geschichte; Bank-Überziehungskredite, Kreditgesellschaften und Versicherer bieten den Privatkunden alternative Wege zum Kredit. Doch die Verführungskraft von Plastikkarten liegt darin, daß man mit ihnen den Kaufimpuls unmittelbar befriedigen kann, ohne lästiges Ausfüllen von Formularen und neue Prüfungen der Kreditwürdigkeit. Jeder kann, wenn die Kreditauskunft über ihn gut ist, im wörtlichen Sinn Dutzende von Kreditkarten ansammeln, die viele Tausend US Dollar Kaufkraft darstellen, ohne daß bei irgendwelchen Kreditauskunfteien die Alarmglocken klingeln. Die extravagantesten Einstellungen, was die Verfügbarkeit von Konsumentenkredit betrifft, findet man in Nordamerika, wo Ratenzahlungsschulden, die dem Jahreseinkommen eines Haushalts entsprechen, keine Seltenheit sind. Die technische Entwicklung hat viele praktische Hindernisse für ein unangemessenes, geradezu suchtartiges Leihverhalten aus dem Weg geräumt.

Eine weitere Folge des technischen Wandels ist das Wachstum des Fernbankgeschäfts, ob über Telefon, PC oder die Post. Obwohl dies den Banken durch die Schließung lokaler Filialen und die Zentralisierung ihrer Operationen gewiß Kosten spart, fällt der Verlust des persönlichen Kontakts einer Bank zu ihren Kunden durch die erheblichen Aufwendungen für Transfersicherungsmaßnahmen und die Prüfung der Kreditanträge sehr stark ins Gewicht. Die volle Bedeutung des Übergangs vom Bankgeschäft, das auf persönlichem Kontakt beruht, zum Fernbankgeschäft wird vielleicht erst deutlich, wenn der Kreditkreislauf einmal ins Stocken gerät.

## Aspekte des veränderten Aktienmarkts

Der Theorie zufolge soll ein Portfolio ausgeglichen aus Anlagen zusammengesetzt sein, die unterschiedliche Risiken bergen und auch unterschiedliche Renditen erwarten lassen. Um die größere Volatilität und das höhere Risiko von Anlagen auf dem Aktienmarkt auszugleichen, verlangen die Anleger eine überschüssige Rendite aus öffentlichen Anleihen, denen kein Ausfallrisiko zugeschrieben wird. Verschiedene Untersuchungen zur Effektivität von Investitionen in den USA und Großbritannien, die bis in die zwanziger Jahre zurückreichen, haben errechnet, daß dieser Überschuß, Aktien-Risikoprämie genannt, durchschnittlich bei ungefähr 6 Prozent pro Jahr liegt. Es ist auch normal, daß die Renditen von Anleihen mit einer Laufzeit von zehn oder zwanzig Jahren 2 oder 3 Prozent höher liegen als die Renditen kurzfristiger Anlagen. Wenn also, mit anderen Worten, eine sichere, risikofreie Bargeldanlage eine durchschnittliche Jahresrendite von 4 Prozent erzielte, dann lagen die erwarteten Anleihenmarktrenditen bei 6 oder 7 Prozent, und ein typisches Aktienportfolio erzielte um die 12 Prozent im Jahr. Die Überschuß-Rendite konnte jedoch in irgendeinem Abschnitt des siebzigjährigen Untersuchungszeitraums durchaus größer oder kleiner sein als dieser Durchschnitt von 6 Prozent. Selbst in zusammenhängenden Zehnjahres-Intervallen konnte die Überschuß-Rendite zwischen 0 und 12 Prozent schwanken.

Während die Abfolge der jährlichen Renditen der Staatsanleihen kaum Abweichungen von den durchschnittlichen 6 Prozent aufwies, konnte die Abfolge der Aktienmarkt-Renditen 6 Prozent, 21 Prozent, minus 4 Prozent, 23 Prozent, 37 Prozent, 28 Prozent, minus 18 Prozent, minus 3 Prozent und so weiter lauten. Die Überschuß-Rendite ist also keinesfalls für jedes einzelne Jahr garantiert. In diesem groben Beispiel übertreffen die Aktien die Anleihen mit Leichtigkeit in vier der acht Jahren; in einem sind sie gleich; und in den restlichen drei Jahren übertreffen die Anleihen die Aktien. Daraus ergibt sich nur eine Wahrscheinlichkeit von 60 Prozent, daß ein Anleger auf dem Aktienmarkt in einem bestimmten Jahr gegenüber Anleihen (oder sogar Bargeld) höhere Erträge erzielt. Um diese Wahrscheinlichkeit von 60 auf 80 oder 95 Prozent zu erhöhen, müßte die Anlage auf dem Aktienmarkt über zehn oder zwanzig Jahre gehalten werden, ungeachtet aller Schlaglöcher auf dieser Wegspanne.

Daher war man in angelsächsischen Ländern, wie den USA, Großbritannien, Kanada und Australien mit ihrer fest verwurzelten Aktienkultur, besorgt, die Bevölkerung könnte von der Volatilität des Aktienmarkts abgeschreckt werden, so daß man Renten- und Versicherungsfonds steuerlich stets begünstigt hat. Ob durch Steuererleichterungen auf Einzahlungen, Steuerfreibeträge auf Dividenden oder durch andere Mittel,

*Bild 6.3: Weltweiter Aktienpreisindex von Morgan Stanley (ohne Japan) 1970 = 100*

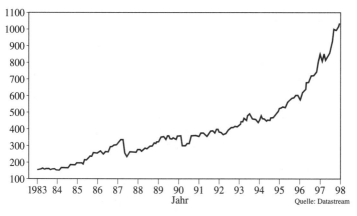

Quelle: Datastream

man hat die Bürger in langlaufende Sparinstrumente gedrängt, die mit den Finanzmärkten verknüpft sind.

Soweit die Theorie. Abbildung 6.3 zeigt einen Index der Aktienkurse weltweit (ohne Japan), die zwischen 1982 und 1997 fast ununterbrochen Gewinne verzeichneten. Die Überschuß-Renditen lagen durchgängig bei durchschnittlich über 10 Prozent pro Jahr, und dabei gab es nur ein Jahr, in dem sich eine Mischung aus Anleihen und Währungseinlagen besser als ein Portfolio internationaler (mit Ausnahme japanischer) Aktien ausgezahlt hätte. Diese lang anhaltende Periode günstiger Performance des Aktienmarkts ist schon bemerkenswert, wenn nicht gar einmalig. Sie hat in der Bevölkerung dem falschen Glauben Vorschub geleistet, daß Aktien eine sichere Sache seien; daß sie nicht nur verläßliche Langzeit-Ergebnisse erzielten, sondern auch kurzfristig quasi garantierte Erträge ermöglicht.

In den achtziger Jahren hat eine kleine, aber wachsende Minderheit von Bürgern westlicher Länder direkt am Erfolg des Aktienmarkts partizipiert. Vielleicht haben die Erinnerungen an den tiefen Baissemarkt von 1974 bis 1976 oder an den Baissemarkt von 1981 bis 1982 potentiellen Anlegern anfänglich noch stark zu denken gegeben. Die Zuversicht der Anleger nahm während des Jahres 1986 und in den ersten sieben Monaten des Jahres 1987 wieder stark zu, nur um mit dem Crash vom Oktober 1987 einen abrupten Rückschlag zu erleiden. Zu einer zweiten Erschütterung der Aktienkurse, wenn auch zu einer weniger heftigen, kam es im Herbst 1990. Erst im darauffolgenden Jahr kam der Festwagen Aktienmarkt-Popularität ins Rollen. Seit damals wurde sein Tempo immer atemberaubender und seine jährlichen Renditen immer umwerfender. Die Bewegung der offenen Investmentfonds in den USA hat die Massenpartizipation an Aktienmärkten weltweit gefördert, noch über die Beteiligung an Versicherungs- und Rentenfonds hinaus. In Europa war die Privatisierung öffentlicher Unternehmen und Dienstleister der wichtigste Katalysator für eine breite Partizipation der Anleger. Das allgemeine Bewußtsein der berauschenden Performance des Aktienmarkts und der Genuß der ihm zugeschriebenen Gewinne sind exponentiell gewachsen. Die große Mehrheit der privaten Anleger von heute hat jedoch gar keine persönliche Erfahrungen mit einem Baissemarkt. Für sie erscheint die implizite Abwägung zwischen Bankeinlage oder Staatsanleihe und einem offenen Fonds oder einer Privatisierungs-Begebung nur dumm. Insbesondere Bargeld wird wegen seiner Primitivität verachtet, wobei dessen verabscheuungswürdigste Eigenschaft seine schlechte Rendite sein soll.

Der Frage nach der Bewertung des Aktienmarkts und den Mitteln, mit denen Finanzvermögenswerte überbewertet werden können, ist das zwölfte Kapitel reserviert. Hier genügt es, festzuhalten, daß die überwiegende Mehrheit der Bürger in westlichen Ländern ihre Furcht vor Kapitalverlust verloren und einen viel größeren Appetit auf Finanzvermögen als auf Immobilien entwickelt zu haben scheint. Die beständige Überlegenheit des Aktienmarkts hat die privaten Anleger gegen den Schmerz des Vermögensverlustes unempfindlich gemacht. Wobei ich behaupte, daß die Bürger sich über die Risiken, die mit einem bestimmten Verhalten verbunden sind, nicht weniger Sorgen machen, als sie es vor zwanzig oder dreißig Jahren getan hätten, sondern daß sich ihre Wahrnehmung von Risiken geändert hat, die mit ihren Entscheidungen verknüpft sind.

1998 haben zwei Großfusionen zwischen Banken und Finanzunternehmen in den USA deutlich gemacht, daß die Glass-Steagall-Gesetzgebung von 1932, die eine rechtliche Trennung von Bank- und Wertpapier-Geschäften sichern sollte, praktisch bedeutungslos geworden war. Eines der Argumente, die für eine Trennung zwischen Geschäftsbank- und Investmentbank-Geschäften spricht, ist, daß dies für Klarheit in der Öffentlichkeit sorgen kann. Bei der Bank wußten die Kunden, daß die Vermehrung ihrer Spargelder garantiert war und die Einlagen der Bank bei der Federal Deposit Insurance Corporation versichert waren. In der Empfangshalle einer Versicherungsgesellschaft oder bei einem Termin mit einem Wertpapiermakler wußten die Kunden, daß der zukünftige Wert ihrer Anlagen ungewiß war und diese auch keine staatlich garantierte Sicherung genossen. Der Fortschritt der »Bancassurance«-Bewegung in Europa und das Marketing für die Produkte öffentlicher Fonds durch US-Banken hat die Unterschiede zwischen kapitalsicheren und kapitalunsicheren Anlagen und zwischen versicherten und unversicherten Einlagen und Anleihen verwischt.

In Großbritannien müssen Anzeigen in Zeitungen und Illustrierten, die dafür werben, Finanzprodukte zu zeichnen, Warnhinweise enthalten; Sätze wie: »Der Wert ihrer Kapitalanlage kann steigen oder auch fallen, und sie bekommen möglicherweise nicht die ganze Summe zurück, die sie investiert haben.« Oder: »Die Renditen der Vergangenheit sind nicht unbedingt ein Maßstab für die Zukunft.« Aber ähnlich wie Warnungen vor Gesundheitsschäden auf den Packungen die Zigaretten für Jugendliche eher noch interessanter machen, verleiten solche Mahnungen in einem euphorischen Haussemarkt eher zum Anlegen, anstatt davon abzuschrecken. Wenn die Öffentlichkeit die Finanzmärkte als sicheren Anlagebereich wahrnimmt und jedes weitere Geschäftsjahr diese Einschätzung zu bestätigen scheint, hört niemand auf die Erklärungen über Portfolio-Theorie und Investitionsrisiken.

Einer der störenden Nebeneffekte der anhaltenden Wertschätzung des Aktienmarkts ist die ungeheure Publizität, die er auf sich zieht. Kaum waren die Nachrichten dieses neuen Goldrauschs verbreitet, sind die Spargelder immer schneller in die Finanzmärkte geströmt. Dies Phänomen läßt sich nicht besser illustrieren als durch die Nettozeichnungen in öffentliche Fonds im Lauf der letzten dreißig Jahre. Zwischen 1966 und 1982 haben die Bürger der USA nach allen Abzügen praktisch keine neuen Gelder in amerikanische offene Fonds verpflichtet. Doch schon im Sommer 1987 war dieser Netto-flow auf um 120 Milliarden US Dollar jährlich gewachsen. Der Crash führte für ein paar Monate zu geringeren Rückführun-gen, und schon 1991 fuhr der Festwagen noch prächtiger nach vorne. Die Nettozeichnungen sprangen in den letzten Mo-naten des Jahres 1993 von 30 Milliarden auf 230 Milliarden US Dollar jährlich. Darauf folgten noch ein paar klamme Monate, als sich die US-Zinssätze von 3 auf 6 Prozent verdop-pelten, doch wurden mit einer Rate von mindestens 100 Milli-arden US Dollar jährlich kontinuierlich neue Mittel auf dem Markt verpflichtet. 1995 schließlich schwoll eine dritte Netto-zeichnungswelle an, die in Spätjahr 1996 eine jährliche Ge-samtmenge von 280 Milliarden US Dollar erreichte. Zu dieser Zeit hatten Anlagen in offenen Fonds einen Satz von 22 Pro-zent des Vermögens eines typischen Haushalts erreicht. Während jeder dieser drei Phasen des Massenerwerbs von Kapitalvermögenswerten stiegen die Indices des amerikani-schen und des weltweiten Aktienmarkts (Japan ausgenom-men) dramatisch.

Ein weiteres bemerkenswertes – wahrscheinlich spezifisch amerikanisches – Phänomen ist die Popularität von Aktien-markt-Anlegerklubs. Der berühmteste dieser Klubs heißt Be-ardstown Ladies, eine Gruppe von Neu-Anlegern, die durch ihre Investitionserfolge prominent wurde und die in der Folge die Welt an ihren »Geheimnissen« teilhaben ließ. Wie immer inspiriert oder glücklich die Wahl ihrer Aktien auch war (und manche ihrer Gewinnerwartungen stellten sich später als falsch heraus), die Botschaft der Beardstown Ladies an jede kleine Gemeinde in Amerika hieß: Du brauchst keinen Mak-ler und seinen Rat, um auf dem Aktienmarkt Geld zu machen. Die Zahl nachbarschaftlicher Investmentklubs in den USA steigt seit 1990 sprunghaft an. 1992 wurden ungefähr 1000 neue Klubs gebildet, 1995 waren es 5000 und 1996 um die 10000. In einer Hinsicht kann man den Erfolg der Beardstown Ladies dem alten Sprichwort zuschreiben, daß die Flut alle

Schiffe hebt. Der Überschwang eines Haussemarkts kaschiert viele Sünden der Aktienauswahl. In einem weniger freundlichen Markt haben aber diese Anleger, die als Anfänger in Aktien und Fonds investieren, ein beträchtliches Handikap. Ihr Wissen über Unternehmen und die Marktdynamik ist gewöhnlich Tage, wenn nicht Wochen alt. Die Marktprofis haben längst auf die heißen Nachrichten reagiert, bis diese bei den privaten Investoren ankommen; in altbekannter Manier bietet das verspätete Engagement der breiten Öffentlichkeit professionellen Akteuren die letzte Gelegenheit, diesen Geld aus der Tasche zu ziehen.

Nach jeder Rechnung ist in den nordamerikanischen und westeuropäischen Aktienmärkten eine Baissemarkt-Erschütterung überfällig. In dem halben Jahrhundert nach 1932 gab es zehn Baissemärkte in US-Aktien, durchschnittlich alle fünf Jahre einen. Eine Spanne von fünfzehn Jahren mit nur einem Einbruch (1987–1988) ist höchst ungewöhnlich. Das durchschnittliche Ausmaß des Rückgangs vom Höchststand des Aktienmarktindex auf den Tiefpunkt in diesen zehn Baissemärkten betrug mehr als 50 Prozent; das heißt, der Marktwert wurde halbiert. Am allerschlimmsten war die Episode von 1929-1932, in dieser Zeit sackte der Aktienindex um 85 Prozent ab, doch auch in den anderen drei Fällen (die Tiefs von 1942, 1970 und 1974) verzeichnete man Rückgänge von 60 Prozent oder mehr. Marktchronologisch betrachtet käme eine Umkehrung von 60 Prozent einem Zurückdrehen der Aktienmarkt-Uhr von Mitte 1998 auf 1989 gleich; ein Rückgang von 85 Prozent würde alle Gewinne der letzten 15 Jahre annullieren.

### Zusammenfassung

Was die neunziger Jahre von anderen Dekaden unterscheidet, ist der enorme Leichtsinn des Finanzverhaltens. Der Glaube, daß es nie wieder Aktienkursverluste von 50 Prozent geben wird, hat entweder übergroßes Vertrauen in die Entwicklung einer günstigeren Wirtschaftslage oder die unverhohlene Mißachtung der Lehren der Geschichte zur Grundlage. Schier unglaublich, daß man gleichzeitig noch die flüssigen Spargelder auf ein Minimum reduziert. Die westlichen Privathaushalte, in denen der Familienvorstand jünger ist als 50 Jahre, besitzen, ob sie nun direkt oder indirekt durch Investmentfonds in den Märkten engagiert sind, absolut zu wenig liquides Vermögen. Die meisten unterliegen dem unabgesicherten Risiko einer Wende auf dem Aktienmarkt, mit nicht einmal einem Polster dreier Monatseinkommen an liquiden Mitteln. Angesichts der Tatsache, daß ein solches Ereignis den Wert der Renten, die staatlichen Transferleistungen und die Beschäftigung negativ beeinflußt, läßt sich leicht vorhersagen, daß die wirtschaftlichen Konsequenzen der nächsten Baisse des Aktienmarkts verheerend sein werden. Das ist die Folge, wenn man alle Vorsicht über Bord wirft.

# 7
## Risikomärkte und das Paradox der Stabilität

> Wir haben im Moment keinen Zusammenbruch,
> spüren nur ein leichtes warnendes Beben unter
> den Füßen. *Lord Overstone,*
> *Direktor der Bank of England, 1845*

> Ich glaube seit langem, daß das zunehmende
> Engagement der Banken in den Derivaten ... etwas
> von einem Pulverfaß hat, das jeden Augenblick
> explodieren kann. *Henry Gonzalez,*
> *US-Abgeordneter, 1993*

Man stelle sich einmal vor, ein privates Unternehmen hätte einen Sprengstoff entwickelt, der zehnmal stärker ist als Semtex. Angenommen, diese Firma plante, ihre Produktion um jährlich 40 Prozent zu steigern, Handelslizenzen in der ganzen Welt zu verkaufen und das Produkt an jeden Kunden abzugeben. Würden nicht alle Regierungen sofort Maßnahmen ergreifen, um Produktion und Vertrieb dieses Produkts zu kontrollieren, vielleicht bis hin zu einer Verstaatlichung des Unternehmens? Doch der als Derivate bekannte Finanzsprengstoff genießt in jedem entwickelten Land der Welt wie auch in manchen Entwicklungsländern praktisch völlige Freiheit. Es gibt organisierte Börsen für Futures und Optionen in den USA, Japan, Deutschland, Frankreich, Italien, Großbritannien, Kanada, Spanien, den Niederlanden, Australien, der Schweiz, Belgien, Schweden, Österreich, Dänemark, Norwegen, Finnland, Irland, Neuseeland, Hongkong, Südkorea, Malaysia, Singapur, Brasilien und Argentinien. In jedem Land werden eine ganze Reihe von Derivaten gehandelt, Produkte von Staatsanleihen-Futures und Aktienindex-Optionen bis zu Warentermin-Futures und Devisen-Optionen. Die Hauptaktivitäten finden jedoch außerhalb dieser Börsen statt, in den

Over-the-Counter(OTC)-Märkten für Zins- und Devisen-swaps.

Es sollte nicht überraschen, daß die in diesen Märkten operierenden Finanzinstitute und Unternehmen bestrebt sind, von regulatorischen Hemmnissen relativ unbehelligt zu bleiben. Genausowenig überrascht es, daß es keine verläßlichen und aktuellen Statistiken über die Größe der Derivatemärkte gibt. Beunruhigender ist eher, daß die globale Bankenaufsicht, die Bank für Internationalen Zahlungsverkehr, den Versuch aufgegeben hat, ihre Sicherheitsaufsicht auf das Derivategeschäft der Banken auszudehnen. Die Überwachung der Kapitalanforderung, die die Aktiva in den Bilanzen der Banken gemäß ihrem Risikograd gewichtet und das notwendige Minimum an Kapitalausstattung überprüft, ließ sich auf das Derivategeschäft nicht anwenden, weil es zu komplex ist. Am meisten aber überrascht der Widerstand der Zentralbanker, besonders in den USA, dagegen, größere Transparenz der rechnerischen Standards des Derivategeschäfts zu schaffen. Anstatt ein Instrument zu begrüßen, das dazu beitragen würde, betrügerische Derivategeschäfte zu verhindern, wandte die Behörde ein, neue Regularien wären einem umsichtigen Risikomanagement abträglich.

Niemand hat etwas gegen den Einsatz von Sprengstoff im Berg- oder Straßenbau, aber es gibt Gründe, die eindeutig für die genaue Kontrolle und sichere Handhabung von Zündern und Dynamitvorrat sprechen. Selbst wenn es keine Terroristen gäbe, der sorglose Vertrieb von Sprengstoff würde sicherlich zu Unfällen führen. Es hat schon Dutzende von Unfällen mit Derivaten gegeben; einige sind gut dokumentiert, andere blieben Betriebsgeheimnisse. Auffallend ist, bei wie vielen dieser Unfälle riesige Geldsummen im Spiel sind; seit 1993 gingen bei mindestens zehn verschiedenen Crashs jeweils mehr als eine Milliarde Dollar verloren (siehe Tabelle 7.1). Wie das Beispiel von Proctor & Gamble im ersten Kapitel gezeigt hat, gehört die Möglichkeit des »Gearing«, einer hohen

*Tabelle 7.1: Milliardenverluste durch Derivatgeschäfte*

| Unternehmen | Instrument | Milliarden US Dollar |
|---|---|---|
| Kidder Peabody | Öl-Futures | 4,4 |
| Schneider Property Group | Spekulation mit Derivaten mit überhöhtem Kapital als Sicherheit | 4 |
| Sumitomo Corp. | Kupfer-Futures | 2,6 |
| Metallgesellschaft | Öl-Termingeschäfte | 1,9 |
| Orange County | Verfehlte Zinsprognose | 1,7 |
| Kashima Oil | Öl-Termingeschäfte | 1,5 |
| Barings | Finanzfutures auf den japanischen Aktienindex | 1,4 |
| Belgische Regierung | Währungsswaps | 1,2 |
| Daiwa bank | US-Schatzanleihen-Futures | 1,1 |
| Balsam Group | Buchführung auf Stundungsbasis | 1,0 |

Fremdkapitalaufnahme, untrennbar zum Einsatz von Derivaten. Damit ist die Möglichkeit gemeint, mit Derivaten ein größeres Vermögen (von etwa einer Milliarde D-Mark) zu geringeren oder sogar ohne Kosten zu kontrollieren. Das birgt die Möglichkeit sowohl katastrophaler Verluste als auch explodierender Gewinne. Wie beim falschen Umgang mit Semtex verlaufen wahrscheinlich auch hier alle Unfälle tödlich.

**Was sind Derivate?**

Die meisten Derivate haben ihren Ursprung in der Warenwelt: landwirtschaftliche Produkte, Mineralien, Metalle. Versetzen wir uns in die Lage eines Bauern, der überlegt, ob er Mais anbauen soll. Er kennt den aktuellen Marktpreis von Mais, weiß aber nicht, wie sich dieser in, sagen wir, sechs Monaten entwickelt haben wird, wenn die Frucht erntereif ist. Mit Hilfe von Termingeschäften oder Optionen kann der Bauer heute den Mindestpreis garantieren, zu dem der Mais letztlich

verkauft werden wird, und ist so in der Lage, die Gewinnaus-
sichten seines Vorhabens zu ermitteln. Wenn sich bereits zu
viele Mitbewerber entschlossen haben, Mais anzubauen, wird
der Lieferpreis niedriger sein. Das ist ein deutliches Zeichen
für unseren Bauern, es doch besser mit einer anderen Feld-
frucht zu versuchen, vielleicht mit Sojabohnen oder Raps.

Ein Terminkontrakt ist eine rechtlich bindende Vereinbarung darüber, eine standardisierte Menge einer bestimmten
Ware oder eines bestimmten Vermögenswertes an einem bestimmten Datum und zu einem am Vertragstermin festgelegten Preis zu kaufen oder verkaufen. In unserem Beispiel
möchte der Bauer sich vor der Möglichkeit eines zukünftigen
Preisverfalls schützen (hier liegt der Ursprung des Wortes »to
hedge«). Sein einziges Motiv, auf den Terminkontraktmarkt
zu gehen, ist Risikobegrenzung. Die andere Alternative wäre
der Kauf einer Verkaufsoption für den Mais nach der Ernte.
Ein Optionsgeschäft überträgt das Recht, aber nicht die
Pflicht, einen Vermögenswert zu einem bestimmten Preis vor
oder an einem bestimmten Datum zu kaufen bzw. verkaufen.
Sollte der vorherrschende Marktpreis für Mais höher sein als
der Optionspreis, kann der Bauer auf dem Kassamarkt verkaufen und die Option aufgeben.

Terminkontrakte (Futures) und Optionen sind die klarsten
und noch am ehesten zu durchschauenden Beispiele für Derivate. Zur Erleichterung der Transaktionen sind Standard-
kontraktformate entwickelt worden, so etwa 25 Tonnen für
Kupfer oder 125 000 für D-Mark. Obwohl der Wert eines
Terminkontrakts oder einer Option vom Preis anderer Vermögenswerte abhängt, können sie als unabhängiges Produkt
gehandelt werden. Von größter Bedeutung ist dabei, daß der
Preis eines Terminkontrakts oder einer Option gewöhnlich
nur einen kleinen Prozentsatz des Preises von Basisobjekt
oder Basiswert beträgt. Die Möglichkeit, mit Derivaten Gewinne beziehungsweise Verluste zu machen, ist daher um
ein Vielfaches größer als mit Barrels von Rohöl oder Staats-

anleihen. Während der Preis einer Anleihe in einer monatlichen Spanne von 102 bis 106 Dollar gehandelt wird, bewegt sich der Wert des Derivats dieser Anleihe vielleicht von einem bis fünf Dollar. Die prozentuale Preisbewegung der Anleihe liegt bei 3,9 Prozent, die des Derivats bei 400 Prozent.

Nicht ganz so leicht zu durchschauen sind Derivate wie die Swaps. Bei Devisenswaps geht es um den Tausch von Kreditverpflichtungen in unterschiedlichen Währungen, bei Zinsswaps dagegen um den Tausch von Ansprüchen zu Festsätzen gegen solche mit variablen Sätzen. Das Interessante an diesen Derivaten ist, daß sie den Käufern und Verkäufern die Wahl lassen, wieviel Risiko sie im Hinblick auf Aktienkurse, Anleihekurse, Devisenkurse oder Zinssätze tragen wollen. Derivate erfreuen sich seit der Ölkrise von 1973 größerer Beliebtheit, daß sie sich aber derart entwickeln konnten, wurde durch die Fortschritte der Computertechnik möglich. Die Berechnung von Future- und Optionspreisen übersteigt die einfache Algebra und verlangt die Lösung komplizierter Algorithmen. Für die regelmäßigen Preisaktualisierungen braucht man leistungsfähige Computer. Ohne Kenntnis dieser Preise wären die Handelsmöglichkeiten sehr begrenzt.

Während Optionen und Termingeschäfte mindestens seit dem Beginn des 17. Jahrhunderts bekannt sind, gibt es den Handel mit Kontrakten auf eigenen Derivate-Märkten erst seit 1972. Futures sind eben der Typus von Termingeschäften, der an organisierten Börsen gehandelt wird. Der aktivste dieser Märkte ist der für Finanz-Futures, der seine bedeutendsten Zentren in Chicago, New York, London und Frankfurt hat. Diese zentralisierten Börsen sind für die Abwicklung der Transaktionen verantwortlich, sie eliminieren so das Kontrahentenrisiko und reduzieren die Transaktionskosten für Standardkontrakte. Unter dem Kontrahentenrisiko versteht man das Risiko, daß der Kontrahent (die Person oder das Unternehmen auf der Gegenseite des Handels) in der Zeit zwischen der Vereinbarung einer Transaktion und dem Zeitpunkt der

Begleichung nicht ordnungsgemäß bezahlt oder die Forderung begleicht. Obwohl es das Kontrahentenrisiko in einem auf Papier fußenden Zahlungssystem immer gegeben hat, verstärken die zunehmende Interdependenz und Komplexität der Finanzmärkte, auf denen es lange Transaktionsketten gibt, die möglichen Schwierigkeiten.

Der Marktumsatz der Futures-Börsen, das heißt, der tägliche Wert aller Transaktionen in Aktien-, Anleihe- und Devisen-Futures, ist in manchen Fällen deutlich höher als der durchschnittliche Tagesumsatz der zugrundeliegenden Wertpapiere, insbesondere auf den US-Märkten. Die Märkte werden genutzt von den Finanzchefs großer Unternehmen, Banken und Finanzinstitutionen, deren Aufgabe die Risikoreduzierung ist, von Investmentbanken im Auftrag ihrer Kunden und für den eigenen Umsatz sowie von Spekulanten, die sich in besonderen Risikobereichen engagieren wollen. Jemand, der 1980 seine berufliche Laufbahn in den Finanzmärkten begonnen hat, wird derivative Wertpapiere gar nicht mehr als Innovation begreifen. Derivate sind heute das beherrschende Produkt der Finanzmärkte.

### Verbreitung der Finanzderivate

> Der OTC-Handel mit Derivaten überschreitet Ländergrenzen, verbindet vormals getrennte Finanzmärkte und involviert eine Vielfalt von Finanz- und anderen Unternehmen als Kontrahenten.
> *Jane W. D´Arista und Tom Schlesinger,*
> *International Economic Insights, Mai / Juni 1994*

Die Entwicklung der Märkte für Derivate ist sowohl eine Ursache als auch ein Ergebnis von Veränderungen gewesen; sie hat die Integration unterschiedlicher Wertpapier- und Devisenmärkte gefördert, durch die Beseitigung von Diskrepanzen, die Reduzierung von Zinsspannen und die Unterminierung restriktiver Praktiken wie die Erhebung von Gebühren und Kommissionen. Devisenswaps werden auch eingesetzt, um transnational Kreditkosten zu senken. Es kann beispielsweise für ein spanisches Unternehmen billiger sein, einen Kredit in Peseten aufzunehmen und diesen erst dann in Dollar zu tauschen, als Dollar in den USA aufzunehmen, wo das Unternehmen relativ unbekannt ist. Der anonyme Kontrahent kann eine US-Bank oder Firma sein, die Peseten braucht. Beide Seiten profitieren davon, solange ihre Möglichkeiten, unter günstigen Bedingungen in ihrem jeweiligen lokalen Markt zu leihen, nicht gleich gut sind. Das Prinzip des relativen Vorteils, nach dem ein Handel für beide Seiten profitabel ist, wenn beide Parteien sich auf Aktivitäten konzentrieren, in denen sie einen größeren relativen Vorteil haben, gilt für Kredite gleichermaßen wie für den regulären Handel mit Gütern und Dienstleistungen. Swaps werden ausschließlich in OTC-Arrangements abgewickelt; Banken kaufen und verkaufen heute Swaps, ohne die Kontrahenten vorher aufeinander abzustimmen. Mehr als die Hälfte aller Zinsswaps werden zwischen Banken getätigt.

Einer der Nachteile unangepaßter Swaps zeigte sich im Frühjahr 1997, als NatWest Markets in Großbritannien einen Verlust von 150 Millionen Dollar erlitt. Die genauen Umstände des Problems einer Fehlbewertung sind unklar, aber es scheint, daß die Bank routinemäßig einen Markt für Swap-Optionen (praktisch Wetten oder Hedges auf zukünftige Zinsbewegungen) kreierte, um einem Kunden Risikoschutz zu verschaffen. Eine dafür typische Situation wäre, daß ein Hypothekenkreditgeber eine festverzinsliche Anleihe mit fünfjähriger Laufzeit anbieten will. Die Annahme dabei ist, daß die kurzfristigen Zinsen steigen werden. Um den Darlehensgeber während dieser Periode vor der Möglichkeit steigender Zinsen zu schützen, kauft die Bank Optionenkontrakte und gibt dem Darlehensgeber das Recht, zu einem festen Zinssatz zu leihen. Da es unwahrscheinlich ist, daß es einen realen Verkäufer dieser Option zu genau diesem Zeitpunkt gibt, fungiert die Bank in der Rolle des Verkäufers. Dies ist als ein Propretarity-Trade bekannt. Wenn die Zinsen später fallen, dann ist der Optionskontrakt »aus dem Geld«. Je weiter aus dem Geld und je länger die Fälligkeit der Option noch aussteht, desto schwieriger wird es, ihren fairen Wert zu bestimmen. Hierin lag das Problem von NatWest: Weil OTC-Optionen ihre eigenen Idiosynkrasien haben, vergleichbar mit denen gebrauchter Autos, gibt es keinen definitiven Maßstab, nach dem man sie bewerten kann. Den wirklichen Wert einer OTC-Option kann man nur erfahren, wenn man sie handelt. Als der Star-Trader von NatWest die in Frage stehende Option routinemäßig bewertete, hat er sie einfach zu hoch angesetzt. In diesem konkreten Fall gab es keine Anzeichen von Betrug oder Täuschung.

Richtig angewandt und in den richtigen Händen, erlauben es Finanzderivate, Verluste zu vermeiden, die aus unvermeidbaren Risiken entstehen können. Da jeder Vertrag zwei Parteien hat, fördert der Derivatehandel theoretisch die effektive Risiko- und Chancenbewertung hinsichtlich der unbekannten zukünftigen Ergebnisse in den Devisen-, Anleihe-, Wertpapier- und Warenmärkten. Doch den stabilitätsfördernden Kräften stehen die kräftig destabilisierenden Einflüsse von Betrug und Unwissenheit gegenüber. Die Leichtigkeit, mit der offene (ungesicherte) Positionen versteckt werden können, die die Verpflichtung zum Kauf oder Verkauf riesiger Mengen von Aktien oder Gütern repräsentieren, hat in den neunziger Jahren mit alarmierender Regelmäßigkeit Schlagzeilen gemacht. Zu den grellsten Beispielen gehören Transaktionen der Metallgesellschaft, von Orange County, Barings, Daiwa Bank und Sumitomo Bank.

Wie Versicherungsverträge führen auch Finanzderivate zu einer Vermehrung kontingenter Verbindlichkeiten, das heißt, von Verpflichtungen, die nur akut werden, wenn bestimmte Bedingungen erfüllt sind. Wie bei Versicherungen können diese Verbindlichkeiten unbegrenzt sein und unter Umständen von Gerichtsurteilen beeinflußt oder bestimmt werden.

Anders als bei Versicherungsverträgen, können die Parteien überhaupt nichts über den wahren Charakter ihres Engagements wissen. Geschäfte zwischen immer wachsamen und kapitalstarken Investmentbanken sind eine Sache; Geschäfte zwischen professionellen Marktexperten und Finanzleitern mittelgroßer Unternehmen oder regionaler Behörden sind eine ganz andere.

**Wie groß ist der Derivatemarkt?**

Tatsache ist, daß dies niemand wirklich weiß. Es gibt viele unterschiedliche Agenturen und Börsen, die Statistiken und eine sich ständig erweiternde Liste von derivativen Finanzinstrumenten veröffentlichen. Die BIZ gibt in ihrem jährlichen Bericht Schätzungen der Gesamtgröße des Markts heraus, aber diese Daten sind unvollständig und, bis sie publiziert sind, bereits sechs Monate alt. Da Derivatekontrakte in einer Vielfalt von zugrundeliegenden Währungen und Finanzvermögenswerten denominiert sind, ist das Standardmaß ihres Umfangs der nominelle Kapitalbetrag (der Basiswert) in US-Dollar. Obwohl nominelle oder Kontraktsummen eine Art sind, in der sich Derivatevolumen messen lassen, liefern sie nicht in jedem Fall sinnvolle Bemessungsgrundlagen der mit ihnen verbundenen tatsächlichen Risiken. Der Risikograd vieler Derivate variiert je nach Art des Produkts und nach Art des fraglichen Risikos.

Die BIZ-Daten am Jahresende zeigen ein Gesamtvolumen der Hauptfinanzmärkte für Derivate (Zinsderivate, Devisen- und Anteilsoptionen, Futures und Swaps) von 1,1 Billionen Dollar Ende 1986, 4,2 Billionen Dollar im Jahr 1989, 6,9 Billionen 1991 und 7,5 Billionen 1992. Das New Yorker Federal Reserve Board veröffentlichte im Juli 1995 Zahlen, nach denen der Gesamtwert des Derivatemarkts aber 10,2 Billionen Dollar im Jahr 1990 betrug, 14,0 Billionen im Jahr 1991, 17,3 in 1992 und 25,1 in 1993. Die BIZ hat geschätzt, daß Ende März 1995 das nominelle Gesamtvolumen der Derivate bei 55,7 Billionen Dollar lag, zusammengesetzt aus börsengehandelten Derivaten von 8,2 Billionen und OTC-Derivaten von 47,5 Billionen. Nach inoffiziellen Schätzungen war diese Zahl Ende 1997 auf eine Summe von 80 bis 100 Billionen Dollar angestiegen. Nimmt man die letzte gerundete Zahl, dann entspricht dies einer jährlichen Gesamtwachstumsrate von 40 Prozent seit 1990.

Man kann sich einen besseren Begriff von diesen riesigen Summen machen, wenn man das Konzept des Wiederbeschaffungswerts einführt. Der Wiederbeschaffungswert ist der nach aktuellen Marktpreisen gemessene, nicht realisierte Kapitalgewinn oder -verlust eines Derivatekontrakts; anders gesagt: Er ist der zugrundeliegende Kapitalbetrag, der zugeführt werden müßte, um den Kontrakt an Stelle des ausgefallenen Kontrahenten zu begleichen. Man schätzt den durchschnittlichen Wiederbeschaffungswert von Derivatekontrakten auf zwischen 2,5 und 4 Prozent des obengenannten nominellen Kapitalbetrags. Bei einem nominellen Gesamtkapitalbetrag von 100 Billionen Dollar ergibt dies eine Spanne von 2,5 bis 4 Billionen Dollar Wiederbeschaffungsvolumen oder Bruttomarktwert. Es mag aufgrund der Tatsache, daß die Derivate-Engagements mancher Banken sich gegenseitig aufheben, einen gewissen Spielraum in der Schätzung geben. Dennoch wäre der Gesamt-Wiederbeschaffungswert von Derivaten um ein Vielfaches höher als die Kapitalbasis der 30 Banken und Wertpapierhäuser, die die überwiegende Mehrzahl der OTC-Transaktionen in Derivaten abwickeln.

Das heißt nicht, daß die Banken notwendigerweise unterkapitalisiert sind; eher schon, daß im Fall der Insolvenz des Kontrahenten wahrscheinlich jede Bank oder jedes Wertpapierhaus zusammenbrechen würde. Es wäre höchst ineffizient für eine Bank, in ihrer Bilanz für den Fall einer Explosion genügend Kapital vorzuhalten, wobei diese vielleicht jahrelang nicht eintritt, wenn denn es überhaupt dazu kommt. Dennoch bleibt die Tatsache bestehen, daß alle großen Banken und Wertpapierhändler, die in diesem Markt tätig sind, kontingente Verbindlichkeiten haben, für die es keine Absicherung gibt. Außerdem steigen mit der Expansion der Derivategeschäfte die Wahrscheinlichkeit einer Explosion und ihr anzunehmendes Ausmaß Jahr für Jahr dramatisch an. Es ist ganz klar, daß die nationalen und internationalen Bankaufsichtsbehörden vor Wut kochen würden, wenn sie entdeckten, daß die Geschäftsbanken ihre regulären Bilanzaktivitäten um eine jährliche Gesamtrate von 40 Prozent ausgedehnt hätten. Allein der Mangel einer funktionierenden Überwachung des Derivate-Engagements von Banken im Hinblick auf die notwendige Kapitaldeckung hat diese Anomalie zugelassen. Bislang scheint es keinen Regulationsmechanismus zu geben, der das unverminderte ereignisspezifische Überengagement der Kapitalressourcen der Banken einschränkt.

### Außerbilanzliche Derivategeschäfte von US-Banken

Die Kontroverse um die Diversifizierung der Banken in periphäre oder außerbilanzliche Aktivitäten hinein dreht sich vor allem um die immer aktivere Rolle der Banken in den Derivatemärkten. Die Zusammenstellung 7.2 zeigt eine Rangliste nach Größe der außerbilanzlichen Derivate-Instrumente von Banken und Wertpapiergesellschaften Ende 1995.

Insbesondere große US-Banken sind im OTC-Derivatehandel weltweit führend geworden. Sie wollten verlorene Einkommenszweige aus traditionellen Bankgeschäften durch attraktive Erträge auf den Derivatemärkten ersetzen. 1994 hielten eine Handvoll US-Banken Derivatekontrakte mit einem nominellen Gesamtwert von über 16 Billionen Dollar. Von diesen Kontrakten waren 63 Prozent Zinsderivate, 35 Prozent Devisenderivate und der Rest Wertpapier- und Warenderivate. Zudem wurden die meisten von ihnen gehalten, um die Handelsoperationen der Banken mit anderen Mitteln als Aktivmanagement oder Umschichtung von Verbindlich-

*Tabelle 7.2: Club der Billionäre (Stand Ende 1995)*

|  | Land | Nennwerte Derivate (in Milliarden US Dollar) |
|---|---|---|
| Chase Manhattan Corp. | USA | 4834 |
| J.P. Morgan & Co. | USA | 3447 |
| Bank of Tokyo Mitsubishi | Japan | 2869 |
| Citicorp | USA | 2590 |
| Swiss Bank Corp. | Schweiz | 2581 |
| Société Generale | Frankreich | 2543 |
| Industrial Bank of Japan | Japan | 2071 |
| Credit Suisse | Schweiz | 1959 |
| Fuji Bank | Japan | 1891 |
| Paribas | Frankreich | 1877 |
| National Westminster | Großbritannien | 1869 |
| Banque Nationale de Paris | Frankreich | 1814 |
| Union Bank of Switzerland | Schweiz | 1781 |
| Banker Trust N.Y. Corp. | USA | 1702 |
| Salomon, Inc. | USa | 1659 |
| Deutsche Bank | Deutschland | 1651 |
| Sumitomo Bank | Japan | 1644 |
| Merrill Lynch & Co., Inc. | USA | 1610 |
| Bank America Corp. | USA | 1581 |
| Barclays | Großbritannien | 1569 |
| HSBC | Großbritannien | 1527 |
| Sanwa Bank | Japan | 1495 |
| Lloyds | Großbritannien | 1435 |
| Lehman Brothers | USA | 1209 |
| The Goldman Sachs Group, L.P. | USA | 1091 |
| Credit Lyonnais | Frankreich | 1053 |
| NationsBank Corp. | USA | 1007 |

keiten zu erleichtern. 1994 machten Derivate zwischen 15 Prozent und 65 Prozent des gesamten Handelseinkommens der vier größten Bankhändler aus, nämlich Chase Manhattan, Chemical, Citicorp und J.P. Morgan; wobei die Chemical Bank 1995 von der Chase Manhattan übernommen wurde.

Das amerikanische Office of the Controller of the Currency enthüllte im August 1997, daß der nominelle Kapitalbetrag des Derivate-Bestands der US-Geschäftsbanken 21 Billionen Dollar betrug. Die Behörde konstatierte, daß die Banken in einer Spanne von drei Monaten 8 Milliarden Dollar mit Propriety Trades verdient hatten, was einem jährlichen Ertrag an Wiederbeschaffungswert von 6 Prozent entspricht. Ob dies als guter oder schlechter Ertrag zu bewerten ist, läßt sich ohne eine Vorstellung, in welchem Ausmaß diese Banken ihr eigenes Kapital riskiert haben, nicht beurteilen. Einer der beunruhigenden Aspekte der Derivate-Industrie ist, daß alle Teilnehmer behaupten, ständig Profite zu erwirtschaften. Das kann aber nur dann der Fall sein, wenn die Gewinne der Banken aus Derivaten eher aus Provisionen und Gebühren als aus Handelsgewinnen bestehen. Gewiß, wenn die Kunden alle Verluste aus schlechten Handelskontrakten tragen, wäre das die Lösung des Rätsels. Es ist jedoch schwer zu glauben, daß die Banken nicht ausgiebig Eigengeschäfte getätigt haben; der Charakter von Derivaten legt es nahe, daß einige Banken auch schwere Verluste einstecken müssen.

Das zunehmende Engagement von Banken auf den Derivatemärkten läßt sowohl Aufsichtsbehörden als auch Gesetzgeber befürchten, Derivate könnten den Banken ermöglichen, mehr Risiken einzugehen, als die Vorsicht gebietet. Zweifellos können es Derivate einer Bank ermöglichen, in beträchtlichem Ausmaß auf Zins- und Währungskursschwankungen zu spekulieren. Gehen diese Spekulationen nicht auf, können enorme Verluste entstehen. Anders als die organisierten Futuresbörsen bieten die OTC-Märkte, in denen die Banken dominieren, keine Clearingstellen-Garantie, um das dem Handel mit Derivaten eigene Kreditrisiko zu mindern. Aber der Wert dieser Garantien ist selbst fraglich. In einem von der britischen Securities and Futures Authority veröffentlichten Warnhinweis an die Kunden heißt es: »An vielen Börsen ist die Leistung einer Transaktion von der Börse oder einer Clearingstelle ›garantiert‹. Diese Garantie sichert Sie, den Kunden, aber in den meisten Fällen wahrscheinlich nicht ab und schützt sie vielleicht auch nicht für den Fall, daß Ihr Händler oder eine andere Partei den Zahlungsverpflichtungen Ihnen gegenüber nicht nachkommt.«

Diese Besorgnis gipfelte im Derivatives Safety and Soundness Act von 1994, eingebracht von den Abgeordneten Jim Leach und Henry Gonzalez. Ungefähr zur gleichen Zeit veröffentlichte das US Government Accounting Office (GAO) einen umfassenden Bericht.

### Auswirkungen des GAO-Berichts von 1994

Der GAO-Bericht von 1994 lenkte den Blick darauf, daß die Zahlungsunfähigkeit eines führenden OTC-Derivate-Maklers (möglicherweise eine große Bank) übergreifende Effekte zur Folge haben könnte, die zur Schließung von OTC-Märkten (für Devisen- und Zinsswapgeschäfte) führen und ernste Konsequenzen für das gesamte Finanzsystem haben können. Zwei Schlüsselrisiken wurden identifiziert: Erstens, daß der schiere Umfang des Engagements der Banken in OTC-Derivaten im Verhältnis zu ihren Bilanzen so exzessiv ist, daß schon durch Bankrott eines einzelnen Kontrahenten ihr Kapital verlorengehen kann; zweitens, daß die Regulierungstechniken und Methoden des Risikomanagements hinter den Entwicklungen der Derivategeschäfte zurückgeblieben sind, wodurch die Möglichkeit unbeabsichtigter und unvorsichtiger Risiko-Exponierung besteht.

Der GAO-Bericht hat ganz richtig das Kredit- oder Kontrahentenrisiko beleuchtet, aber es gibt viele weitere Risiken, die es zu betrachten gilt. Das Marktrisiko erwächst aus ungünstigen Preisbewegungen der zugrundeliegenden Vermögenswerte, womit Kurse von Derivaten unberechenbar werden können. Das ist im Wortsinn zu verstehen: Die Kurse solcher Kontrakte können mathematisch unbestimmbar werden. Die komplexen Computer-Algorithmen zur Berechnung von Derivatekursen zum Beispiel werden für eine bestimmte Volatilitätsspanne der Kurse der Basiswerte getestet. Wenn die Volatilität aufgrund heftiger Aktienkursschwankungen überbordet, kann es unmöglich werden, den Optionspreis zu berechnen. Ein anderer Risikotyp ist das rechtliche Risiko, bei dem ein Derivatekontrakt wegen des institutionellen Charakters eines Kontrahenten rechtlich nicht einklagbar ist. Ein berühmtes Beispiel ist das Gerichtsurteil, nach dem die beiden Londoner Distrikte Hammersmith und Fulham eigenmächtig ihre Kompetenzen überschritten hatten, indem sie zwischen 1983 und 1989 Derivatekontrakte eingegangen waren, wodurch die Verluste den bürgenden Banken aufgezwungen wurden. Schließlich gibt es das technische oder operative Risiko, daß nämlich Computer und Kommunikationssysteme versagen oder Abwicklungsverfahren unwiderbringlich zusammenbrechen. Das kann als Folge von Sabotage, Bürgerkrieg oder Softwareproblemen (wie dem Millenniumbug) geschehen oder einfach durch menschliches Versagen.

Auf der praktischen Ebene besteht die Sorge, daß die führenden Manager kein ausreichendes Verständnis der intern notwendigen Kontrollen haben, um in ihren eigenen Institutionen das Risiko beim Handel mit Derivaten zu begrenzen. Die offizielle Untersuchung des Zusammenbruchs von Barings ergab, daß das Management auf verschiedenen Ebenen versagt hat: Man hatte kein geeignetes System interner Kontrollen installiert, weder Verantwortlichkeiten für alle Gewinne, Risiken und Operationen durchgesetzt noch während eines längeren Zeitraums effektiv auf eine ganze Reihe von Warnsignalen reagiert. Eine zweite Sorge besteht darin, daß die komplexen Mechanismen, die die Märkte verbinden, Hedging und Spekulation fördern und fast unmittelbar in ein ungesundes Ausmaß treiben. Wo es keinen zentralen Markt gibt und Nettingverfahren rechtlich noch nicht durchsetzbar sind, dort besteht in diesen riesigen Transaktionsvolumen die große Gefahr potentieller Begleichungsausfälle.

## Der Nachfolgebericht des GAO

Weil sich in den Jahren 1994 und 1995 Finanzkatastrophen häuften, brachte das GAO im November 1996 einen Nachfolgebericht heraus, in dem es warnend darauf hinwies, daß viele der im Mai 1994 aufgezeigten Fehler nicht korrigiert worden waren. In jedem der vom GAO untersuchten Fälle schwerer Verluste, darunter Orange County und Barings, wurden schwerwiegende Schwächen im Risikomanagement sowie im internen Kontroll- und Führungssystem aufgedeckt. Im Bericht heißt es: »Die Einhaltung von Richtlinien und der empfohlenen Methoden des Risikomanagements ist für Derivatemakler und Endverbaucher, bei denen es sich nicht um kontrollierte Organisationen handelt, im wesentlichen freiwillig, und einige Untersuchungen haben gezeigt, daß die Vorstände von Unternehmen, die Derivate einsetzen, nicht in das Risikomanagement eingebunden sind.«

Das GAO zeigte sich auch besorgt über die nachlässigen Abrechnungsstandards für Derivate; es stellte die gängige Praxis verzögerter Gewinn- und Verlustzuteilungen bei Derivatetransaktionen fest. Eine aufschiebende Sicherungs-Buchführung in Kombination mit der historischen Kostenabrechnung hat es manchen Investmentmanagern ermöglicht, Verluste des Marktwerts von derivativen Wertpapieren über längere Zeit zu verbergen. Ein deutliches Beispiel hierfür lieferte die New Yorker Daiwa Bank, wo ein Angestellter in einer Spanne von elf Jahren, in der meistens ein Haussemarkt vorherrschte, aus dem Handel mit US-Staatsanleihen Verluste von 1,1 Milliarden Dollar aufhäufte.

Ein wichtiger Schritt in Richtung eines engeren Abrechnungsrahmens für Derivategeschäfte wäre ein Wechsel von der historischen Kostenbasis zur Marktwertbasis. Bereits 1995 haben die amerikanischen Wissenschaftler Franklin Edwards und Frederic Mishkin darauf hingewiesen, daß die Einführung der Marktwert-Abrechnung ein genaueres und transparenteres Bild der wirtschaftlichen Lage einer Bank liefern könnte.

Momentan sind Aufsichtsorgane und Politiker oft bestrebt, mögliche Probleme zu verbergen (um Finanzpaniken zu vermeiden), obwohl dem öffentlichen Interesse viel mehr damit gedient wäre, wenn frühzeitig auf die Schwierigkeiten einer Bank hingewiesen würde.

### Derivate in der Sicht der Zentralbanken

Bei einer Anhörung vor einem Ausschuß des amerikanischen Congress zu Energie- und Handelsfragen am 25. Mai 1994 lenkte Alan Greenspan, der Chef des Fed, die Aufmerksamkeit auf den ursprünglichen GAO-Bericht. Er hob zwei mögliche Quellen von Systemstörungen hervor: »Erstens: Die Insolvenz eines führenden Derivatehändlers könnte seinen Kontrahenten Kreditverluste bescheren, die deren finanziellen Gesundheitszustand gefährden können. Zweitens: Das dynamische Hedging von Optionspositionen (im Zusammenhang mit der Portfolio-Sicherung) und andere Methoden des Risikomanagements lassen die Marktteilnehmer Vermögenswerte kaufen, wenn die Preise steigen, und verkaufen, wenn die Preise fallen. Ein solches Verhalten kann prinzipiell die Kursschwankungen des Marktes verstärken.«

Und er setzte hinzu: »Sogar wenn Derivate-Aktivitäten selbst keine Quelle systemischer Risiken sind, können sie dazu beitragen, die Übertragung eines Schocks aus einer anderen Quelle in andere Märkte und Institutionen zu beschleunigen.« Aber zumindest bis Mitte 1998 hat diese starke Besorgnis zu keiner effektiven Antwort geführt. Seit Jahren zeigen Greenspans Reden wenig Enthusiasmus für eine Einschränkung des Derivatehandels und zunehmendes Vertrauen in die Wirksamkeit der internen Risikomanagement-Systeme von Banken und Wertpapiergesellschaften. Als das US Financial Accounting Standards Board (FASB) 1997 versuchte, Derivatepositionen für Anleger transparenter zu machen, indem es von den Firmen verlangt hat, ihre Positionen zu einem angemessenen Marktwert zu kalkulieren und Veränderungen des Kapitalwerts öffentlich anzuzeigen, lagen Greenspans Sympathien woanders. Er war gegen den Bewertungsvorschlag, weil er »umsichtige Risikomanagementverfahren nicht fördern würde und in manchen Fällen zu mißverständlichen Finanzinformationen führen könnte.«

Es folgt ein Auszug aus einem Kommentar der BIZ zu den Derivatemärkten vom August 1997:

> Das gesunde Wirtschaftsklima, die hohe Kreditqualität der Kontrahenten, die zunehmende Nutzung von Sicherheiten und die entsprechend niedrige Kreditverlustrate haben insgesamt das Marktwachstum gefördert. Die Daten zeigen, daß sich sehr viele Banken in den Transaktionen engagieren, eine Entwicklung, die von einigen Marktexperten als Zeichen dafür gewertet wird, daß die Abkehr von Derivaten im Anschluß an eine Serie von Unternehmensverlusten zu Ende geht. Der Einsatz von Derivaten wird sich, da neue Nutzer von den Märkten angezogen werden, wahrscheinlich weiter ausdehnen. Versicherungsgesellschaften zum Beispiel entwickeln sich zu Experten auf diesem Gebiet und bilden Joint-Ventures mit Investmentbanken, um alternative Lösungen (einschließlich Derivate) für das Management unterschiedlicher Unternehmensrisiken anzubieten.

Obwohl die Zentralbanker in Washington, Basel, London und Frankfurt sehr mit dem Thema globaler Finanzstabilität beschäftigt sind, liegt die Betonung jetzt auf Risiko-Überwachungssystemen und der Verbreitung von Modellen für eine optimale Praxis. Offenbar haben sie jeden Sinn für eine kollektive Verantwortung im Hinblick auf das rasende Innovationstempo der Finanzinstrumente, den Gesamtwertzuwachs der Derivate oder das Fehlen einer Berechnungsdisziplin (wie dem Marking-to-Market) verloren.

### Verlust von Markttransparenz

Der astronomische Zuwachs in der Nutzung von Finanzderivaten hat noch eine ernstere Dimension: das darin operierende Kreditsystem. Abgesehen von dem im Verhältnis zum Handel mit den Basiswerten inhärenten Verschuldungsgrad von Futures und Optionen, ist es möglich, noch unrealisierte Anlagegewinne (auch aus Derivatekontrakten) als Sicherheit für weitere Käufe zu nutzen. Der anhaltende Aufwärtstrend bei den Basiswerten hat diese unrealisierten Gewinne vergrößert und die fortschreitende Verdoppelung von Baissepositionen, insbesondere in Staatsanleihe-Futures, ermöglicht und gefördert. Man kann sich leicht vorstellen, wie die kumulativen Operationen einer kleinen Minderheit von Marktteilnehmern in einer Folge von Jahren sich zu einer beträchtlichen Basis-Nachfrage nach Anleihen auswachsen können. Obwohl Finanzkommentatoren eine fallende Rendite von US-Staatstiteln schnell zurückgehenden Inflationserwartungen oder der neuen Wahrscheinlichkeit eines ausgeglichenen Staatshaushalts zuschreiben, kann die wahre Erklärung eben auch im fortschreitenden Verschuldungsgrad liegen.

John Succo, früher führender Manager des Kreditderivatehandels bei Lehman Brothers in New York, erläuterte in seiner Ansprache auf einer vom Grant´s Interest Rate Observer im April 1998 organisierten Investmentkonferenz die aktuelle Marktpraxis an folgendem Beispiel. Es geht um einen Hedge-Fonds, der sich in Wertpapieren engagieren möchte; der Fall läge aber bei Anleihen nicht anders. Nach der einleitenden Bemerkung, Swaps seien verkleidete Kredite, geht Succo auf den Hedge-Fonds ein, der 100 Millionen Dollar verwaltet und 100 Millionen Dollar in Aktien kontrollieren möchte. Um das zu erreichen, muß der Fonds nach gängigen Marktverhältnissen mindestens 8 Millionen Dollar aufbringen, woraus sich eine maximale Quote von Eigen- zu Fremdkapital von grob 1 zu 13 ergäbe. Der Hedge-Fonds kauft nun die – gute oder schlechte – Performance von 100 Millionen Dollar an Wertpapieren, schaltet dafür eine Investmentbank als Mittler ein. Diese wird dann Geld aufnehmen, um die Aktien zu kaufen, und dem Hedge-Fonds einen Zinssatz, der 0,2 Prozent über den Leihkosten liegt, berechnen. Dazu Succo: »Man sieht schon an dieser Stelle, Kredithebel folgt auf Kredithebel.«

Die Kreditleistung ist eng mit den eingesetzten Sicherheiten verknüpft, in diesem Beispiel einem Portfolio von Anteilspapieren. So lange die Kurse steigen, ist die Investmentbank vor Verlust vollständig geschützt. Selbst wenn der Hedge-Fonds Bankrott machen würde (und kleineren geschieht das durchaus), ist die Investmentbank immer noch abgesichert, weil sie die Wertpapiere verkaufen und den Kredit zurückbezahlen kann. Wirklich problematisch wird es erst dann, wenn der Marktwert sinkt und der Hedge-Fonds Bankrott macht. Die Banken, die übereinander stolpern, um Geschäfte dieser Art abzuschließen, mögen mehr als angemessen kapitalisiert erscheinen. Bei genauerer Betrachtung jedoch ist das Risiko eines Werteinbruchs ihrer Finanzmarkt-Sicherheiten, dem sie ausgesetzt sind, gigantisch; nicht anders verhält es sich mit dem impliziten Verschuldungsgrad im Finanzsystem. Es ist ein ernüchternder Gedanke, daß die prestigeträchtigsten Anleihe- und Wertpapiermärkte der Welt einem plötzlichen Rückzug dieser Quellen synthetischer Nachfrage ausgesetzt sind.

Ein Nebenprodukt des Derivatebooms ist die wachsende Besorgnis über die verlorene Transparenz der Anleihe- und Wertpapiermärkte. Das schiere Ausmaß des Futures- und Optionenhandels im Verhältnis zu den Basisinstrumenten schneidet die Marktteilnehmer von wichtigen Informationen über die Motive hinter großen Transaktionen ab. Besonders besorgniserregend ist das Ausmaß, in dem der programmierte oder quasi-automatisierte Handel sich entwickelt. Obwohl es seit langem verlustbegrenzende Verfahren wie Stop-Loss-Verkäufe oder Nachschußforderungen gibt, haben die zusätzlichen Computerprogramme zur Sicherung bestimmter Investmentziele (Options-Hedging, Portfolio-Ausgleich, Portfolio-Versicherung und Index-Kongruenz) das Volumen quasi-automatisierten Handels signifikant vergrößert. Die Existenz unsichtbarer Auslösepunkte in den Devisen- und Wertpapiermärkten, zum Beispiel ein technisches Stützungsniveau für den Dow Jones Index, erhöht die Möglichkeit, daß eine scheinbar triviale Kursbewegung extreme Volatilität provozieren kann. Auch die Koinzidenz von Auslaufdaten für Termin- und Optionskontrakte kann diesen Effekt haben.

### Die Hedging-Falle

Bei Fondsmanagern wird der Gebrauch von Derivaten als Form der Absicherung vor Kapitalverlusten bei Wertpapieren oder Wertpapier-Portfolios zunehmend populär. Statt daß sie ihre Besorgnis, eine erstklassige Aktie oder ein Aktienportfolio könnte überbewertet sein, durch den Verkauf am Markt dokumentieren, sichern viele institutionelle Anleger ihr Engagement in den Termin- und Optionsmärkten. Im wesentlichen heißt das, der Investmentfonds bezahlt eine Prämie und versichert sich damit gegen das Risiko, daß die Aktienkurse während eines bestimmten Zeitraums unter ein bestimmtes Niveau fallen. Inzwischen muß die Bank oder die Wertpapiergesellschaft, die das Risiko übernimmt, belegen, daß sie über genügend Mittel verfügt, ihren Kunden (den Investmentmanager) für den Fall, daß die Aktienkurse unter die bestimmte Schwelle fallen, zu entschädigen. Ein Teil dieses Kapitals wird als Mindestbetrag (zinslos) angelegt. Wenn die Aktienkurse fallen, wird der Kunde aufgefordert, zusätzliches Kapital einzuschießen. Wenn die Aktienkurse steigen, reduzieren sich die Mindestbetrags-Anforderungen und Bank oder Wertpapiergesellschaft kann aus dem eingesetzten Kapital einen Erlös erzielen.

Alles geht gut, solange nur ein kleiner Teil der institutionellen Anleger die Befürchtung fallender Aktienkurse teilt. Vorausgesetzt der Aufwärtstrend hält mit nur zeitweiligen Abweichungen nach unten an, wird die Besorgnis der Minderheit nicht von Dauer sein. Die Banken und Wertpapiergesellschaften, welche die Optionen zeichnen, werden auf Kosten der Institutionen, die Absicherungen suchen, Profite machen und der Aufwärtstrend des Marktes wird nicht gebrochen. Wenn sich die Furcht jedoch ausbreitet und die Nachfrage nach Portfolio-Versicherungen stark ansteigt, dann wird der Markt zusammenbrechen. In einem offensichtlich anfälligen Markt haben die Investmentbanken, die den Fondsmanagern diese Portfolio-Sicherungsinstrumente verkaufen, keine andere Wahl, als sich durch den gleichzeitigen Verkauf der zugrundeliegenden Wertpapiere zum vollen Wert Deckung zu verschaffen. Und dann erweist sich der direkte Verkauf von Wertpapieren, den die Fonds gerade vermeiden wollten, als unvermeidlich. Unter solchen Umständen wird die Absicherung vor dem Verfall des Portfolio-Werts entweder extrem kostspielig oder schlicht unmöglich.

Der Derivatehandel hat beim Zusammenbruch des Wertpapiermarkts vom Oktober 1987 eine Schlüsselrolle gespielt. Man schätzt, daß die Portfolio-Versicherung von 3 Milliarden einen größeren Kurssprung bei US-Wertpapieren auslöste, als es Direktverkäufe getan hätten. In der Woche vor dem 19. Oktober boomten die Abschlüsse der Portfolio-Versicherer, da es die Anleger eilig hatten, sich gegen den Rückgang des Marktes zu sichern. Ihr Verhalten wurde zu einer sich selbst erfüllenden Prophezeiung. Unglücklicherweise verließen sich die versicherungsgebenden Investmentbanken auf ihre Fähigkeit, genau das Volumen an Aktien zu verkaufen, das ihre Computermodelle vorsahen. In diesem Moment erkannten sie, daß sie die zugrundeliegenden Wertpapiere nicht so schnell verkaufen konnten, wie es ihre Computermodelle forderten. Als die Börse am 19. Oktober eröffnete, war ein Überhang an Verkaufsaufträgen von 8 Milliarden Dollar aufgelaufen, was dem normalen Handelsvolumen eines Tages an der New Yorker Aktienbörse entspricht. In dieser ernsten Verstopfung des Handelssystems fanden Händler keinen Zugang zum Markt, das normale Verhältnis zwischen dem Kassakurs von Aktien und den Terminkontraktpreisen brach in sich zusammen. Da die Terminkontraktpreise unter den Kassakursen blieben, platzte die Portfolio-Versicherung aus den Nähten.

Das Paradoxe daran ist, daß die Portfolio-Versicherung einen bestehenden Haussemarkt unterstützt, aber sie beschleunigt und verstärkt einen Baissemarkt. Eine Minderheit besorgter institutioneller Investoren ist in der Lage, dem Marktrisiko zu entgehen, ohne daß ihr Portfolio durch den Zwang zum Verkauf der Basisaktien Schaden leidet. Genausogut aber könnte man baisse-orientierte Anleger in Kliniken einweisen, um sie von ihrer gedrückten Stimmung zu heilen. Wenn sie sich dann besser fühlen, läßt die Klinik sie wieder auf die Gesellschaft los. Auf diese Weise hofft man, mit dem Bazillus des Markt-Pessimismus fertig zu werden. Wenn jedoch diese Minderheit von Anlegern sehr groß wird, werden die Kliniken von Aufnahmeanträgen überschwemmt. Und die Einrichtungen, die nur für eine kleine Zahl ausgelegt sind, werden mit den Vielen nicht fertig. Hinzu kommt, daß genau die Mechanismen, die in einem steigenden Markt Kursvolatilität einschränken, diese in einem fallenden Markt multiplizieren. Wenn Fondsmanager diskret agieren, um das Marktrisiko loszuwerden, betrachten Banken und Wertpapiergesellschaften nur einen einseitigen Markt und sind gezwungen, die Preise stark herabzusetzen.

### Zusammenfassung

Die Entwicklung der Finanzderivate ist vielleicht der deutlichste Ausdruck der Zuversicht, die sich in den globalen Finanzmärkten verkörpert. Beflügelt von einer Hausse an den globalen Wertpapier- und Anleihemärkten, haben die Verfechter elaborierter Finanzinnovationen offene Türen eingerannt. Mit Techniken des Risikomanagement und effizienten Hedging-Strategien maskiert, fanden Derivateprodukte Akzeptanz und werden zunehmend genutzt: Unseren Möglichkeiten, die langfristigeren Folgen zu begreifen, sind sie längst davongaloppiert.

Zentralbanken und BIZ selbst haben sich von ihrer besonderen Verantwortung losgesagt sicherzustellen, daß das Kapital der Banken durch den Einsatz von Finanzderivaten nicht in Liquiditätsklemmen gerät. Der Kapitalsicherungsschutz für Einleger im Kontext der langsam wachsenden Bankbilanzen sollte ebenfalls für die schnell wachsenden außerbilanzlichen Aktivitäten wie etwa ungleiche Swaps gelten. Sie bieten aber einfach keinen vergleichbaren Schutz. Während die Risiken im Zusammenhang mit der Bilanzstruktur klar definiert sind, sind Derivate-Risiken komplex und miteinander verknüpft. Indem sie die Darlehensforderungen ihrer Kontrahenten gegeneinander aufrechnet, kann eine Bank behaupten, ihre Kapitalanforderungen seien trivial. Viele der mit Derivaten verbundenen Risiken fallen aber nicht fein und säuberlich unter die Kategorien der Risiken von Kontrahentenkredit oder Marktbewegungen. Wie ungeschickte Kriminalbeamte kommen die Aufseher der Zentralbank wahrscheinlich erst dann an den Tatort, wenn der Schaden längst angerichtet wurde. Exakte Obduktionen vermögen intelligente Vorausberechnungen nicht zu ersetzen.

Was immer wieder deutlich wird, ist einerseits der Wunsch, Transaktionen zu verbergen, und andererseits die Leichtigkeit, mit der das bei Geschäften mit Finanzderivaten möglich ist. Zwischen 1994 und 1997 wuchsen diese Geschäfte an den organisierten Börsen nur geringfügig. Mit atemberaubender Geschwindigkeit dagegen ist das OTC-Marktvolumen gewachsen. Rechtliche Risiken legen die Gründung ausländischer Tochtergesellschaften für den Derivatehandel nahe. Die Bilanzierungsstandards sind butterweich. Trotz des einsamen – und wahrscheinlich verlorenen – Kampfes von GAO und FASB für strengere Berichtspflicht und Überwachungsmethoden wird die Zahl der Nutzer von Derivaten stetig größer. Eines ist jedoch klar: Mit der nächste Baisse auf den globalen Wertpapier- und Anleihemärkten wird das Abbrechen hochverschuldeter Derivate-Positionen in jeder Ecke der entwickelten Welt Finanzexplosionen auslösen.

# 8
## Unbegrenzte Spargelder: Eine Illusion

> Zudem sind die weltweiten Kapitalmärkte viel offener
> als vor zehn Jahren, und die Vereinigten Staaten haben
> Zugang zu praktisch unbegrenzten Kapitalmengen.
> *Financial Times, 20. Februar 1998*

> Alles in allem scheint der nachhaltige Anstieg der
> Realzinsen auf einem Rückgang der Sparquote –
> hauptsächlich von fiskalischen Defiziten verursacht –
> zu beruhen, der die gleichzeitige Reduzierung
> angestrebter Investitionen überwiegt. *»Saving,
> Investment and Real Interest Rate«, G 10-Studie, 1995*

Was das Sparen, Leihen und Anlegen von Geld betrifft, gibt es
zwei uralte Fragen, auf die die Menschheit keine befriedi-
gende Antwort gefunden hat. Die Achtzehn- bis Fünfund-
zwanzigjährigen fragen in einem Ton, der an den verloren
Sohn erinnert: »Warum soll ich, wenn ich bald ein gutes Einkommen haben werde, nicht einen Teil meines zukünftigen
Wohlstands jetzt ausgeben dürfen, wo ich ihn am besten genießen kann?« Doch auch Fünfzigjährige fragen nicht viel
anders: »Soll ich in meinen späteren Jahren schwer schuften
oder an der Armutsgrenze leben, nur um meinen verhältnis-
mäßig reichen Kindern eine substantielle Erbschaft zu hinterlassen?« In beiden Fällen möchten die, die so fragen, Zugang
zu einem Kapitalmarkt, der sie nicht stereotyp nach ihrem
Alter einordnet.

Da ist ein junger Erwachsener, der gegen die Sicherheit seines Lebenseinkommens Kredit möchte. Schauen wir genauer
hin. Ganz eindeutig besteht das Risiko, daß der Kredit nicht
ganz zurückbezahlt wird. In einer zivilisierten Gesellschaft, in
der Sklaverei und Unterdrückung illegal sind, riskiert der
Kreditgeber den Verlust von Kapital. Das Problem besteht

darin, daß junge Erwachsene häufig keine anderen Qualifikationen für den Kreditantrag bieten können als ihre Ausbildung und ihren Enthusiasmus. Manche Länder, zum Beispiel Deutschland und die Schweiz, setzen der Verfügbarkeit von Krediten enge Grenzen, bis der Antragsteller ein bestimmtes Alter erreicht hat. In anderen Ländern besteht man auf dem Nachweis eines vernünftigen Sparverhaltens, bevor er beträchtliche Summen wie etwa bei einem Baukredit leihen kann. In letzter Zeit ist die Haltung in angelsächsischen Ländern, das Geld zu geben, in der Hoffnung, das zusätzliche Risiko über die Höhe der Zinsen abzudecken.

In einer ähnlichen Klemme stecken die älteren Erwachsenen, die ganz gerne mehr von ihren Lebensersparnisse ausgeben würden, solange sie noch einigermaßen unternehmungslustig und gesund sind. Statt dessen zwingt sie die Versicherungssituation, sich zwischen zwei gleich unangenehmen Szenarien zu entscheiden. Entweder gehen sie früh in Pension, mit geringen Rentenansprüchen, und verbinden einige Jahre Rentnerdasein von hoher Lebensqualität mit anschließend langen Jahren in äußerster Bescheidenheit. Oder sie arbeiten länger und gehen dann mit vollen Rentenansprüchen in Pension, riskieren dabei jedoch, daß in der Zwischenzeit ihre Lebenslust und Gesundheit gelitten haben. Ihr Vermögen wird schließlich von den Rechnungen für Ärzte, Medikamente und Pflege aufgezehrt oder an ihre Erben weitergegeben. Hier müßte man einen Ausgleich der Ansprüche und Verantwortlichkeiten (Sozialleistungen und Steuern) zwischen den Generationen finden. Doch für Politiker ist die Versuchung viel zu groß, eine Rentnergeneration, der sie bald selbst angehören werden, auf Kosten der nächsten Generation und deren Kindern zu bevorzugen. Und entsprechend schwer ist es, jüngere Erwachsene zu veranlassen, ausreichende Vorsorge für ihren, wenn auch entfernten Ruhestand zu treffen.

Das Verhältnis zwischen kurzsichtigen Entscheidungen und demographischen Zyklen kann sich dramatisch zuspitzen.

Wenn die Abhängigenquote hoch ist (nämlich dann, wenn es im Verhältnis zur arbeitenden Bevölkerung einen hohen Anteil von Leistungsempfängern gibt), ergeben sich in einem staatlich organisierten, am Erfolg orientierten Steuersystem selbst bei hohen Einkommensteuern und Beitragzahlungen möglicherweise nur bescheidene Renten und Sozialleistungen. Private Rentenversicherungssysteme, bei denen der einzelne seine eigenen Rentenansprüche anspart, mögen im Vergleich dazu überlegen erscheinen, sie haben jedoch andere Schwachstellen. Was ist zum Beispiel, wenn der Rentenfonds das Geld schlecht investiert oder betrügerischen Machenschaften zum Opfer fällt? Wahrscheinlich trägt zuletzt immer noch der Staat die Verantwortung für die Unterstützung der rechtlosen Rentner. Noch viel schlimmer ist, daß sich entweder aktuell oder irgendwann zukünftig eine große Kluft auftun kann zwischen den staatlichen Rentenverpflichtungen und den Möglichkeiten, die man sieht, zu deren Finanzierung die Steuern zu erhöhen.

**Wer soll sparen: der einzelne oder der Staat?**

Beide Beispiele geben einen Eindruck davon, wie schwer es ist zu entscheiden, wer sparen soll: der einzelne oder der Staat. Im Interesse des Ganzen liegt ein System, in dem die Bürger in ihrem Leben kaum in Gefahr geraten, technisch insolvent zu werden; das heißt, man verhindert, daß der Marktwert ihrer Vermögenswerte unter den ihrer Schulden und anderen finanziellen Verpflichtungen sinkt. Wenn technische Insolvenz zu tatsächlichem Bankrott führt, wird das Vermögen anderer Bürger vernichtet, und der Staat trägt die Last zusätzlicher Sozialleistungen. Je offener eine Gesellschaft ist und je zahlreicher die Möglichkeiten des einzelnen, finanziell erfolgreich zu sein oder aber zu scheitern, desto größer ist das Risiko weit verbreiteter Insolvenzen und Abhängigkeit von staatlicher Unterstützung. Paradoxerweise ist die nationale Sparquote (der private und öffentliche Sektor zusammengenommen) in manchen Entwicklungsländern, nämlich dort, wo die persönliche Freiheit vom Staat eingeschränkt und die Kapitalmärkte unterentwickelt oder strikt reglementiert sind, in der Tendenz höher als in entwickelten Volkswirtschaften.

Eine Studie des Internationalen Währungsfonds zu den nationalen Sparquoten in Entwicklungsländern hat ergeben, daß in Ländern, in denen der mittlere Einkommenssektor dominiert (zum Beispiel in Peru, Sri Lanka, Ägypten und Simbabwe), eine größere Bereitschaft existiert, Ersparnisse aus dem laufenden Einkommen anzulegen, als in Hochlohnländern (zum Beispiel in Mexiko, Hongkong, Israel und Brasilien). So motiviert ein steigendes Verhältnis von Gesamtvermögen zu nationalem Einkommen die Bevölkerung in Ländern mit mittleren Einkommen dazu, in einem schnelleren Tempo zu sparen, in den reicheren Entwicklungsländern dagegen verhält es sich genau umgekehrt. Aber in fast allen Ländern fiel die nationale Sparquote, als die Abhängigkeitsquote anstieg. Die im Lauf der letzten dreißig Jahre gestiegene Lebenserwartung in den entwickelten Ländern hat zur Folge, daß die Abhängigkeitsquote, wenn es nicht zu Krisen und Katastrophen kommt, in den nächsten dreißig Jahren ansteigen wird, unabhängig von der Geburtenrate. In Abwesenheit anderer ökonomischer Anreize befindet sich die nationale Sparquote in den reichen westlichen Volkswirtschaften und Japan in einem Abwärtstrend.

Nachdem sie das Problem des Spardefizits erkannt hatten, haben es die westlichen Regierungen mit zwei grundsätzlichen Lösungen versucht. Erstens haben sie Steueranreize und Subventionen geschaffen, um die Bürgern zu vermehrtem Sparen anzuhalten. Zweitens haben sie die allgemeinen Steuern erhöht oder die Ausgaben für soziale Transferleistungen gesenkt, um die Sparquote des öffentlichen Sektors zu verbessern. In Ländern, deren öffentliche Finanzen defizitär sind, bedeutet dies eine Reduzierung des Entsparungsgrades. Unglücklicherweise hängen, wie die Regierungen erkennen mußten, das private und das öffentliche Sparverhalten voneinander ab. Sind die Steueranreize so beschaffen, daß sie die Bevölkerung wirklich überzeugen, dann sind sie auch teuer, was die entgangenen staatlichen Einnahmen betrifft. Und gleichzeitig gilt, je mehr die Regierung spart, desto weniger tut dies der private Sektor. In der Regel ist die Nettoverbesserung im nationalen Sparverhalten nur halb so groß wie von den Regierungen erhofft. Zudem ist um so schwerer zu verhindern, daß die nationale Sparquote sinkt, je leichter jugendliche Verschwender und ergrauende Abenteurer Zugang zu den Kapitalmärkten finden.

### Entwicklung eines einheitlichen Kapitalmarkts

Der Theorie nach sollten effiziente Kapitalmärkte sicherstellen, daß die Spargelder der älteren Generation im Austausch für eine vernünftige, risikobereinigte Rendite an die jüngere ausgeliehen werden. In der Praxis jedoch unterliegen diese Renditen Schwankungen, was zu unregelmäßigen Intervallen führt, bei denen die eine oder die andere Gruppe einen unverdienten Vorteil gegenüber der jeweils anderen genießt. In den Inflationsperioden der siebziger und achtziger Jahre bewegten sich die Realzinsen (Nominalzinsen minus der tatsächlichen oder erwarteten Inflation) zwischen minus 15 und plus 10 Prozent in den G 7-Ländern. In Phasen, in denen die Realzinsen negativ waren, lag der Vorteil hauptsächlich bei der Generation der jüngeren Erwachsenen, deren Zinszahlungen sich im Verhältnis zu ihrem Einkommen verringerten. Umgekehrt hat die Periode ziemlich hoher Realzinsen, die um 1981 begann, den älteren Generationen, deren Vermögen nun ohne eigene Anstrengungen wuchs, einen Vorteil gebracht.

Wie im fünften Kapitel beschrieben, bildete sich während der achtziger Jahre die Vorstellung eines einheitlichen globalen Kapitalmarkts heraus. Bis dahin hatte eine Mischung aus institutioneller Rigidität, umfassenderen Kontrollen privaten

Kapitals und nationalen Oligopolen auf dem Markt der Finanzdienstleistungsanbieter für eine effektive Trennung der nationalen Spargeldmärkte gesorgt; eine Ausnahme bildeten hier nur die USA, die der Pionier des Imports von Auslandskapital in großem Umfang waren. Und je höher die Welle der Deregulierung, Privatisierung und Liberalisierung des Finanzsystems, die über den europäischen Kontinent schwappte, desto mehr hat sich das private Kapital geographisch diversifiziert. Unterstützt von verbesserter Information und technischem Fortschritt und koordiniert von einer wachsenden internationalen Fondsmanagement-Industrie, haben sich bis dahin gehütete Geheimnisse in allgemeines Wissen verwandelt und wurden Kursanomalien normalisiert. Am 1. April 1988 öffnete Japan, die letzte Bastion der Finanzregulierung, seine Wertpapiermärkte und schaffte die Devisenkontrollen ab. Es gibt Schätzungen, nach denen ein beträchtliches Segment der 2 Billionen US Dollar an niedrigverzinsten Bankeinlagen um den Globus wandern wird, auf der Suche nach einer besseren Rendite.

Es wurde viel geschrieben über die Umlenkung der Spargelder aus den großen entwickelten Wirtschaften in die jungen Märkte in Asien, Lateinamerika, Europa und Afrika, aber diese Kapitalflüsse bleiben für den globalen Kapitalmarkt von marginaler Bedeutung. Der Kapitalfluß von den entwickelten zu den Entwicklungsländern stieg dramatisch an: von insgesamt 10 Milliarden Dollar 1970 auf einen Spitzenwert von knapp über 100 Milliarden Dollar 1981, dem Ausbruch der Auslandsverschuldungskrise in Lateinamerika. Und eine zweite Welle des Kapitaltransfers hat, ausgehend von einem Wert von ungefähr 65 Milliarden US Dollar im Jahr 1986, den jährlichen Kapitalfluß, nach einem retardierenden Moment 1994, auf 280 Milliarden US Dollar 1996 erhöht. Selbst bei den Raten von 1996 stellen diese Transfers nur einen geringen Bruchteil des gesamten Kapitalbedarfs dar. Zudem gibt es einige asiatische Länder, deren Spargeldüberschüsse in US

Dollar-Vermögenswerte, besonders in amerikanische Staatstitel und öffentliche Anleihen, reinvestiert wurden. Der Kapitalverkehr ist nicht nur eine Einbahnstraße.

Die vielleicht wichtigste praktische Folge im Zusammenhang der Deregulierung des Kapitalmarkts ist die Konvergenz der inflationsbereinigten Kosten für Kapital rund um den Globus. Während der achtziger Jahre begannen die realen Renditen von vergleichbaren europäischen und nordamerikanischen Staatsanleihen mit zehnjähriger Laufzeit, die ein hohes Maß an Standardisierung aufweisen, auf die gleiche Rate hin zu konvergieren. Die realen Durchschnittsrenditen der siebziger Jahre lagen in einem Bereich von minus 1,4 Prozent in Italien bis zu plus 3,2 Prozent in Deutschland, doch schon in den achtziger Jahren ist dieser Bereich beträchtlich schmäler geworden und lag nun zwischen plus 2,8 Prozent in Italien und 4,6 Prozent in Deutschland. Diese Konvergenz impliziert, daß die Renditen italienischer und deutscher Anleihen mit zehnjähriger Laufzeit hauptsächlich wegen der in den beiden Ländern jeweils unterschiedlichen Inflationseinschätzungen differieren. Da die Inflation unter Kontrolle gebracht wurde, haben sich die Eckrenditen von Anleihen sowohl nominell als auch real angeglichen. Damit soll nicht bestritten werden, daß nominelle Renditen nach wie vor günstigen oder ungünstigen Einflüssen auf die Staatsverschuldung ausgesetzt sind.

Es bleiben viele Mängel und Ungleichmäßigkeiten, doch ganz grundsätzlich sind Spargelder und Investitionen durch einen einheitlichen Kapitalmarkt mit einem einheitlichen Realzinssatz bestimmt. Für die Welt insgesamt ist es klar, daß der Gesamtfluß von Spargeldern und derjenige von Investitionen zu jeder Zeit identisch sein müssen. Aber der Prozeß, in dem der Fluß von Spargeldern, der auf dem Markt angeboten wird, mit den geplanten Investitionen in Kapitalvermögenswerte ausgeglichen wird, ist alles andere als ein Mechanismus zur Marktbereinigung. Beim Ausgleich beider Seiten des Marktes scheinen Realzinssätze eine relativ geringe Rolle zu spielen. Immer wieder gibt es frustrierte Sparer, die sich entscheiden, mehr von ihrem Einkommen auszugeben als sie ursprünglich beabsichtigt hatten, und frustrierte Investoren/Kreditnehmer, die angesichts der Marktbedingungen ihre Anlagepläne verschieben oder aufgeben.

### Gefahren von Über- und Unterinvestition

Um die Analyse nicht noch komplizierter zu machen, scheint es angebracht, sich an dieser Stelle von einem populären Mythos über das Sparen und Investieren zu verabschieden. Regierungen unterschiedlichster politischer Couleur lieben das Wort »Investition«. Welche wirtschaftlichen Erkrankungen auch immer festgestellt werden, stets wird jemand eine Höherdosierung der Investitionen vorschlagen. Einige schlagen Investitionen in neue Technologien vor, andere nennen große Energieprojekte, wieder andere das Verkehrswesen und die soziale Infrastruktur. Diese Forderungen vermitteln den Eindruck, Investitionen gleich welcher Art seien stets und überall eine gute Sache. Das ist einfach falsch. Man kann hier sowohl zuviel als auch zu wenig tun; beides ist gleichermaßen gefährlich: Zu Überinvestitionen aus dem laufenden Einkommen kommt es in der Regel dann, wenn die Kosten für geliehenes Kapital künstlich niedrig gehalten werden, wenn der erwartete Kapitalertrag übertrieben ist oder das Kapital für grandiose Projekte verwendet wird, die wenig oder keinen wirtschaftlichen Sinn ergeben. Investitionen, die zur falschen Zeit erfolgen, die schlecht beraten sind oder bloß unter einem unglücklichen Stern stehen, bringen nur enttäuschende Erträge und können sogar Kapital vernichten. Japan in den späten achtziger Jahren und Ostasien Mitte der neunziger Jahre liefern die einschlägigsten Beispiele für Überinvestitionen in Industrie- und Handelskapazitäten.

Unterinvestition (oder Über-Konsum) tritt auf, wenn die Realzinssätze für potentielle Investoren/Kreditnehmer entmutigend hoch erscheinen, aber angenehm niedrig für Konsumenten und Immobilienspekulanten. Dieses Paradox erklärt sich aus der Tatsache, daß die Produktionskosten stabil oder nur gering steigend sein können, während die Immobilienpreise boomen und weiteren Anstieg erwarten lassen. Die hohen Kapitalkosten für Kreditnehmer aus der Industrie werden sich in niedrigen Inflationsraten der Endproduktpreise widerspiegeln, während Konsumenten mit Immobilienbesitz viel entspannter höhere Summen aufnehmen können, um ihre Ausgaben gleichzuhalten oder zu steigern. In vielen westlichen Ländern wird das Problem noch dadurch verschärft, daß man es politisch erlaubt, Kreditzinsen steuerlich geltend zu machen. Dagegen sind die Realzinssätze nach Steuern für inländische Sparer nicht attraktiv genug, um sie zu vermehrtem Sparen zu bewegen.

Quer durch den globalen Kapitalmarkt kann das Verhältnis von gespartem und investiertem Einkommen aus verschiedenen Gründen größer oder kleiner werden. Die Verhältnisse von Bruttospargeldern und Investitionen zum Welt-Bruttosozialprodukt (BSP) enthalten ein großes Element des Wertverlustes des Grundkapitals. Je nach der jeweiligen Zusammensetzung des physischen Kapitals entwickelt sich die Bandbreite für hohe oder niedrige Wiederbeschaffungs-Investitionen. Wenn die Produktionsinvestitionen auf Kraftwerke und Eisenbahnnetze gerichtet sind, dann werden die anzunehmende Lebensdauer der Vermögenswerte lang sein und die impliziten Wertverlustraten niedrig. Wenn umgekehrt die Investitionen auf mobile und schnell veraltende Technologien (wie Heimcomputer) gerichtet sind, dann wird die anzunehmende Lebensdauer der Vermögenswerte wahrscheinlich niedrig sein und der Kapitalverbrauch entsprechend hoch. Nur nach Abzug des Wertverlusts kann man bestimmen, ob die Spar- oder Investitionstrends steigen oder fallen.

**Kann zuviel gespart werden?**

Es ist schon schwerer, sich eine Situation vorzustellen, in der zuviel gespart wird; doch kann es auch dazu kommen. Auf nationaler Ebene liefern kleine reiche Länder mit relativ großen Finanzsektoren und kleinen Industrie- und Handelssektoren, wie die Schweiz, Saudi-Arabien, Kuwait, Luxemburg und Brunei, die deutlichsten Beispiele dafür. Diese Länder sind wegen des Mangels an Investitionsmöglichkeiten in physisches Kapital innerhalb der eigenen Landesgrenzen natürliche Kapitalexporteure. Ein anderes Beispiel wäre ein reiches Land mit begrenzten Möglichkeiten des persönlichen Konsums oder Besitzes inländischer Vermögenswerte. Japans hohe Sparquote ist zum Teil Folge der Knappheit von Grund und Boden, der zum privaten Erwerb zur Verfügung steht. Global kann es nach einem Crash des Aktienmarkts zum Über-Sparen kommen, zu Situationen, in denen der einzelne kaum mehr konsumiert, um wieder Sparguthaben zu bilden. Bliebe die Investitionsstimmung übervorsichtig, dann würde das Überangebot an Spargeldern auf Realzinssätze und Realerträge geschäftlicher Investitionen drücken. Das Ergebnis würde dem entsprechen, das oben für die Überinvestition beschrieben wurde.

Weniger schwierig ist es, Phasen ungenügender Gesamtsparmengen zu identifizieren. In der Tat hat es in den entwickelten westlichen Ländern zu Beginn der achtziger Jahre und in den neunziger Jahren besorgniserregende Rückgänge der Bruttosparquote gegeben. Diese Beobachtung ist um so verwunderlicher, wenn man sie herkömmlichen Überzeugungen des globalen Kapitalmarkts gegenüberstellt. Wie im Zitat zu Anfang des Kapitels angesprochen, geht man davon aus, daß die Menge privater Spargelder in den großen entwickelten Ländern des Westens so groß sei, daß sie dem einzelnen Kreditnehmer unbegrenzt erscheint. Und unabhängig davon seien die Entleiher hauptsächlich souveräne Staaten und Unternehmen mit einwandfreien Kredit-Ratings, was also sollte schiefgehen? Diese selbstzufriedene und falsche Haltung ist das Ergebnis einiger bemerkenswerter Umstände im Kapitalmarkt, die sich im Verlauf der neunziger Jahre entwickelt haben. Obwohl die Kreditaufnahme über den Kapitalmarkt sowohl durch den öffentlichen wie durch den privaten Sektor der entwickelten Nationen expandiert, tendieren die Renditeneckwerte von Staatsanleihen weltweit nach unten. Auf der ersten Welle der Euphorie, die Ende 1993 ihren Höhepunkt erreicht hat, nahm man allgemein an, daß in den entwickelten Ländern Gesamtspargelder reichlich vorhanden seien. Die geringen Anleiherenditen, so hieß es, seien eine Folge der harten Antiinflationsmaßnahmen, zu denen die meisten Regierungen während der achtziger Jahren griffen; die geringeren Schuldendienstkosten seien eine »Friedensdividende« aus dem Sieg über die Inflation.

### Die Krise des Anleihemarkts von 1994

Nachdem der Anleihemarkt gegen Ende 1993 einen Höchststand erreicht hatte, wurde die Euphorie durch die symbolische Erhöhung der US-Zinsen im Februar 1994 gedämpft. In den folgenden neun Monaten gingen die Anleiherenditen stark zurück und löschten die Kapitalgewinne der vorangegangenen zwei Jahre zum Großteil aus. Diese Krise auf dem Anleihemarkt von 1994, der Rückgang, der bei US-Anleiherenditen 2 Prozent (200 Basispunkte) und bei italienischen 4 Prozent (400 Basispunkte) betrug, läßt sich logisch nur so erklären: Ein unhaltbarer Boom ist unter dem Gewicht seiner eigenen Widersprüche zusammengebrochen. Die Bruttosparquoten der entwickelten Länder, gemessen als Anteil am BSP, fielen zwischen 1989 und 1993 um 2,4 Prozentpunkte – eine Folge der Defizite öffentlicher Haushalte, die durch eine höhere Sparquote des privaten Sektors nicht völlig kompensiert wurden. Das Zusammentreffen steigenden Kapitalbedarfs und sinkender Anleiherenditen erklärt sich aus zwei Faktoren: erstens aus einem Portfoliowechsel im Spargeldmarkt weg von ertragsarmen Bankeinlagen hin zu ertragreicheren Anleihen und zweitens aus einer riesigen Welle spekulativer Investitionen in den Anleihemärkten, die aufgrund zu dieser Zeit niedriger Kapitalkosten in den amerikanischen und japanischen Geldmärkten finanziert wurden und von den Möglichkeiten erweiterter Fremdkapitalaufnahme auf den Derivatemärkten profitieren konnten (siehe siebtes Kapitel). Die Flut von Kapitalmarktemissionen zwischen 1990 und 1993 wurde eher von einem dramatischen Wandel in der Zusammensetzung existierender Kapitalvermögenswerte des privaten Sektors bewirkt als von wachsenden Sparquoten in den entwickelten Ländern.

Die rapide absackenden Renditekurven in den USA, Kanada, Großbritannien, Italien, Skandinavien und Australien zogen bestehende Spargelder aus schwachverzinsten, aber kapitalsicheren Bankeinlagen und Geldmarktintrumenten ab und leiteten sie in ertragsstärkere, aber illiquide Anlagen, deren Kapitalwerte nicht garantiert waren. Der Charakter dieser Transaktion, die Risiko und Ertrag gleichermaßen erhöht, ist entscheidend für die Argumentation dieses Buches. Die breite Bevölkerung ist in finanziellen Dingen leichtgläubig, und daran liegt es, daß so wenige Menschen sich die Mühe machen nachzufragen, wie Investmentprodukte denn ihre verführerisch hohen Renditen generieren. Ein typisches Beispiel bietet sich in den USA: Dort wurden 1991/92 zehnjährige Certificates of Deposits im Wert von Milliarden von Dollar fällig, die im Hochzinsklima der Jahre 1981-82 emittiert worden waren und eine jährliche Rendite von 10 Prozent per annum brachten. Angesichts der Tatsache, daß der Ertrag vergleichbarer Instrumente auf 3 oder 4 Prozent gefallen war, sahen sich die Anleger einem kräftigen Rückgang ihres Einkommens ausgesetzt. Diejenigen, die von diesem Einkommen abhängig geworden waren, insbesondere Rentner, suchten dringend nach ertragsstärkeren Alternativen. Um diese Erträge zu erzielen, erwarben sie nolens volens Ersatzprodukte, die ein viel größeres Kapitalmarkt- und Kreditrisiko bargen. Um so bemerkenswerter ist es, daß es auch sechs Jahre danach zu keinen größeren Unfällen gekommen ist.

Würden diese Einzelanleger, die in offene und Rentenfonds sowie individuelle Pensionskonten investieren, nun ihren ersten Baissemarkt erleben (deren mildeste Form in der Regel einen Kapitalverlust von 30 Prozent bedeutete), wären die Auswirkungen verheerend. Während diejenigen, die in festen Arbeitsverhältnissen stehen, ihre Vermögen durch verstärktes Sparen wieder bilden können, ist das für alle, die Renten beziehen, unmöglich. Aufs Ganze gesehen, wird dies natürlich auch Auswirkungen auf das private Sparverhalten haben. Aber bis es soweit kommt, sind Junge wie Alte versucht, gut zu leben und ausgiebig Kredit aufzunehmen, gegen die Sicherheit von Fonds mit spektakulärer Performance.

### 1998: Der Anleihemarkt auf neuen Höhen

Denkt man an das böse Erwachen zurück, das der weltweite Anleihemarkt im Februar 1994 erlebte, so erscheint dies wie ein frischer Luftzug, wie ein Triumph der Analyse über das Märchenerzählen. Es war aber nur von schrecklich kurzer Dauer. Schon Ende 1994 wurde die Anleihekrise von der Pesokrise in Mexiko überholt und der Aufwärtstrend der US-Zinspolitik gestoppt. Als Teil des internationalen Stützpakets für Mexiko wurde die Tilgung seiner in US Dollar denominierten Anleihen (Tesobonos) von 17 Milliarden US Dollar garantiert, ohne Rekurs auf US-Staatstitel-Emissionen. Die Gesamtbotschaft dieser Ereignisse schob die weltweiten Anleihemärkte an, und die Renditen fielen erneut. Gegen Ende 1995 war die Hausse des Anleihemarkts völlig wiederhergestellt. Trotz eines kurzen Flirts mit höheren Renditen auf US-Anleihen im Frühjahr 1997, war die sinkende Tendenz der Renditen im Oktober 1998 ungebrochen. Paradoxerweise haben die Finanzturbulenzen, die sich im Lauf des Jahres 1997 in Ostasien entwickelten, eine ähnlich günstige Marktdynamik ausgelöst wie die, die nach der Pesokrise auftrat. Wieder lösten sich Erwartungen einer Hochzinspolitik in den USA und Deutschland in Luft auf, und die Anleger meinten, in den westlichen Anleihemärkten den sicheren Hafen vor den asiatischen Unwettern gefunden zu haben. Als Folge fiel im Herbst 1998 die Rendite der US-Schatzobligationen mit einer Laufzeit von 30 Jahren auf erstaunliche 4,7 Prozent und die Renditen-Eckwerte in Deutschland und Frankreich fielen auf 3,8 Prozent, auf den tiefsten Stand seit 1945.

Der Versuch, die Inkonsistenzen und Gefahren hinter diesen Rekordergebnissen der Anleihemärkte aufzuzeigen, ist heute noch entmutigender als 1994. Die Illusion eines unbegrenzten Spargeldvolumens ist noch weiter verbreitet und hat sich verfestigt, wird zudem von einer neuen Zuversicht der potentiellen Anleihe-Emittenten genährt. Die Weltbank kündigte im März 1998 eine Emission einer 4 Milliarden US Dollar-Anleihe an, übertroffen nur von einer 5 Milliarden US Dollar-Emission des Hypothekenkreditunternehmens Fannie Mae ein paar Monate später. Diese Jumbo-Anleihen vermitteln den Eindruck, es gäbe einen unstillbaren Bedarf an Staats-, halböffentlichen und hochwertigen Unternehmens-Anleihen. Massive Investmentfonds, deren Bestandsgröße es ihnen nur erlaubt, sich bei den größten und am meisten gehandelten Wertpapieren zu engagieren, sind eifrige Kunden bei diesen riesigen Anleiheemissionen. Der Jumbo trifft den Mammut.

**Welche Rolle spielen Haushaltsdefizite?**

Die Versuchung, den weltweiten Rückgang der Anleiherenditen als verläßliches und irreversibles Phänomen zu betrachten, läßt einen wachsenden Optimismus erkennen: Man glaubt die nationalen Haushaltsdefizite zuletzt doch im Griff zu haben. Niedrigere Haushaltsdefizite bedeuten ein geringeres Angebot an Staatsanleihen und führen, oberflächlich betrachtet, zu tendenziell höheren Anleihepreisen und geringeren Renditen. Haushaltsdefizite haben über viele Jahre die nationalen Sparquoten nach unten gedrückt, die in den Jahren von 1980 bis 1996 in 21 OECD-Ländern im Durchschnitt bei 2,9 Prozent des Brutto-Inlandsprodukts (BIP) lagen. Das Haushaltsdefizit in den OECD-Ländern ist im Verhältnis zum BIP von 4,3 Prozent im Jahr 1993 auf 2,6 Prozent im Jahr 1996 zurückgegangen, damit verbunden haben sich die nationalen Sparquoten in den entwickelten Ländern erholt: von 19,0 Prozent im Jahr 1993 auf geschätzte 20,5 Prozent im Jahr 1996.

Dies mag durchaus ein Schritt in die richtige Richtung sein, seine Nachhaltigkeit jedoch ist zu bezweifeln. Obwohl sich das Defizit des US-Staatshaushalts verringert hat, ist die US-Sparquote nicht mehr gestiegen. In dem Maß, in dem die privaten Sparquoten fallen, steigt die öffentliche. In Japan ist die Situation noch unerfreulicher. Im ständigen Sinken der nationalen Sparquote von 34,5 Prozent im Jahr 1991 auf geschätzte 31,4 Prozent 1996 spiegeln sich eine Reihe fehlgeschlagener fiskalischer Maßnahmen wider. Im April 1997, nach einer Phase des Nachgebens, hat das Finanzministerium die Konsumsteuern wieder auf ihr früheres Niveau angehoben, und das Wirtschaftswachstum brach erneut ab. Berücksichtigt man das Ausmaß der versteckten Schuldenproblematik im Bankensystem Japans und die Kosten des japanischen Bankenstabilisierungspakets für den öffentlichen Sektor, scheint ein weiterer Rückgang der nationalen Sparquote unvermeidlich. Als Postskriptum sei noch angeführt, daß im bezifferten Haushaltsdefizit die Einnahmen aus dem Sozialversicherungs- und Rentensystem enthalten sind. Angesichts der Tatsache, daß dieses Kapital letzten Endes wieder an die unterschiedlichen Nutznießer ausgeschüttet wird, ist das zugrundeliegende Haushaltsdefizit in den USA um ungefähr 1,0 Prozent des BIP und in Japan um 2,4 Prozent des BIP zu niedrig angesetzt.

Man macht sich auch Sorgen um die Stabilität der öffentlichen Finanzen in einigen EU-Ländern. Trotz dauerhaft hoher und steigender Arbeitslosigkeit haben Deutschland und

Frankreich ihre Haushaltsdefizite im Rahmen der von Maastricht vorgeschriebenen Obergrenze von 3 Prozent für 1997 gehalten, während Italien darunter liegt. Bei einigen anderen Ländern besteht aber der Verdacht, daß die Ausgaben nur verzögert und die Defizite durch den Verkauf von Vermögenswerten und andere technische Mittel niedrig gehalten wurden. Dies werde ich im vierzehnten Kapitel genauer ausführen. Hier sollte nur der hartnäckige Irrglauben aufgedeckt werden, daß in den großen entwickelten Ländern Spargelder reichlich zur Verfügung stünden und daß dies so bleiben werde.

**Eine alternative Erklärung für den weltweiten Rückgang der Anleiherenditen**

Die zwingendste Erklärung für den mehrjährigen Haussemarkt in den Eckrenditen von Staatsanleihen ist die offensichtliche Möglichkeit, bei unerheblichen Risiken Kapitalgewinne zu erzielen. Wie die parallele Hausse auf dem Aktienmarkt die gesamte Stratosphäre durchdringt, so wandern – auf Kosten von Bankeinlagen und Geldmarktkapital – institutionelle Fonds und Einzelinvestments in Anleihen. Die seit 1992 anhaltende Aufwärtsbewegung der Zinsertragskurve (so daß zehnjährige Anleiherenditen weit über denen von dreimonatigen Einlagezinsen liegen) hat die Mehrheit der professionellen Anleger überzeugt, daß man ohne Risiko auf die Ertragskurve setzen könne. Kurzfristig zu entleihen und langfristig zu verleihen, ist das Alltagsrisiko des traditionellen Bankgeschäfts seit 200 Jahren. Es ist nun auch zum Grundmuster der Investmentmanagement-Industrie geworden, von den Hedge-Fonds und manchen Zentralbanken gar nicht zu reden.

Grundmotiv hinter den immer niedrigeren Anleiherenditen ist jenes unstillbare Bedürfnis nach langfristiger Kreditvergabe. Regierungen und Unternehmen können ihr Glück kaum fassen. Anstatt sich vorsichtig auf den Geldmärkten zu bewegen und so steigende Kreditkosten zu vermeiden oder vorausplanende Institutionen mit Eigenkapital zu versorgen, können sie Kredite mit drei-, fünf- oder zehnjähriger Laufzeit mit Zinsen zu Wühltischpreisen aufnehmen. Diese Leidenschaft für das Spielen mit der Kurve hat die Nachfrage nach so exotischen Angeboten wie fünfzig- und hundertjährigen Anleihen von Disney oder Coca-Cola gefördert, obwohl die Anleger dabei nur ein paar Basispunkte Extraertrag mitnehmen. Aus all diesem Unsinn folgt nur, daß normale Investoren zunehmend vor dem klassischen Risiko inkongruenter Zinsraten stehen. Jede Ereigniskette, die die Inversion (kurze Raten liegen über den Anleiheerträgen) der US- und deutschen Ertragskurven verursacht, wird sich verheerend auf die Investmenterträge auswirken.

Zu ihrer großen Überraschung sahen sich Unternehmen und Hypothekenkreditnehmer, die ihre zehnjährigen Schulden mit 8 Prozent finanziert haben, in der Lage, sie mit 7 und jetzt 6 Prozent zu refinanzieren. Wie kleine Kinder, die man eine Schokoladenfabrik stürmen läßt, haben Industrie- und Finanzunternehmen mehr und mehr Appetit bekommen und leihen weit über ihren laufenden oder zukünftigen Kapitalbedarf. Ihre Bereitschaft, solche Raten festzuschreiben, verrät einen instinktiven (und historisch vernünftigen) Glauben, daß die Anleiheerträge momentan (Mitte 1998) künstlich niedrig sind. Denn so lange die Hausse auf dem weltweiten Anleihemarkt anhält, sind die Leihgeber (Investoren) zufrieden, weil ihr Vermögenswert steigt und sie keinen besseren Ertrag finden können. Gleichermaßen froh sind die Entleiher, weil sie fest erwarten, daß eines Tages die Erträge steigen und sie vor den höheren Kreditkosten geschützt sind. In der Zwischenzeit genießen sie den baren Vorteil niedrigerer Schuldendienstkosten in Folge ihrer letzten erfolgreichen Refinanzierung.

Längst vergessen die Lektionen von 1994, aufgelöst im Nebel eines grenzenlosen Optimismus hinsichtlich Inflation und langfristiger Zinssätze. Bislang ist dieser Optimismus, was die Inflation angeht, durchaus berechtigt, der auf Zinssätze bezogene aber nicht. Im letzten Abschnitt dieses Kapitels betrachten wir die Rolle der Realzinssätze im globalen Kapitalmarkt.

## Realzinssätze

Daß sich eine repräsentative reale Anleiherendite herausgebildet hat, die für alle großen Staatsanleihemärkte zu gelten schien, sollte eigentlich auf eine verbesserte Effektivität des globalen Kapitalmarkts hinweisen. In einer idealen Welt würde diese globale Realrendite einen drohenden Mangel an überschüssigen Spargeldern ankündigen und Sparer wie Entleiher zu einer Änderung ihres Verhaltens veranlassen. Die Grundlogik des globalen Kapitalmarkts ließ sich während der achtziger Jahre leicht erkennen. Der Abwärtstrend nationaler Sparquoten seit 1980 war während der längsten Zeit der Dekade mit deutlich höheren Realzinssätzen verknüpft. Das Rätsel in den neunziger Jahren ist, warum die weltweite reale Anleiherendite allmählich sank, ohne jedes überzeugende Anzeichen einer anhaltenden Erholung bei den Spargeldern.

Jeder, der mit Finanzmärkten vertraut ist, wird zugeben, daß es kaum Zeiten gibt, in denen es an enthusiastischem Optimismus und an eloquenten Rationalisierungen außergewöhnlich hoher Marktbewertungen mangelt. Eine populäre Erklärung für die sinkenden Realerträge von Anleihen in den späten neunziger Jahren besagt, daß sich in den angelsächsischen Volkswirtschaften ein technologisch begründetes Produktivitätswunder vollzieht. Nach diesem Denkmuster wird das Wirtschaftswachstum in Nordamerika und in Teilen Europas bald mit den 4 Prozent Jahreszuwachs der goldenen fünfziger und sechziger Jahre konkurrieren. Bei viel schneller steigenden Wachstumsraten würde der öffentliche Sektor von ewigen Haushaltsdefiziten auf Rekordüberschüsse umspringen, und die nationale Sparquote würde sich gründlich erholen. Realerträge von Anleihen fielen dann in den Bereich von 1 bis 2 Prozent – ganz wie in den fünfziger und sechziger Jahren – und würden den Nominalerträgen erlauben, auf 5 oder sogar 4 Prozent zu fallen. Ergo habe der globale Anleihemarkt genug Spielraum, um seine Hausse fortzusetzen, die auf das Sonderangebot einen Aufwärtstrend der Aktienkurse noch draufsattelt.

Die Beschwörung eines goldenen Zeitalters, an das sich die wenigsten noch erinnern können, gehört zum Handwerkszeug der Revisionisten. Doch schon ein kurzes Nachdenken genügt, um den Freibrief der Optimisten in Zweifel zu ziehen. Gibt es irgendeine Ähnlichkeit zwischen der Konsumentenmentalität in den neunziger Jahren und der in der Nachkriegszeit? Einen auch nur minimalen demographischen Unterschied? Unterschiedliche Haltungen gegenüber dem Schuldenmachen und ihrem Ausdruck? Kann man überhaupt die komplexe Differenzierung des heutigen Kapitalmarkts mit den Verhältnissen damals vergleichen? Und wo bleibt das gesundheitsfördernde Produktivitätswachstum, das seit langem angekündigt wird? Sodann genossen die politisch Verantwortlichen in den fünfziger und sechziger Jahren in der Öffentlichkeit viel größeres Vertrauen als heute, sie konnten daher viel einschneidendere ökonomische Entscheidungen treffen. Die Kultur des Haushaltsdefizits, der die westliche Welt entfliehen will, steht symptomatisch für den Verlust politischer Autorität.

Es gibt wiederum eine Erklärung für das Sinken der Realzinssätze über die ganze Ertragskurve während der neunziger Jahre, die überzeugender und kohärenter ist. Wäre es nötig, 1 US Dollar auf dem Geldmarkt zu leihen, um 1 US Dollar längerfristig zu verleihen oder zu investieren, hätten die Bewegungen der Ertragskurven keinen Einfluß auf die Realzinssätze. In der Praxis ist es jedoch möglich, durch Derivate wie Bondfutures und Zinsswaps Kapitalmarktpositionen aufzubauen, die mindestens zehn Mal größer sind als der geliehene Betrag. Diesen feinen Trick hat man während der neunziger Jahre mit zunehmender Regelmäßigkeit angewandt. So wie sich die Kapitalgewinne auf dem Haussemarkt gehäuft haben, so haben die Händler Einfluß auf die Realzinssätze gewonnen. Entweder ein unerwarteter Anstieg der kurzfristigen Zinsen in den USA oder ein anderer Schock für den globalen Anleihemarkt (etwa ein Schuldenmoratorium für Ostasien oder eine weltweite Getreideknappheit) kann daher Panikreaktionen auslösen.

**Zusammenfassung**

Das Resultat dieser ausgedehnten Phase fremdfinanzierter Ertragskurvenspekulation wird für die Entleiher ungeheuer schmerzhaft werden. Die Realzinssätze können über den 3 Prozent-Bereich steigen, nicht nur über das marktbereinigte Niveau von ungefähr 5 Prozent, sondern auch weit darüber. Hohe Realzinssätze sind ein etablierter Marktmechanismus, um Extra-Spargelder des privaten Sektors anzulocken und die Kapitalnachfrage sowohl des privaten als auch des öffentlichen Sektors einzuschränken. Die Vorherrschaft künstlich niedriger Realzinssätze hat Kapital weltweit unprofitablen Endzwecken einschließlich dem Bau nicht nutzbarer Industriekapazitäten zugeführt. Sie steht der Erholung der nationalen Sparquoten im Weg und ist ein falsches Signal an die Begeber von Anleihen. Wenn der Nebel sich gelichtet hat, wird die dringlichste Aufgabe für die Finanzbehörden darin bestehen, in einem schwachen wirtschaftlichen Umfeld das Vertrauen der Sparer zu stärken.

# 9
## Aufgeblähte Anleihemärkte

> Speziell Finanzinstitutionen und private Anleger
> zeigen immer wieder die Tendenz, das Risiko bei
> Schuldverschreibungen unterzubewerten ... was von
> den Kreditnehmern wiederum bereitwillig akzeptiert
> wird.            *E. P. Davis, »Debt, Financial*
> *agility and Systemic Risk«, 1992*

Entwicklung und Verhalten der Anleihemärkte bilden das
Zentrum der These über den Schuldenwahn. Die Bedeutung
von Anleihen wurde im fünften Kapitel zunächst in den Kontext des spektakulären Wachstums der Finanzmärkte seit 1980
gestellt. Das siebte Kapitel beschrieb die zusätzliche Dimension, die Derivate in die Analyse von Staatsanleihen bringen.
Die Entwicklung der Anleiherenditen in den neunziger Jahren war wesentlich für die Beschreibung der Spargelder-
illusionen im achten Kapitel. Dieses Kapitel nun beleuchtet
direkt den globalen Anleihemarkt und geht dabei auf einige
grundsätzliche Fragen ein. Wie groß ist der weltweite Anleihemarkt? Wie schnell ist er gewachsen? Welche Länder haben
die größten Anleihemärkte? Welches Verhältnis besteht zwischen Haushaltsdefiziten und der Emission von Staatsanleihen? Wem gehören Anleihen tatsächlich? Sollten Anleihen
als zusätzliches privates Vermögen betrachtet werden? Ist der
Anleihemarkt außer Kontrolle geraten? Was haben die Anleihemärkte zu fürchten? Welche Länder sind für den Fall eines
globalen Zusammenbruchs der Anleihemärkte am meisten
gefährdet?

Das Mysteriöse dieser Märkte rührt zum Teil daher, daß es
außer Anleiherenditen und den Kursen einzelner Anleihe-
Emissionen sehr wenig rasch verfügbare Informationen gibt.
In vielen Ländern erscheinen Statistiken zur monetären

Situation prompt, regelmäßig und mit enormer Detailge-
nauigkeit; im Gegensatz dazu sind die Informationen über
den Anleihemarkt fragmentarisch, verwirrend aufbereitet,
und es dauert sehr lange, bis sie zur Verfügung stehen. Es
scheint, als wollten die Verantwortlichen Daten zur jeweiligen
monetären Situation auf Kosten von Details über den Anleihemarkt betonen. Monat für Monat werden die Bilanzen von
Geschäftsbanken von den Prüfern und Ausschüssen der Zentralbanken genau unter die Lupe genommen; sie prüfen, ob
die Geldmenge zu schnell steigt und ob die Zinsen erhöht
werden sollten. Selbst wenn die meisten Mitglieder geldpolitischer Ausschüsse den Bewegungen der Geldmengen nur Lip-
penbekenntnisse folgen lassen, ist das immer noch besser als
die blanke Vernachlässigung der Daten des Anleihemarkts.
Einer Analyse des Anleihemarkts kommt in den meisten Ländern der jährliche Bericht über die Staatsverschuldung und
die entsprechende Politik noch am nächsten. Man weiß, daß
die Medien auf frühzeitig veröffentlichte offizielle Daten angewiesen wären – und veröffentlicht Zahlen zum Anleihemarkt spät und an versteckter Stelle.

Seit den bescheidenen Anfängen dieses Marktes vor dreißig
Jahren haben sich Anleihen zu dem globalen Finanzmarkt von
überragender Bedeutung entwickelt. Das Gravitationszen-
trum des gesamten Finanzsystems hat sich seit Mitte der achtziger Jahre verschoben, dafür haben mit ihrem kolossalen
Umsatz führende Staatsanleihe-Emissionen und eine komplexe Struktur von Anleihederivaten gesorgt, von denen jedes
wiederum hohe Umsätze verzeichnet. Nicht länger sind die
Geldmärkte, insbesondere die für kurzfristige Einlagen und
Kredite, das Zentrum des Finanzuniversums. Die schnellere
Entwicklung von Staats- und Unternehmensanleihen hat, die
Ertragskurve aufwärts, das Engagement und den Einfluß von
den Geldmärkten weg und hinein in das Terrain des Anleihemarkts verlagert. Wo Anleihemärkte früher hauptsächlich auf
die geldpolitischen Änderungen der kurzfristigen Zinsen rea-

gierten, setzen die Anleihemärkte die Interpretation ökonomischer Daten heute selbst. Die dort formulierten Interpretationen und Ansichten mögen durchdacht oder trivial sein, genau oder abwegig, stets haben sie Autorität. In zunehmendem Ausmaß bündeln sich Informationsflüsse und Konsenskraft ökonomischer Meinungsbildung in den Zirkeln des Anleihemarkts. Die Schockwellen wandern von den Anleihemärkten unmittelbar zu den Geldmärkten und umgekehrt.

**Entwicklung und Größe der weltweiten Anleihemärkte**

Unterschiedliche Arten von Bankeinlagen lassen sich quantitativ ohne weiteres addieren, Anleihen dagegen können zum Emissionkurs, zum nominellen Kurs bei Tilgung oder zum vorherrschenden Marktpreis bewertet werden. Die hier gewählte Konvention ist der ungetilgte Nominalwert. Das ist der Betrag, den der Anleihebegeber schließlich am Ende der vorab festgesetzten Lebensspanne einer Anleihe dem Zeichner zurückzahlen muß. Nehmen wir beispielsweise an, der Kurs einer Anleihe mit fünfjähriger Laufzeit zu einem Nennwert (100 US Dollar) auf einem Kupon von 6 Prozent (pro Jahr) bliebe während der gesamten Lebensspanne bei ungefähr 100 US Dollar, und weiterhin vorausgesetzt, die Anleiherenditen blieben auch bei ungefähr 6 Prozent: Dann wäre die Anleihe am Ende der fünf Jahre für 100 US Dollar getilgt. Fielen die Anleiherenditen jedoch zu einem Zeitpunkt auf 5 Prozent, dann stiege der Anleihekurs auf 120 US Dollar, so daß der Kupon auf 120 US Dollar anstatt 100 US Dollar bemessen würde. Anleihen, die zu einem Diskont gegenüber dem Pari begeben werden, bieten in der Regel kleinere Zinszahlungen, beinhalten aber eine automatische Wertsteigerungstendenz.

Für das Jahresende 1997 nennen inoffizielle Schätzungen des weltweiten Anleihemarkts für dessen Gesamtgröße eine Zahl um die 25 Billionen US Dollar, was in etwa dem BIP der 20 größten entwickelten Länder entspricht. Diese schwindelerregende Gesamtsumme ist das Doppelte der Summe von

1989; bezogen auf 1982 sogar das Sechsfache. Fast zwei Drittel davon schulden Staaten und öffentliche Körperschaften oder werden von diesen verbürgt. Vereinfacht gesagt: Der Anteil des öffentlichen Sektors an diesem Schuldenberg ist das Ergebnis von fast 25 Jahren laxer Fiskalpolitik, das heißt von stetigen Haushaltsdefiziten. Man vergißt das leicht, aber noch vor kurzer Zeit, nämlich in den sechziger Jahren, waren die Staatshaushalte der OECD-Länder annähernd ausgeglichen und Nettoemissionen von Schuldverschreibungen vergleichsweise selten. Das offene Schuldenvolumen der öffentlichen Hände belief sich Ende des Jahres 1970 auf magere 800 Milliarden US Dollar. Damals waren Schuldverschreibungen gewöhnlich für große Bauvorhaben oder Investitionen in die Energiegewinnung staatlicher Konzerne reserviert. Die Zusammenstellung 9.1 zeigt deutlich den plötzlichen Übergang von ausgeglichenen Haushalten zu defizitären. Während Italien, Irland und Belgien schon 1970 mit der Finanzierung von Defiziten experimentierten, konnten die USA ein ernsthaftes Haushaltsloch bis 1975 vermeiden.

Zunächst waren die Reaktionen auf die Vervierfachung der Ölpreise durch die OPEC im November 1973 dafür verantwortlich, daß sich die Finanzlage quer durch die OECD-Länder schlagartig veränderte. 1973 hat die entwickelte Welt zum letzten Mal ausgeglichene Haushalte verabschiedet, zwölf von achtzehn Ländern lagen im Plus. 1993 war die Republik Südkorea (damals noch recht neu in der OECD) der einzige Fels in der Flut roter Tinte. Insgesamt hat die entwickelte Welt im Lauf der achtziger Jahre Haushaltsdefizite von 2,6 Billionen US Dollar aufgehäuft, dazu 3,5 Billionen US Dollar an nationalen, bundesstaatlichen und lokalen Schuldverschreibungen emittiert, die USA (1,2 Billionen US Dollar) und Japan (1 Billion US Dollar) halten den Löwenanteil. In diesen Zahlen ist die Emission von Schuldverschreibungen öffentlicher Unternehmen und staatlich geförderter Einrichtungen nicht enthalten.

Tabelle 9.1: Haushaltsausgleich der Regierungen im Verhältnis zum BSP

| Prozent des BSP | 1960–69 | 1970–79 | 1980–89 | 1990 | 1990 | 1990 | 1990 | 1990 | 1990 | 1990 | 1990 |
|---|---|---|---|---|---|---|---|---|---|---|---|
| | DURCHSCHNITT | | | | | | | | | | |
| USA | -0,1 | -1,0 | -2,5 | -2,7 | -3,3 | -4,4 | -3,6 | -2,3 | -2,0 | -1,6 | -1,1 |
| ohne Sozialversicherung[1] | … | … | -2,9 | -3,7 | -4,2 | -5,2 | -4,4 | -3,2 | -2,8 | -2,5 | -2,0 |
| Japan | 1,0 | -1,7 | -1,5 | 2,9 | 2,9 | 1,5 | -1,6 | -2,3 | -3,7 | -4,4 | -3,1 |
| ohne Sozialversicherung[1] | … | -4,0 | -4,3 | -0,7 | -0,8 | -2,0 | -4,8 | -5,1 | -6,6 | -7,3 | -5,8 |
| Deutschland[2] | 0,7 | -1,7 | -2,1 | -2,1 | -3,3 | -2,8 | -3,5 | -2,4 | -3,6 | -3,8 | -3,2 |
| Frankreich[3] | 0,0 | -0,4 | -2,1 | -1,6 | -2,0 | -3,8 | -5,6 | -5,6 | -5,0 | -4,2 | -3,2 |
| Italien | -2,4 | -8,6 | -11,0 | -11,0 | -10,2 | -12,1 | -9,7 | -9,6 | -7,0 | -6,7 | -3,2 |
| Großbritannien | -0,3 | -2,4 | -2,0 | -1,2 | -2,5 | -6,3 | -7,8 | -6,8 | -5,5 | -4,4 | -2,8 |
| Kanada | -0,3 | -0,8 | -4,5 | -4,1 | -6,6 | -7,4 | -7,3 | -5,3 | -4,1 | -1,8 | -0,2 |
| Belgien | … | -5,1 | -9,2 | -5,6 | -6,5 | -7,2 | -7,5 | -5,1 | -4,1 | -3,4 | -2,8 |
| Niederlande | … | -1,4 | -4,9 | -5,1 | -2,9 | -3,9 | -3,2 | -3,4 | -4,1 | -2,4 | -2,3 |
| Schweden[3] | 3,4 | 2,6 | -1,6 | 4,2 | -1,1 | -7,8 | -12,3 | -10,3 | -7,7 | -3,6 | -2,1 |
| Australien | … | 0,0 | -1,4 | 0,6 | -2,7 | -4,0 | -3,8 | -4,0 | -2,0 | -1,4 | -1,0 |
| Dänemark | … | 1,5 | -2,7 | -1,5 | -2,1 | -2,9 | -3,9 | -3,4 | -1,9 | -1,6 | 0,0 |
| EU | … | … | -4,3 | -3,8 | -4,4 | -5,6 | -6,5 | -5,8 | -5,2 | -4,4 | -3,0 |
| OECD | 0,0 | -1,6 | -2,9 | -2,1 | -2,7 | -3,9 | -4,3 | -3,6 | -3,3 | -2,9 | -1,9 |

[1] Schätzungen der OECD. Die Deckung des Sozialversicherungssystems ist in den USA und Japan nicht die gleiche.

[2] Eingeschlossen der Abschluß des Deutsche Bahn Fund von 1994 und der Inherited Debt Fund von 1995 an.

[3] Die Definition des Haushaltsausgleichs hat sich entsprechend dem Abkommen von Maastricht geändert. Das betrifft Frankreich von 1992 und Schweden von 1995 an.

Quelle: OECD Economic Outlook, verschiedene Ausgaben

Zwischen 1989 und 1995 wurde der Umfang staatlicher Schuldverschreibung unablässig ausgedehnt. Die OECD-Länder häuften weitere 3,7 Billionen US Dollar Haushaltsdefizite an und begaben 3,9 Billionen US Dollar staatlicher und lokaler Schuldverschreibungen. Während die USA mit 1 Billion US Dollar daran noch immer den größten Anteil hatten, kletterte, als Folge der Finanzierungsleistungen der Wiedervereinigung, Deutschland mit 600 Milliarden US Dollar an die zweite Stelle. Japan und Italien emittierten jeweils 500 Milliarden US Dollar, und Frankreich folgte mit 270 Milliarden US Dollar an nächster Stelle. Eine bedeutsame Konsequenz dieser gigantischen Flut neuer Schuldverschreibungen war die Erweiterung und Vertiefung nationaler Anleihemärkte. In dem Maß, in dem immer mehr Anleihen in einer bestimmten Währung begeben wurden, dehnte sich das Zeitspektrum kontinuierlich von kurzfristigen Begebungen (mit kurzer Laufzeit) auf Emissionen mit zehn- bis fünfzehnjähriger Laufzeit aus. Die potentiellen Investoren betrachteten es mit Wohlwollen, als Emissionsvolumen und Umsatz des Anleihemarkts stiegen und es damit leichter wurde, anonym in den Markt ein- bzw. wieder auszusteigen. Ende 1997 wurden nur vier Anleihemärkte auf über 100 Milliarden US Dollar bewertet: die USA, Japan, Deutschland und Großbritannien. Ende 1989 waren schon Italien, Frankreich, Kanada, Belgien und die Niederlande hinzugekommen; und sechs Jahre später hatten Dänemark, Schweden und Spanien diese Schwelle ebenfalls überschritten.

Beunruhigend ist, daß der größte Teil dieser Staatsverschuldung innerhalb der letzten zehn Jahre aufgelaufen ist. Trotz eines Abwärtstrends der Anleiherenditen im Lauf der 15jährigen Hausse des Markts ist die Last der Schuldzinszahlungen der OECD-Länder von durchschnittlichen 1,4 Prozent des BIP im Jahr 1980 auf 3,0 Prozent im Jahr 1996 gestiegen. In der von Schulden der öffentlichen Hand geplagten EU war ein Anstieg von 2,0 Prozent auf 4,8 Prozent zu verzeichnen. Von den größeren OECD-Ländern ist Italien mit Nettoaufwand-zinsen von 9,5 Prozent des BIP der Spitzenreiter, gefolgt von Belgien (8,3 Prozent), Kanada (5,3 Prozent), Spanien (5,1 Prozent) und den Niederlanden (4,7 Prozent). Um zu zeigen, was das bedeutet, betrachten wir Italien: Das Land muß, um seinen Haushalt auszugleichen, jedes Jahr 9,5 Prozent mehr an Steuern einnehmen, und zwar zusätzlich zu denen, die zur Deckung der laufenden Staatsausgaben nötig sind. Möge uns das Schicksal davor bewahren, daß die Anleiherenditen jemals in eine Aufwärtsspirale geraten: Die Last der Zinseszinsen würde die verschuldeten Volkswirtschaften rasch ersticken.

**Wem gehören die Anleihen?**

Jedes Vermögen steht letztlich in persönlichem Besitz, das gilt natürlich auch von Anleihen. Die einzig wirkliche Ausnahme ist der kleine Prozentsatz von Anleiheemissionen in den Bilanzen der Zentralbanken, der in einem gewissen Sinn vom allgemeinen Umlauf ausgeschlossen ist. So hielt Mitte Juli 1998 zum Beispiel die US Federal Reserve 442 Milliarden US Dollar, ausländische Zentralbanken hielten 587 Milliarden US Dollar an US-Staatspapieren. Die verbleibenden circa 90 Prozent der begebenen staatlichen und Unternehmensanleihen lassen sich auf einzelne Personen zurückführen; ein verschwindender Anteil ist für wohltätige Zwecke und Stiftungen reserviert. Das größte Segment der Anleihen wird direkt vom Publikum gehalten. Wenn Anleihen typisch sind für alle letztlich im Besitz der privaten Haushalte befindlichen Finanzvermögenswerte, dann betrug Ende 1995 der Anteil direkt gehaltener Anleihen 43 Prozent. Dieser Anteil variiert sehr stark zwischen den unterschiedlichen Ländern; das reicht von 10 Prozent in den Niederlanden bis zu über 60 Prozent in Frankreich und Italien.

Weitere 26 Prozent des Anleihebestands werden von öffentlichen und privaten Rentenfonds, Versicherern und kol-

lektiven Investmentprojekten wie offene Fonds, Investmentgesellschaften und offene Investmentfonds gehalten. Durch
deren Besitz an Firmen- und Bankwertpapieren gehören Anleihen letztlich indirekt einzelnen Personen. Wegen dieses
Anteilseigentums kann man im wesentlichen davon ausgehen, daß alles, was in den Bilanzen der Unternehmen und
Banken aufgeführt ist, Eigentum einzelner ist. In den USA
halten lizenzierte Geschäftsbanken 22 Prozent ihrer Aktiva in
Form von staatlichen, städtischen, unternehmerischen und
ausländischen Anleihen, was für Ende 1997 einem Wert von
über 800 Milliarden US Dollar entspricht. Die Nichtagrar-
und Nichtfinanzunternehmen in den USA halten nur 2 Prozent ihres Finanzvermögens in Form von staatlichen und städtischen Anleihen; in manchen Ländern jedoch ist dieser Prozentsatz viel höher.

So lautet die Antwort auf unsere Eingangsfrage schlicht,
daß wir – das Publikum – die Anleihen besitzen, ob wir dies
wollen oder nicht. Zudem besitzen wir proportional mehr
öffentliche Anleihen als noch vor zehn Jahren. Für die Mehrheit der Bürger westlicher Länder ist das der Fall, nicht weil
wir uns dafür entschieden haben, sondern weil unsere Rentenfonds, Versicherungsgesellschaften oder Banken dies so
entschieden haben. Es ist in der Tat ganz einfach: Wenn westliche Regierungen Haushaltsdefizite machen, begeben sie
Schuldverschreibungen, deren Kreditqualität als erstrangig
betrachtet wird. Die meisten dieser Schulden lassen sich auf
den Markt bringen und verwerten, und sofort werden sie von
großen Finanzinstitutionen für uns absorbiert. Alles, was noch
zu bestimmen ist, ist der Preis, zu dem die Anleihen verkauft
werden.

### Was genau besitzen wir?

Ökonomen haben diese Frage lange und kontrovers debat-
tiert, ohne einer Lösung auch nur näher zu kommen, aber für
unseren Zusammenhang können wir dieser Frage nicht aus-

weichen. Die Frage lautet: Vermehren die Staaten den privaten Vermögensbestand, wenn sie Anleihen emittieren, oder verteilen sie den vorhandenen Vermögensbesitz nur um? So wie die Geldmenge nicht länger an Gold- oder Silberbestände geknüpft ist, so ist auch der Bestand an Anleihen nicht länger an physisches Kapital gebunden. Einem britischen Besitzer von Obligationen mag es vernünftig erscheinen, daß sein fällig werdender Schatzschuldbrief durch den Besitz einer Treppe im Victoria and Albert Museum, eines Geschützturms auf einem Kriegsschiff oder eines städtischen Reinigungsfahrzeugs getilgt wird. Tatsächlich ist alles, was angeboten wird, die Begleichung in Pfund Sterling. Die Regierung mag sich von Zeit zu Zeit durch Privatisierungen und vereinbarte Verkäufe von Inventar trennen, man kann aber kaum annehmen, daß sie die Staatsverschuldung jemals durch Vermögensverkäufe tilgen könnte. Selbst mit den entschiedenen Bemühungen der konservativen britischen Regierung während der achtziger Jahre ist es nur gelungen, die Netto-Finanzverbindlichkeiten von 41 Prozent auf 22 Prozent des BIP zu reduzieren. Die Privatisierung wird immer an ihre Grenzen stoßen. Letztlich gibt es nur eine schlüssige Erklärung dafür, warum die westlichen Staaten noch immer für kreditwürdig gelten: Sie allein haben die Autorität, in einer politisch stabilen Volkswirtschaft Steuern zu erheben.

Dieser systembedingte Anstieg des Verhältnisses von Nettoverbindlichkeiten zum BIP – es betrug 1980 in den USA 22 Prozent und stieg bis 1997 auf 29 Prozent, in Deutschland von 9 Prozent auf 50 Prozent, in Frankreich von minus 3 Prozent auf 41 Prozent, in Italien von 53 Prozent auf 111 Prozent, in Großbritannien von 36 Prozent auf 45 Prozent, in Kanada von 13 Prozent auf 67 Prozent –, dieser Anstieg ist nichts anderes als die Entscheidung, künftige Generationen stärker als die jetzige zu besteuern. In diesem Sinn sind Staatsanleihen kaum etwas anderes als Schuldscheine auf bestimmte zukünftige Steuerverbindlichkeiten. Je nach den Umständen und der jeweiligen Zahlungsfähigkeit hat eine amtierende Regierung gerade die Wahl, was sie besteuern will: die laufenden Einkommen, Erwerbungen, Ersparnisse, Kapitalgewinne oder persönliches Vermögen. In manchen Ländern besteuert die Regierung nicht nur die Schnellen, sondern auch die Toten.

Man wollte den unaufhaltsamen Vormarsch der öffentlichen Verschuldung und die sie begleitende Schwemme der Anleiheemissionen stoppen; diese Kampagne hat sich in den letzten Jahren mit dem Versuch der USA, einen ausgeglichenen Staatshaushalt in einem Verfassungszusatz zu verankern, und dem der EU-Länder, die Maastricht-Kriterien bindend zu machen, deutlicher formiert. Nach sechsjährigem anhaltenden Wirtschaftswachstum wurde im Fiskaljahr 1997 das US-Haushaltsdefizit auf 23 Milliarden US Dollar gedrückt, doch hat die Bruttoverschuldung der öffentlichen Hand im Lauf des Jahres die Rekordzahl von 5,52 Billionen erreicht. Der Rückgang neuer staatlicher Kreditaufnahmen hat staatlichen Körperschaften wie der Federal National Mortgage Association (gewöhnlich als Fannie Mae bekannt) und der Federal Home Loan Mortgage Corporation (alias Freddie Mac) Möglichkeiten eröffnet, ihre Schuldverschreibungsprogramme auszuweiten. Die Gefahren des anhaltenden Schuldenmachens der Staaten in der ganzen westlichen Welt spielen im öffentlichen Bewußtsein nach wie vor kaum eine Rolle. Nachdem man sich das Mittel genommen hat, dem Problem öffentlicher Verschuldung mit der Inflationslösung beizukommen, bleibt als politische Präferenz nur noch die unangenehme Wahl zwischen höherer Besteuerung und Verringerung der öffentlichen Ausgaben.

### Geldmärkte versus Anleihemärkte

Wo es auf dem Geldmarkt in der Regel um Laufzeiten von ein paar Stunden bis zu drei Jahren geht, bewegen sich die gängigen Laufzeiten auf dem Anleihemarkt von ungefähr drei Jah-

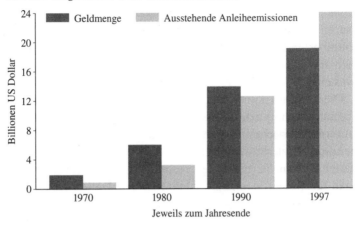

Jeweils zum Jahresende

ren bis zu 30, 50 oder sogar 100 Jahren. Wenn Anleihen sich ihrem Tilgungstermin nähern, überlagern sich die Laufzeiten mit denen der Geldmarktinstrumente. Die beiden Märkte bleiben jedoch unterschiedlich, weil der Geldwert einer Einlage nicht variieren kann, der Geldwert einer Anleihe dagegen kann das. Der weltweite Anleihemarkt ist nicht nur in absoluten Zahlen auf eine ungeheure Größe angewachsen, sondern auch in Relation zum Geldbestand weltweit. Diesen und den Anleihebestand der entwickelten Welt zeigt Graphik 9.2 durch Balkenpaare. Die Höhe der Balken ist proportional zur Größe des Finanzbestandes in unterschiedlichen Jahren. 1970 betrug der Gesamtgeldbestand in der OECD (nach der Definition für die Menge M3) 2 Billionen US Dollar gegenüber einem weltweiten Anleihemarkt von 800 Milliarden US Dollar, ein Verhältnis von 2,5 zu 1. 1980 hatte sich der Geldbestand auf 5,8 Billionen US Dollar erhöht, der Bestand öffentlicher Anleihen dagegen auf 3,3 Billionen US Dollar, ein Verhältnis von annähernd 1,75 zu 1. Zehn Jahre später, 1990, war der Geldbestand der entwickelten Länder auf 13,8

Billionen gestiegen, dem stand ein Anleihemarkt von 12,7 Billionen US Dollar gegenüber, ein Verhältnis von 1,1 zu 1; beide waren also annähernd gleich. Ende 1997 schließlich wurde der Geldbestand von 19,1 Billionen US Dollar von einem Anleihemarkt von insgesamt 23,5 Billionen US Dollar überrundet, was einem Verhältnis von ungefähr 0,8 zu 1 entspricht.

Dieser Wandel im Verhältnis der Märkte zueinander ist die logische, wenn auch ungewollte Folge staatlicher Politik und unternehmerischer Präferenzen in der westlichen Welt während der letzten zwei Jahrzehnte. In der Politik der Staaten zeigte sich eine ausgeprägte Neigung zu hohen Realzinsen, die laxe fiskalische Rahmenbedingungen und unbegrenzte Anleihe-Emissionen ausgleichen sollten. Im Bereich der Unternehmen bildete sich, durch vorteilhafte steuerliche Regelungen für Schuldzinsen und Dividenden sowie vom Bedürfnis beeinflußt, die Loyalität der Anteilseigner zu fördern, die Präferenz heraus, statt Wertpapiere Schuldverschreibungen zu emittieren. Es sieht so aus, als sei die Entwicklung des riesigen globalen Anleihemarkts zwar planlos, aber zweckdienlich verlaufen. Von einer übergeordneten Gestaltung durch eine globale Planungseinheit läßt sich nichts erkennen.

In den sechziger Jahren und die längste Zeit der siebziger Jahre regelten die Staaten ihre inländischen Geld- und Anleihemärkte und änderten die Leistungskurve, fast wie sie wollten. Die massive Expansion der weltweiten Anleihemärkte hat zusammen mit der Abschaffung der Devisenkontrollen diese Finanzhegemonie zerschlagen. Die Regierungen sind nicht mehr die dominierenden Akteure in ihren Anleihemärkten und können nicht verhindern, daß sich die Schockwellen aus dem internationalen Anleihemarkt über die inländische Ertragskurve in die Geldmärkte hinein ausbreiten. In der schönen neuen Welt der ausgehenden neunziger Jahre stehen die Regierungen in einem Kräftemessen mit den Finanzinstitutionen. Einige von ihnen haben dafür bessere Mittel als andere, generell gesehen ist es jedoch viel weniger wahrscheinlich als vor der Revolution auf den Finanzmärkten, daß die Bemühungen, die Ertragskurve mittels kurzfristiger Zinssätze zu manipulieren, von Erfolg gekrönt werden.

Die Defizite der Staatshaushalte wurden in zunehmendem Maß aus den Kapitalmärkten und nicht mehr aus dem Geschäftsbankensystem finanziert, und das hat eine bedeutende Quelle der Bilanzerweiterung für die Banken ausgetrocknet. Nach einer durchschnittlichen Vermehrung des allgemeinen Geldes von fast 11 Prozent pro Jahr in den siebziger und von 8 Prozent in den achtziger Jahren verringerte sich das Tempo in den neunziger Jahre auf gerade noch 3,9 Prozent. Die Auswanderung der Kreditausweitung aus dem monetären Sektor heraus ist vielleicht der wichtigste Grund, warum die durchschnittliche Inflationsrate in der OECD seit 1983 kontinuierlich auf unter 5 Prozent pro Jahr gefallen ist, und zwar ungeachtet der monetären Fehler, die in manchen Ländern während der zweiten Hälfte der achtziger Jahre gemacht wurden. Der Vollständigkeit halber sei gesagt, daß der Anleihebestand in der Öffentlichkeit ebenfalls zurückging. Nach einer Zunahme um fast 15 Prozent pro Jahr in den siebziger und achtziger Jahren hat sich dieses Tempo auf ungefähr 8 Prozent pro Jahr verlangsamt. Dennoch impliziert dies bei der gegenwärtig niedrigen Inflation immer noch, daß die gesamte Schuldenlast des Staats- und Unternehmenssektors real um 5 oder 6 Prozent jährlich steigt. Diese Rate liegt extrem weit über der Wachstumsrate des BIP in den westlichen Ländern (zwischen 2 und 3 Prozent jährlich). Das heißt, die Last des Schuldendienstes sowohl für den öffentlichen als auch den privaten Sektor wird schwerer und schwerer.

### Ist der globale Anleihemarkt außer Kontrolle?

Wenn den nationalen Finanzministerien die Kontrolle über den Markt entglitten ist, wer übt sie dann aus? Die Rentenfonds, Versicherer und Hedgefonds? Wird der globale Anleihemarkt von den Kräften des Marktes wirkungsvoll kontrolliert oder steht er am Rand der Anarchie? Oder haben die Regierungen möglicherweise das konventionelle Kontrollinstrumentarium aufgegeben, um andere aufzugreifen, etwa verdeckte Eingriffe in den Markt mittels Futures und Optionen? Mit dem Argument, daß alle Käufer und Verkäufer vom Markt bedient werden, ist nichts gelöst. In diesem Sinn sind die weltweiten Anleihemärkte sicherlich effizient und regulieren sich selbst. Der Punkt ist, ob die Nachfrage nach Anleihen durch eine Mischung aus Ertragskurvenspekulation (kurzfristig entleihen und langfristig verleihen) und extrem hoher Fremdkapitalaufnahme durch Derivate künstlich aufgebläht ist. Anders gefragt: Besteht die Gefahr, daß diese kontingente Nachfrage nach Staatsanleihen irgendwann, wenn ein bestimmter Punkt erreicht ist, wegbrechen wird und es dem Markt überlassen bleibt, sich bei viel niedrigeren Anleihekursen und höheren Erträgen neu einzupendeln? Zu den möglichen Quellen von Nachfrageverzerrungen gehören die Propergeschäfts-Abteilungen von Investmentbanken, die Hedgefonds und – sollten sie sich jemals solche Duplizitäten leisten – die Zentralbanken und staatlichen Körperschaften.

Erinnern wir uns an die Betrachtung der Anleiherenditen im letzten Kapitel, dann gibt es drei Gründe, die es zweifelhaft machen, daß die beobachteten Kurse der Leitemissionen, die Eckschuldverschreibungen mit zehnjähriger Laufzeit, das Ergebnis reiner Marktreinigungsmechanismen sind. Da ist erstens das außergewöhnliche Marktverhalten von 1994 zu nennen; damals hat eine scheinbar harmlose Erhöhung der Tagesgeldsätze durch die amerikanische Fed einen Rückgang des Anleihemarkts ausgelöst, der um ein Vielfaches über den Erwartungen lag und bei dem zahlreiche mit Derivaten zusammenhängende Verluste auftraten. Da ist zweitens das zunehmende Zögern der Entscheidungsträger, unter keinen Umständen die Zinsen zu erhöhen, als fürchteten sie eine Krise des Banken- oder Derivatesystems. Drittens haben die zunehmende Popularität und der Einfluß von Hedge-Fonds, bei denen es um absolute (nicht relative) Renditen geht, zweifellos Ausmaß und Verbreitung der Ertragsspekulation gesteigert. Während ein Rentenfondsmanager nach der Performance seines Fonds beurteilt wird, und zwar im Vergleich zu anderen ähnlichen Rentenfonds, können sich Hedgefonds in ihrer Portfolio-Strategie ohne weiteres radikal voneinander unterscheiden. Dem Tass Management zufolge verfügten 1414 Hedgefonds im November 1997 über 150 Milliarden US Dollar, im Dezember 1992 waren es noch 444 Fonds mit 70 Milliarden US Dollar. Aber nur fünf Fonds, darunter Soros und Tiger and Moore Capital, managen allein wahrscheinlich mehr als 50 Milliarden US Dollar.

Wenn unser Verdacht hinsichtlich der Ertragsarbitrage hinreichend genau ist, dann kann die Evolution der Anleihemärkte am besten als Serie temporärer Plateaus beschrieben werden, von denen jedes davon abhängig ist, daß eine nach oben gerichtete Ertragskurve erhalten bleibt und sich auch bestimmte Erwartungen hinsichtlich der Zinspolitik der maßgebenden Ausschüsse erfüllen. Im Lauf der Zeit mögen sich lokale Gleichgewichte gegenüber dem allgemeinen Gleichgewicht verschoben haben, das in einem Kapitalmarkt herrschen würde, in dem alle Teilnehmer gleichen Zugang zu Informationen haben. Diese Analyse verbindet alle Elemente heutiger Kapitalmärkte: den Abwärtstrend der nationalen Sparquoten, die Absorbierung eines wachsenden Volumens neuer Anleiheemissionen und die niedrigsten Anleiherenditen seit 50 Jahren. In einem freien Markt wären diese Trends miteinander unvereinbar. Aber die Eigeninteressen der Unternehmen und Staaten an einem Klima niedriger Renditen sind riesig. Eine Umkehr zu einem generellen Gleichgewicht (bei höheren Anleiherenditen) bedürfte wohl eines schockhaften Anstoßes von außen. Im folgenden werden einige Möglichkeiten derartiger Schocks genannt.

**Die Kehrseite der Anleihemärkte**

In The Sting (Der Clou), einem Film, der im Chicago der Pro-
hibitionszeit spielt, wird in einem leerstehenden Souterrain
zum Schein ein Wettbüro aufgemacht. Alles wirkt echt, mit
einer Ausnahme: Die Uhren gehen ein paar Minuten nach, so
daß der betrügerische Betreiber Zeit genug hat, die Renn-
ergebnisse zu erfahren, solange die Wetten in seinem Lokal
noch offen sind, und er sie entsprechend manipulieren kann.
Ein direkter Vergleich des Anleihemarkts mit solchen Praktiken geht vielleicht zu weit, aber es gibt Ähnlichkeiten. Wie
jeder erfolgreiche Betrug vollzieht sich die Finanztäuschung
am Ende des 20. Jahrhunderts hinter einer Fassade der Re-
spektierlichkeit. Was könnte mehr Respekt genießen als die
Märkte von staatlichen Anleihen und von Schuldverschrei-
bungsinstrumenten von Unternehmen mit weltweitem Ruf?
Diese aber gehören ohne Zweifel zum Kern des Täuschungs-
manövers.

Nun kann, und darauf kommt es an, das Rennergebnis (die
Richtung der Anleihekurse) bekannt sein, wenn die Wetten
noch offen sind. Im zweiten und dritten Kapitel wurde beschrieben, daß der Kampf gegen die Inflation in den großen
entwickelten Volkswirtschaften während der achtziger Jahre
zunächst zur Präokkupation, danach zur Obsession der Wirtschaftspolitik wurde. Daß sie in den meisten entwickelten
Volkswirtschaften des Westens während der neunziger Jahren
anhaltend niedrige Inflationsraten durchsetzen konnten, hat
den Ruf der nationalen Zentralbanken gestärkt und für un-
ablässige institutionelle Wachsamkeit gegenüber den Verbraucherpreisen gesorgt. Die Zentralbanken haben versucht,
Inflationsziele und Spannen zu erreichen, die dabei entwickelten politischen Rahmenrichtlinien allerdings sind viel
zu durchsichtig geworden. Die Zinssätze werden kaum außerhalb des vorher festgelegten Zeitplans der Ausschuß-Sitzun-
gen alle zwei, vier oder sechs Wochen verändert. Und sie bewegen sich kaum um mehr als 0,25 Prozent auf einmal, zudem

vermeiden die Ausschüsse häufige Richtungsänderungen der Sätze. Anleihe-Auktionen oder -Angebote finden auch regelmäßig (in der Regel monatlich) statt, wobei die Größenordnung und der Typus der zu verkaufenden Schuldverschreibungen vorher bekanntgegeben werden.

Das Marktverhalten der Zentralbankmanager in den Geld- und Anleihemärkten, insbesondere nachdem die entscheidenden Ausschüsse getagt haben, kann man durchaus als Wegweiser für einen einträglichen Handel entlang der Ertragskurve begreifen. Obwohl die Geldmarktzinsen nicht an die geldpolitisch markierten Sätze gebunden sind, gibt es unter normalen Umständen nur kleinere Abweichungen. Zwischen den Ausschußsitzungen sind die Kosten für kurzfristiges Geld praktisch fixiert. Wenn die Renditenkurve einen Anstieg quer durch das Laufzeitenspektrum aufweist, bietet dies eine offensichtlich risikolose Gelegenheit, auf die Ertragskurve zu setzen, auf dem Geldmarkt Geld aufzunehmen und es auf dem Anleihemarkt zu verleihen. Solange die Position gehalten wird, streicht der Händler die Differenz zwischen der Anleiherendite und den Kosten der kurzfristigen Kreditaufnahme ein; das Risiko fallender Anleihekurse muß er tragen. Da jedoch Kapital in Milliardenhöhe in genau der gleichen Weise positioniert ist, führt dies zuweilen zu der sicheren Annahme, daß die Anleihekurse steigen, was zu Kapitalgewinn und auch zu einer Renditemitnahme führen würde. Und falls das erforderlich ist, kann ein solcher Handel eine Woche vor der nächsten Ausschußsitzung abgewickelt sein.

Dann kommen, um die Glaubwürdigkeit eines bestimmten kurzfristigen Zinssatzes aufrechtzuerhalten, die geldpolitischen Entscheidungsträger nicht umhin, den Markt mit unbegrenzten Mitteln zu versorgen. Das ist der Preis, den die Zentralbank dafür zahlt, daß sie die Kontrolle der kurzfristigen Zinsen durchsetzen kann. Obwohl andere Mittel verfügbar sind, um diesen monetären Stimulus geldpolitisch zu neutralisieren, wollen die Zentralbanken diese unter keinen Umständen einsetzen. Überfinanzierung, das Verkaufen von mehr staatlichen Schuldverschreibungen als für die Deckung des Haushalts nötig, wäre ein solches Mittel, überschüssige Liquidität abzuschöpfen, aber es ist in Ungnade gefallen. Plötzliches Variieren des Auktionsplans für staatliche Schuldverschreibungen könnte gegen die Ertragskurvenspekulation eingesetzt werden, doch auch dieses Mittel hat man im Namen geldpolitischer Transparenz ausgeschlossen. So gibt man den Anleihehändlern immer wieder die Möglichkeit, aus der Vorhersehbarkeit des geldpolitischen Handelns Profit zu schlagen, und sie gehen immer höhere Wetten für immer kürzere Zeiten ein.

### Mögliche Erschütterungen des Anleihemarkts

Im letzten Kapitel wurde beschrieben, welche Kräfte in den neunziger Jahren hinter dem Rückgang der Anleiherenditen stehen, und auch einige Gründe dafür genannt. Die Entwicklung dieses für Entleiher und Investoren günstigen Klimas läßt sich bis zur Mitte der achtziger Jahre zurückverfolgen. Dennoch hat es in der Vergangenheit sowohl national als auch international viele Erschütterungen des Anleihemarkts gegeben, und man muß deren Charakteristika betrachten. Die erste Art eines solchen Schocks ist ein plötzlicher Anstieg der Öl- oder Warenpreise. Das auslösende Ereignis kann ein Erdbeben oder ein Vulkanausbruch sein, das Ausfallen eines wichtigen landwirtschaftlichen Anbauprodukts, oder ein Kriegsausbruch etwa im Nahen Osten. Auf den Anleihemärkten besteht die Furcht, daß der Preisschock auf den Rohstoffmärkten aufgrund laxer Geldpolitik auf die Preise von Waren und Dienstleistungen in den entwickelten Ländern durchschlägt.

Eine zweite Art von Schock ist politische Instabilität im weiteren Sinn. Wenn die Märkte spüren, daß große Länder Krieg gegeneinander führen werden, dann werden die Rüstungsausgaben die öffentlichen Finanzen ins Minus treiben.

Ob diese Defizite durch Anleiheemissionen, Geldmengenerweiterung oder höhere Steuern finanziert werden, es wird zu ungünstigen Auswirkungen auf die internationalen Anleihemärkte kommen, die durch die Unsicherheit hinsichtlich der Ausdehnung des Konflikts und seiner Dauer noch vergrößert werden. Bürgerkriege scheinen sich weniger stark auszuwirken, können aber ähnliche Effekte haben, da die Macht einer Regierung, Steuern einzuziehen und Recht und Ordnung aufrechtzuerhalten, geschmälert wird. Im kleineren Maßstab hätte eine Entscheidung, den Start der EWU in letzter Minute zu verschieben, die europäischen Anleihemärkte stark durcheinandergebracht.

Die dritte Gruppe von Katastrophen auf dem Anleihemarkt umfaßt Spekulation und Betrug sowie die Neubewertung von Kreditrisiken, die solche Ereignisse unmittelbar nach sich ziehen. Die Befürchtung, eine große internationale Bank oder Bankengruppe könnte ihren Zahlungsverpflichtungen nicht mehr nachkommen, führt bei den Vertragskontrahenten der Banken sofort zur Angst vor unbesicherbaren Kapitalverlusten. Die angeschlagene Finanzinstitution oder sogar die regierungseigene Schuldverschreibungsagentur werden dann möglicherweise von den verschieden Kreditbonitätsprüfern wie Moody's, Fitch-International Bank Credit Agency oder Standard and Poors heruntergestuft. Anleihemärkte reagieren empfindlich auf Ungewißheiten hinsichtlich des Umfangs und der Höhe von Verlusten, auf beschädigte Finanzreputation und wahrscheinlich auf die Förderung durch amtliche Stellen und Zentralbanken. Im Fall von Schuldenmoratorien oder tatsächlicher Konkurse können Anleiherenditen auf spektakuläre Weise hochschnellen.

Diese Liste ist keinesfalls vollständig, sie sollte aber die extreme Volatilität in Erinnerung rufen, von der die Anleihemärkte in der Vergangenheit geprägt waren und die sie aller Wahrscheinlichkeit nach auch wieder prägen wird. Obwohl die Regierungen für mehrere Jahre niedriger Inflation und ausgeglichener Haushalte gesorgt haben, gibt es keinen Schutz vor Erschütterungen von außen. Haben die Anleihekurse infolge spekulativer Aktivitäten erst den Kontakt mit der Realität verloren, wird der Markt auf jedes unvorhergesehene Ereignis extrem empfindlich reagieren. Sollte es zu diskontinuierlichen Anleihekursen kommen, so wie bei den Aktienkursen am 19. Oktober 1987 geschehen und im vorangegangenen Kapitel beschrieben, dann läßt sich der Wert bestimmter Derivate nicht mehr bestimmen.

**Der Kegel der Finanzstabilität**

Dieses Kapitel hat den Leser mit Statistiken konfrontiert, die die Entwicklung des Anleihemarkts in zwei Schlüsseldimensionen zeigen: erstens durch die Größe des Marktes staatlicher Anleihen und deren Verbindung mit den gewachsenen Haushaltsdefiziten und der Größe der Volkswirtschaft; zweitens der Größe des gesamten Anleihemarkts in bezug auf den nationalen Geldvorrat. Nun sollen diese Daten übersichtlich zusammengefaßt werden. Die Graphik 9.3 verknüpft zwei Verhältnisse bezüglich der Handhabbarkeit inländischer Schuldenlasten in sechzehn entwickelten Volkswirtschaften. Auf der vertikalem Achse ist das Verhältnis des nationalen Anleihebestands zum Geldvorrat angegeben, und auf der horizontalen die Größe des Markts der Staatsanleihen gemessen am BIP. Beide können sie als Maßstab für die relative Empfindlichkeit der Volkswirtschaft gegenüber einer Erschütterung des internationalen Anleihemarkt betrachtet werden. Die graphische Verteilung der Daten, die sich auf Ende 1995 beziehen, ergibt die Form eines Kegels.

Eine Gruppe aus sechs Ländern – Großbritannien, Spanien, Österreich, Australien, Norwegen und Finnland – liegt etwa in der »sicheren« Region an der Spitze des Stabilitätskonus, wo die Geldmärkte noch die lokalen Anleihemärkte dominieren und der Markt staatlicher Anleihen noch relativ klein ist. Bei der zweiten Gruppe – Frankreich, Kanada und den

212

*Bild 9.3: Kegel der Finanzstabilität*

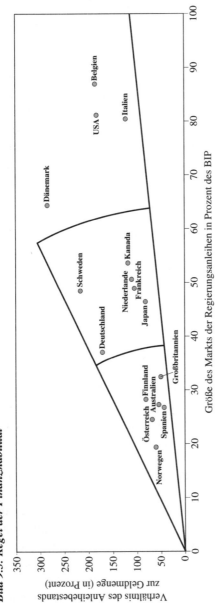

Größe des Markts der Regierungsanleihen in Prozent des BIP

Verhältnis des Anleihebestands zur Geldmenge (in Prozent)

Niederlanden – sind Geld- und Anleihemarkt ungefähr gleich groß, aber die Märkte für Staatsanleihen in Relation bereits doppelt so groß wie die der ersten Gruppe. Auch Japan scheint zu dieser zweiten Gruppe zu gehören, doch die dort herrschenden außerbilanzlichen Buchführungsmethoden legen nahe, daß das wirkliche Verhältnis des Anleihebestands zum BIP eher bei oder über 80 Prozent des BIP liegt als bei der oberflächlich vergleichbaren Zahl von 45 Prozent. Drei Länder liegen auf einer geraden Linie nahe der oberen Begrenzung des Kegels, dort verbinden sich Anleihemärkte, die einen wesentlich größeren Umfang als die inländischen Geldvorräte haben, mit mäßig großen staatlichen Märkten. Um Deutschland muß man sich in diesem Trio noch am wenigsten Sorgen machen, es folgen Schweden und Dänemark. Die letzte Dreiergruppe bilden die USA, Italien und Belgien. Diese Länder, so läßt sich behaupten, sind durch eine Erschütterung des Anleihemarkts am ehesten zu verletzen, weil sich dort eine jeweils hohe Anleihe-Geld-Relation mit einer überproportionalen Staatsverschuldung verbindet.

**Zusammenfassung**

Staatliche Agenturen, von den politikbestimmenden Ausschüssen der Zentralbanken bis zu den einzelnen Kontrollorganen für spezifische Finanzgeschäfte, haben vor den aufgeblähten Anleihemärkten die Augen verschlossen. Ein merkwürdiges Vorurteil grassiert in den Zirkeln der Entscheidungsträger: Exzessive Kreditexpansion sei nur gefährlich, wenn sie ein schnelles Wachstum der Geldmenge anheize. Daher werden Haushaltsdefizite routinemäßig durch zusätzliche Anleihe-Emissionen finanziert, während Unternehmen und Finanzinstitutionen sich auf den inländischen und internationalen Finanzmärkten frei bedienen können. Solange solche Kreditaufnahmen in den Bilanzen der Banken nicht auftauchen oder, schlimmer noch, solange sie keine offene Inflationsgefahr darstellen, solange, sagt man, sei alles in Ordnung.

In Wahrheit aber bedroht der Anleiheberg latent die Gesundheit des globalen Finanzsystems und die wirtschaftliche Stabilität der westlichen Welt. Dieses Unheil ist bislang abgewendet worden, aber nur auf Kosten törichter Entwicklungen. Die Kreditaufnahme in den Bankensystemen der USA, Japans, Deutschlands und Großbritanniens hat das Gravitationszentrum in der Nutzung für Industrie- und Immobilieninvestitionen hin zu den Finanzmärkten verschoben. Nicht realisierte Kapitalgewinne aus Anleihen und Wertpapieren bilden inzwischen ein signifikantes Segment der Banksicherheiten. Aggressive Ertragsspekulation und ein ungehemmter Einsatz von Derivaten haben einen dichten Nebel über die Exzesse des Anleihemarkts gelegt, so daß die realen Kosten des Schuldenmachens nicht wirklich deutlich werden. Im Lauf der neunziger Jahre gibt es in der Tat eine allmähliche Tendenz in Richtung niedrigerer Anleiherenditen. Unsere Anfälligkeit für diese Täuschung ist durch deren Langlebigkeit noch vergrößert worden. Auf dem Weg tief in den Zauberwald der Finanzinnovation und -differenzierung haben wir die Orientierung verloren, unsere Instinkte ignoriert und unseren normalen Sinn für Gefahren mißachtet. Das Tolerieren des raschen Wachstums der Anleihe-Emissionen muß nicht unbedingt zu höherer Inflation führen, aber irgendwann müssen die realen Kosten des Schuldenmachens und der Ausfall der Rückzahlungen zutage treten. Die gefährlichen Nebenwirkungen ungebremster Kreditausweitung sind bloß verschoben worden: von der Inflation auf hohe Realzinssätze und schlechter werdende Kreditbonität.

# 10
# Erosion der Kreditqualität

> Schöner Kredit! Das Fundament der modernen
> Gesellschaft. Wer wollte da noch sagen, wir lebten
> nicht im Zeitalter gegenseitigen Vertrauens, der
> unbegrenzten Verläßlichkeit der Menschen und ihrer
> Versprechen?
>
> *Samuel L. Clemens und Charles D. Warner,*
> *»The Gilded Age: A Tale of Today«, 1873*

Mit Kreditqualität oder Kreditwürdigkeit beschreibt man die
Wahrscheinlichkeit, daß ein Schuldner alle Verpflichtungen
aus einem Schuldenkontrakt einschließlich der prompten Be-
zahlung der Zinsen und der Rückzahlung des Kapitals erfüllt.
Im letzten Kapitel konzentrierte sich die Diskussion auf Entleiher höchster Bonität, nämlich auf souveräne Staaten und
Spitzenunternehmen. Wer Schatzwechsel eines westlichen
Staates kauft, geht von der makellosen Kreditwürdigkeit und
Reputation des Kreditnehmers aus und erwartet die volle
Rückzahlung. Nur aus dem Grund, daß unter normalen Umständen kein anderer Entleiher eine Schuldverschreibung mit
der gleichen Laufzeit und des gleichen Typs zu einer niedrigeren Effektivverzinsung emittieren kann, werden Staatsanleihen als Richtwerte genommen. Ein Unternehmen oder eine
Institution von geringerer Kreditqualität als der Staat muß in
Anbetracht des höheren Kreditrisikos eine gegenüber der
staatlichen Emission höhere Rendite oder eine Prämie anbieten. Man bezeichnet dies auch als Kreditspanne, und sie wird
in Basispunkten (bp) gemessen, wobei ein Basispunkt der
hundertste Teil von einem Prozent ist. Dessen ungeachtet
erwartet der Kreditgeber nach wie vor die volle und unter
normalen Umständen pünktliche Rückzahlung.
Im Spektrum der Kreditqualität gibt es dann Schuldverschreibungen von mittelgroßen Unternehmen, Immobilienfir-

men, Flugunternehmen, regionalen Regierungen, Bauunter-
nehmensgruppen, Bergbaufirmen und so weiter. In jedem
Fall und notwendigerweise ist der Verleiher oder Investor
dem normalen Geschäftsrisiko des Entleihers ausgesetzt. Einige der Schuldverschreibungen solcher Unternehmen haben
Investment-Güteklasse (A), andere mittlere Güteklasse (B)
und wieder andere, hochspekulative, die Junk Bond-Güte-
klasse (C oder darunter). Theoretisch hat der Besitz von
Schuldeninstrumenten niederer Güteklassen zwei Haupt-
nachteile. Zum einen kann ein Kreditnehmer Konkurs anmelden und der Konkursverwalter nur einen Teil, möglicherweise
auch überhaupt kein Kapital zur Rückzahlung an den Empfänger sicherstellen. Zum anderen kann ein Investor, selbst
wenn keinerlei Grund zur Annahme besteht, daß der Entleiher in Schwierigkeiten steckt, möglicherweise seinen Bestand
nicht kurzfristig liquidieren, ohne eine Strafe zu riskieren.
Selbst wenn, was nicht unbedingt der Fall sein muß, ein sekundärer Markt existiert, werden die Anleihen bei der Fälligkeit möglicherweise unter ihrem Nennwert gehandelt. In beiden Fällen können Verleiher oder Investor Kapital verlieren.

### Großmutters Fußstapfen

In England gibt es ein Kinderspiel, bei dem eine Gruppe von
Kindern sich an eine »Großmutter« heranschleichen müssen,
ohne daß die es bemerkt. Immer wieder wird Großmutter den
Verdacht haben, daß jemand näher kommt, und sich prüfend
umdrehen. Entdeckt sie dabei Kinder, die sich noch bewegen
oder die ihr zu nah gekommen sind, werden diese ans Ende
der Gruppe zurückgeschickt. Es gewinnt das Kind, das sie
berührt, bevor sie sich umdreht (in Deutschland etwa »Ochs
am Berge« genannt).

Dies läßt sich auf den Schuldenmarkt übertragen, wo die
Kreditspanne zwischen zwei Instrumenten verschiedener
Investmentklassen oder sogar der gleichen Güteklasse sich
im Lauf der Zeit stark verändern kann. Strahlen die Anleihe-

märkte Zuversicht aus und ist die Rate der Unternehmens-
konkurse und Insolvenzen gering, oder wird zumindest als gering betrachtet, dann werden die Marktteilnehmer versucht
sein, alle Schuldeninstrumente als gleich anzusehen. Wenn
aber eine Anleihe aus irgendeinem Grund eine höhere Rendite bietet als eine andere der gleichen Klasse, ähnlichen Typs
und ähnlicher Laufzeit, dann wird diese Anleihe für Investoren attraktiver. Die Präferenz der Investoren für die ertragreichere Anleihe wird sich rasch in deren Preisanstieg und,
relativ zur zweiten, in einen Rückgang der Rendite übersetz-
zen. Die Spanne zwischen den Renditen beider Anleihen wird
dann kleiner sein als zuvor. So übertreffen von Kreditnehmern niedrigerer Qualität begebene Schuldeninstrumente
solche höherer Qualität. Manchmal entwickelt sich dieser
Konvergenzprozeß so weit, daß es als sicher erscheint, daß die
Renditen der zwei Instrumente sich überkreuzen. Genau in
diesem Moment aber wird sich Großmutter mit ihrem un-
heimlichen Zeitgefühl umdrehen und den Eindringling ans
Ende der Klasse zurückschicken. Im folgenden werden drei
Beispiele dieses Mechanismus untersucht.

1. Die Märkte der Staatsschulden in Nordamerika
und Europa 1992–1994
Akteure, die in der internationalen Finanzwelt lange Jahre
tätig waren und erstklassige Referenzen haben, halten es für
selbstverständlich, daß sie bevorzugt Zugang zu den globalen
Finanzmärkten haben. Insbesondere die US-Wirtschaft hat in
den letzten zwanzig Jahren langfristiges Auslandskapital im-
portiert, ohne besondere Kreditrisikoprämien oder -spannen
zu gewähren. Im großen und ganzen waren ausländische
Investoren, die Geld in US-Schatztiteln und Schuldeninstrumenten des privaten Sektors angelegt haben, zufrieden mit
dem enormen Marktwert fester US-Vermögenswerte, mit der
politischen Stabilität des Landes und auch mit Ruf und Unabhängigkeit des Federal Reserve System. In vergleichbarer

Weise erwarten inzwischen die europäischen Staaten, die beträchtliche Defizite zu finanzieren haben, daß ihre häufigen Schuldverschreibungsemissionen mühelos absorbiert werden. So, wie sie ihre Inflation in Schach halten, haben sich inzwischen sogar die weniger prestigeträchtigen Volkswirtschaften Südeuropas und Skandinaviens an die Erosion der Risikoprämien für ihre Eckanleihen gewöhnt.

Tabelle 10.1 faßt Daten über Staatsanleihen aus zwölf Ländern zusammen und setzt sie in Bezug zu drei entscheidenden

*Tabelle 10.1: Benchmark der Renditen auf 10-jährige Anleihen zu bestimmten Daten (in Prozent p.a.)*

|  | 1. Jan. 1992 | 1. Jan. 1994 | 1. Nov. 1994 | BASISPUNKTE I | II |
|---|---|---|---|---|---|
| USA | 6,70 | 5,80 | 7,9 | −90 | 211 |
| Deutschland | 8,05 | 5,71 | 7,62 | −235 | 191 |
| Frankreich | 8,52 | 5,60 | 8,28 | −291 | 267 |
| Italien | 12,90 | 8,66 | 12,02 | −424 | 336 |
| Großbritannien | 9,73 | 6,10 | 8,68 | −363 | 258 |
| Kanada | 8,09 | 6,61 | 9,18 | −147 | 256 |
| Spanien | 11,26 | 8,12 | 11,15 | −314 | 303 |
| Australien | 9,39 | 6,68 | 10,54 | −271 | 386 |
| Niederlande | 8,58 | 5,50 | 7,61 | −308 | 210 |
| Schweiz | 6,37 | 4,07 | 5,51 | −230 | 144 |
| Schweden | 9,89 | 6,99 | 11,07 | −290 | 408 |
| Dänemark | 8,76 | 6,09 | 8,97 | −267 | 289 |
| *Differenzen (in Basispunkten)* | | | | | |
| Deutschland − USA | 136 | −9 | −28 | −145 | −19 |
| Kanada − USA | 139 | 82 | 128 | −57 | 46 |
| Großbritannien − USA | 303 | 31 | 78 | −272 | 47 |
| Frankreich − Deutschland | 46 | −10 | 66 | −57 | 76 |
| Italien − Deutschland | 485 | 295 | 440 | −189 | 145 |
| Großbritannien − Deutschland | 167 | 40 | 106 | −128 | 66 |
| Spanien − Deutschland | 321 | 242 | 353 | −79 | 112 |
| Deutschland − Schweiz | 169 | 164 | 211 | −5 | 47 |

Schlüssel I:  Renditenbewegung zwischen dem 1. Januar 1992 und dem 1. Januar 1994
Schlüssel II: Renditenbewegung zwischen dem 1. Januar 1994 und dem 1. November 1994

Perioden zwischen 1992 und 1994. Der Jahresanfang 1992 markiert die Frühphase der spekulativen Dynamik des Anleihemarkts. Der Jahresanfang 1994 bezeichnet den Punkt, an dem die Hausse in allen genannten Ländern beendet war; in einigen Ländern kam dieser Höhepunkt allerdings zwei oder drei Monate früher. Im November 1994 war die vom Februaranstieg der kurzfristigen US-Zinssätze ausgelöste Baisse ausgelaufen, und die Renditen hatten sich stabilisiert. Die Graphik zeigt mehrere bemerkenswerte Dinge. Erstens: Nimmt man alle Länder zusammen, ergibt sich eine fast exakte Symmetrie zwischen dem Grad der Renditenkonvergenz (engere Renditenspanne) im ersten Zeitintervall und dem Grad der Renditendivergenzen (weitere Renditenspanne) im zweiten Intervall. Der entscheidende Unterschied dabei ist, daß die Konvergenzphase 24 Monate währte, die Divergenzphase dagegen nur zehn Monate. Haussen dauern in den Märkten der Finanzvermögenswerte im allgemeinen länger als Baissen.

Der zweite entscheidende Unterschied besteht zwischen Ländern, in denen der Renditenausschlag in der Konvergenzphase größer war als in der Divergenzphase. Deutschland, Frankreich, Italien, Großbritannien, die Niederlande, Spanien und die Schweiz gehören der ersten Gruppe an, während in den USA, Kanada, Australien, Schweden und Dänemark die Divergenzphase dominierte. Drei Charakteristika tragen zu den Unterschieden zwischen beiden Gruppen bei. Das erste ist die im achten Kapitel eingeführte nationale Sparquote. 1994 betrug die durchschnittliche ungewichtete nationale Sparquote für die erste Gruppe 20,7 Prozent, gegenüber 15,6 Prozent für die zweite. Hinsichtlich der Sparquote bildet das spargeldschwache Großbritannien die einzige wirkliche Abweichung; in dieser Hinsicht gehört es eher zur zweiten Gruppe. Ein zweites Charakteristikum ist der Umfang des Auslandsbesitzes an Schuldengeldern eines Landes, auch wenn die Globalisierung der Anleihemärkte in den achtziger Jahren einige der historischen Gegensätze verwischt hat. In den USA belief sich der ausländische Besitz am Bestand staatlicher Schuldverschreibungen Ende 1994 auf etwas über 20 Prozent; er ist seither auf über 34 Prozent angestiegen. Ausländer halten auch beträchtliche Anteile an den staatlichen kanadischen (28 Prozent im Jahr 1992) und australischen Schuldenmärkten. Demgegenüber wiesen die europäischen Anleihemärkte historisch bedingt geringere Anteile von Fremdbesitz auf. Doch 1992 besaßen ausländische Investoren 32 Prozent der französischen Staatsanleihen (gegenüber 0 Prozent im Jahr 1979) und 26 Prozent der deutschen (gegenüber 5 Prozent im Jahr 1979). In anderen europäischen Ländern liegt der Fremdanteil bei 10 Prozent. Drittens kann man die Länder danach unterscheiden, ob sie politisch rigoros für die Reduzierung des Haushaltsdefizits sorgen oder nicht. Europäischen Ländern, die am Europäischen Wechselkurssystem teilnehmen wollten und sich auf den Start der EWU vorbereiteten, wurden für die Verfolgung strenger Richtlinien 1994 gute Noten ausgestellt, während Australien und Schweden noch in hohen öffentlichen Defiziten steckten und relativ schwache Inflationskontrollen installiert hatten.

Man könnte diese drei Unterscheidungskriterien zu einer knappen und verständlichen Geschichte zusammenfassen: Länder mit einer niedrigen nationalen Sparquote und einem hohen Fremdbesitz an inländischen öffentlichen Schuldverschreibungen werden am meisten davon getroffen, wenn die globalen Anleihemärkte unter Druck geraten. Es läßt sich voraussehen, daß ausländische Anleihehalter bei einer Marktnervosität ihr Kapital repatriieren, und in diesem Fall ist es nur logisch, daß der inländische Anleihemarkt ins Stocken gerät, es sei denn, einheimische Sparer griffen unterstützend ein. Das Problem verschärft sich noch, wenn die staatliche Finanzpolitik dazu führt, daß beträchtliche Anleiheemissionen notwendig werden, oder wenn es ihr nicht gelingt, im Hinblick auf die Inflationskontrolle Verläßlichkeit zu signalisieren. Mit ihrer anhaltend niedrigen nationalen Sparquote (zwischen

1995 und 1997 um die 16 Prozent) und dem zunehmenden Fremdbesitz an US-Staatstiteln ist die größte Volkswirtschaft der entwickelten Welt zugleich eine derjenigen, die am verletzbarsten ist, wenn der Anleihemarkt einbricht. Sollten die Finanzmärkte jemals erkennen, daß das Federal Reserve Board einer Inflationsgefahr nicht effektiv begegnet, könnte die Strafe bei der Renditendivergenz gewaltig sein.

Es gehört nicht viel Phantasie dazu, sich vorzustellen, daß die US-Regierung eines Tages gezwungen sein wird, Kapital zu Prämien-Zinssätzen aufzunehmen, die eine Anpassung an das Kreditrisiko verkörpern. Im Grunde kann man sagen, daß eine solche Situation bereits langsam Wirklichkeit wird. Im Mai 1998 zeigte eine nach Renditen geordnete Rangliste von zwanzig Märkten für Staatsanleihen, daß zehnjährige US-Anleihen auf Platz 18 rangierten, dahinter kamen nur noch Großbritannien und Neuseeland. Von den Besonderheiten japanischer und Schweizer Anleihen abgesehen, wird der Standard der Kreditqualität gegen Ende der neunziger Jahre gemeinsam von Deutschland, Frankreich und Holland gesetzt. Es ist jedoch erstaunlich, daß Länder mit geringerer Kreditqualität, wie Italien und Spanien, während der ersten Hälfte des Jahres 1998 zehnjährige Eckanleihen anpreisen, die nur 20 oder 30 Basispunkte unter denen der Führungsgruppe liegen. Die Konvergenz der nominellen Anleiherenditen in Europa verschleiert die Tatsache, daß nationale Besonderheiten auch nach Einführung der einheitlichen Währung bedeutsam bleiben werden.

Das Land, das sich die Sache der Inflationsbekämpfung und Haushaltsdisziplin als letztes zu eigen gemacht hat, ist Griechenland. Isoliert betrachtet, wäre die Abwertung der Drachme vom März 1998 als Zeichen der Inflationsgefahr und Grund interpretiert worden, die Renditenspanne zwischen griechischen und deutschen Eckanleihen zu vergrößern. Weil sie jedoch von der Mitte März 1998 getroffenen Entscheidung begleitet wurde, an dem Europäischen Wechselkurssystem und 2001 an der Währungsunion teilzunehmen, sackte die griechische Renditenspanne gegenüber Deutschland an einem einzigen Tag von 5,3 Prozent auf 3,6 Prozent ab. Das kann nur zwei Gründe haben. Entweder glaubten die Investoren, daß die Entschlossenheit der griechischen Regierung zu einer verantwortlichen Inflations- und Haushaltspolitik wichtiger sei als die Abwertung, oder sie witterten einfach eine Chance, bequem schnelle Profite für ihre Anleihefonds zu machen.

2. Aufkommende Schuldenmärkte und
US-Schatzobligationen 1994–1997
Die Rezession in den Industrieländern von 1980–1982 löste in den sich entwickelnden Ländern mit einer niederen und mittleren Einkommensstruktur eine weltweite Schuldenkrise aus. Auf der einen Seite ließen hohe Ölpreise (nach dem Iran-Irak-Konflikt von 1978/79) die internationale Nachfrage schwinden, auf der anderen Seite stießen schmerzlich hohe US-Zinsen für kurzfristige Kredite Dutzende von armen Ländern in Schuldendienstprobleme oder gar Zahlungsunfähigkeit. Am Freitag, dem 13. August 1982, schockierte Mexiko die Finanzwelt, indem es die Zahlung seiner Bankenschulden vorübergehend einstellte, und damit war das Schuldenproblem der Entwicklungsländer geboren. Es folgten zehn Jahre der Umschuldungen, Rettungspläne, Stützungsmaßnahmen der Banken, Debt-Equity-Swaps und schließlich Schuldenerlasse für einige der ärmsten Länder. Dem fehlgeschlagenen Baker-Plan von 1985 folgte der immerhin teilweise erfolgreiche Brady-Plan von 1989.

Um sich für Schuldensenkungen zu qualifizieren, mußten Schuldnerländer in Abstimmung mit IWF und Weltbank politische Maßnahmen ergreifen, die das Wirtschaftswachstum ankurbeln, den Investitionsfluß aus dem Ausland beschleunigen, die inländische Sparquote verbessern und die Kapitalflucht bremsen sollten. Das Neue am Brady-Plan war die offizielle Förderung der Umwandlung von Geschäftsbankkrediten in neue Anleihen mit reduzierten Hauptsummen oder Zinssätzen. Die Hauptkapitalzahlungen auf Brady Bonds sind durch US-Schatzobligationen gestützt, während die Zinszahlungen in der Verpflichtung des jeweiligen Landes liegt. Obwohl ursprünglich neununddreißig Schuldnerländer als mögliche Kandidaten für den Brady-Plan in Frage kamen, hatten Ende 1991 nur acht entsprechende Geschäfte abgewickelt, Mitte 1997 waren es dann vierzehn. Mit 175 Milliarden US Dollar ist der Markt der Brady Bonds jedoch beträchtlich, und sie werden rege gehandelt. Grob 70 Prozent der Gesamtsumme besteht aus lateinamerikanischen Schulden.

Da die Brady Bonds im Kontext einer Schuldenkrise geschaffen wurden, kann es niemand überraschen, daß ihre Renditenspanne gegenüber US-Schatzobligationen immer weit genug war, um sie entweder in die mittlere oder in die Junk-Bond-Kategorie einzuordnen. Eine durchschnittliche Spanne der Brady Bonds in den letzten Jahren verlief von 5,2 Prozent im Januar 1993 auf 2,7 Prozent im Dezember 1993, dann auf fast 10 Prozent im April 1995 und zurück auf 3 Prozent im Mai 1997. Im Vergleich zu Staatsanleihen entwickelter Länder ist das Potential für Kapitalgewinne und -verluste sehr viel größer. Wo die mexikanische Schuldenkrise des Spätjahres 1994 sich für den US-Anleihemarkt als positiv erwies, weil sie die amerikanischen Anleger, die mexikanische Anleihen gekauft hatten, rettete, waren die Auswirkungen auf Schuldenmärkte im Anfangsstadium gerade gegenteiliger Art. Im April 1995 erkannte man schon viel besser, wie verletzlich das Zins- und Kreditrisiko die aufkommenden Märkte machte. Gleichwohl war die anschließende Erholung des Anleihemarkts spektakulär.

Übereifrige Kreditgeber, Konsortien aus Geschäfts-, Investmentbanken und Spezialfonds, im Glauben, daß die aufkommenden Märkte die Mexiko-Erfahrung abgeschüttelt hätten, kürzten zunehmend die Risikoprämie. Im Mai 1997 konnte man behaupten, daß die Schuldverschreibungen dieser

Märkte zu den akzeptierten Klassifizierungsstufen gehörten und hohe Erträge in US Dollar sowie weniger Volatilität als vergleichbare Marktindizes brachten. Sie boten globale Diversifizierung und hatten die Aktienmärkte dieser Schwellenländer übertroffen. Da sich in den Entwicklungsländern die Kreditbonität erhole, so argumentierte man, komme den Brady Bonds auch eine geringere Risikoprämie zu. Doch schon kurz darauf drehte sich Großmutter um und starrte den Investoren erneut ins Gesicht. Der Auftakt der Finanzkrise Asiens ließ die Anleihespanne der Entwicklungsländermärkte von 3 Prozent im März 1997 auf 6 Prozent zurückschnellen. Die Botschaft aus diesen jungen Schuldenmärkten ist deutlich: Auch eine vorsichtige Risikobewertung wird immer von den Fluten globalen Kapitals mitgerissen. Solange die Banken glauben, daß ihre Solvenz und Liquidität von den Zentralbanken garantiert sind, gibt es für die Händler kaum einen Grund, auf das Kreditrisiko zu achten.

3. Schulden amerikanischer Unternehmen
1960–1997
Die meisten Unternehmensanleihen werden von multinationalen Unternehmen oder nationalen Konzernen begeben, deren Namen in der jeweiligen Branche ein Begriff sind. Im allgemeinen ziehen es die meisten mittelgroßen und kleineren Firmen vor, Kapital bei Banken und über andere Finanzmittler aufzunehmen, und emittieren keine eigenen Schuldpapiere. Die Fixkosten der Kapitalaufnahme auf den Geldmärkten machen es unökonomisch, Summen von, sagen wir, weniger als 10 Millionen US Dollar zu begeben. Zudem ist die von den Investoren verlangte Kreditqualitätspramie um so höher, je kleiner und unbekannter der Begeber. Der Unternehmens-Schuldenmarkt der USA bietet das beste Beispiel für das Verhalten der Kreditqualität, weil dort eine große Zahl von Emissionen gehandelt wird und er der reifste Markt ist.

Während der letzten zehn Jahre bestanden die Kapitalmärkte auf einer durchschnittlichen Renditenprämie für
zehnjährige Unternehmensanleihen der Investmentklasse
gegenüber vergleichbaren US-Schatzobligationen von circa
30 bis 40 Basispunkten. Eine Renditenprämie von 70 Basispunkten im Jahr 1986 verwandelte sich in den ersten Monaten des Jahres 1989 in einen kleinen Renditediskont, als die
US-Märkte von immobiliengestützten Bankkrediten überschwemmt wurden. Japanische Banken waren zu jener Zeit
besonders aktiv im entsprechenden Wegbieten der US-Kre-
ditqualitätsspanne. Als der US-Immobilienboom zur Flaute
wurde und die aggressiven Kreditgeber sich zurückzogen,
stieg die Risikoprämie für amerikanische Unternehmensanleihen von 1990 bis 1992 stetig und erreichte einen Höhepunkt
bei 75 Basispunkten. Die Krise endete erst, als die geldpolitisch Verantwortlichen in den USA einen Kurs des leichten
Kredits einschlugen, der den Banken gestattete, erneut Reserven zu bilden. Seit 1994 haben sich die Renditespannen bei
den Unternehmensemissionen gegenüber den Schatzobligationen im Bereich von 30 bis 50 Basispunkten eingependelt.
   Ein zeitlich weiter gefaßter Überblick über die Verschuldung von US-Unternehmen läßt sich aus Graphik 10.2 gewinnen, die das Verhältnis von Anleihen der mittleren Güteklasse
(Baa) zu den hochklassigen (Aaa) zeigt. Betrachtet man
Zeiträume mit großen Unterschieden in den Inflations- und
Zinsraten, ist das Verhältnis der Renditen aussagekräftiger
als das in absoluten Zahlen ausgedrückte Verhältnis zwischen
ihnen. Im Lauf der letzten vierzig Jahre hat es viele Phasen
von Renditenkonvergenz und -divergenz gegeben. Wie oben
beschrieben, verwischt die wirtschaftliche Prosperität in den
Konvergenzphasen die zugrundeliegenden Unterschiede in
der Kreditqualität der Anleihen, während in den Divergenz-
phasen nervös gewordene Anleger in Werte von erwiesener
Qualität drängen. Von einer Situation extremer Konvergenz
im Jahr 1966 aus gab es drei aufeinanderfolgende Zyklen, in

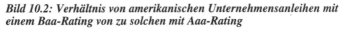

*Bild 10.2: Verhältnis von amerikanischen Unternehmensanleihen mit einem Baa-Rating von zu solchen mit Aaa-Rating*

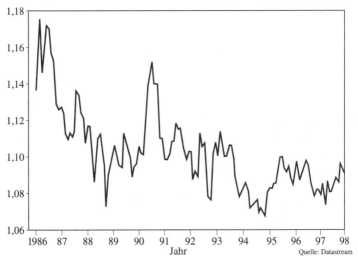

denen der Punkt maximaler Divergenz sich erhöhte. Der Höhepunkt der durch die OPEC ausgelösten Rezession von 1974/75, als die Zahl der Unternehmensbankrotte explodierte, markierte eine dramatische Fluchtbewegung hin zu Qualität.

Im Verlauf von drei Jahren, während derer die Inflation der mittleren siebziger Jahre den überschuldeten Unternehmen einen Fluchtweg bot, hatte eine kräftige Konvergenzphase die Kluft zwischen mittel- und hochklassigen Unternehmensschuldverschreibungen wieder geschlossen. Die folgenden fünf Jahre, als der zweite Ölpreisanstieg und die Schuldenkrise der Schwellen- und Entwicklungsländer die US-Wirtschaft 1980 und 1982 in eine doppelbödige Rezession taumeln ließen, erlebten die heftigsten Ausschläge des Renditenverhältnisses. Der höchste Punkte des Renditenverhältnisses von 1983 ließ die Befürchtungen hinsichtlich der Kreditqua-

226

lität schwinden. Jeder darauffolgende Kreditqualitätszyklus brachte einen niedrigeren Höchstwert als der vorherige. Seit 1995 ist das Verhältnis nicht über 1,10 gestiegen und hat sich im Lauf des Jahres 1997 und in den ersten Monaten 1998 in einem Bereich zwischen 1,07 und 1,10 bewegt. Diese Kreditspannen gehören zu den niedrigsten der letzten vierzig Jahre. Mitte 1998 gab es erste Anzeichen dafür, daß sich die Qualität von amerikanischen Unternehmensanleihen verschlechterte. Die Zahl der Ausfälle (bei denen Firmen den Zeichnern die Zinszahlungen schuldig bleiben) verdoppelte sich in der ersten Jahreshälfte 1998 im Vergleich zum Vorjahr und erreichte das höchste Niveau seit 1991.

**Das Schrumpfen von Kreditspannen ist kein Zufall**

In jedem der oben angesprochenen Zusammenhänge hat es ein aktuelles und extremes Beispiel schrumpfender Kreditspannen gegeben. In Italien, Spanien und Schweden im Fall der Staatsanleihen; bei den Brady Bonds im Verhältnis zu US-Schatzobligationen; und bei den US-Unternehmensanleihen mittlerer Güteklasse gegenüber hochklassigen. Ein weiteres Beispiel ist der Zusammenbruch der Kreditspanne zwischen den Renditen langfristiger kanadischer Unternehmensanleihen und Staatsanleihen von 120 Basispunkten im Jahr 1992 auf 55 Basispunkte 1997. Der *Grant's Interest Rate Observer* vom 6. Juni 1997 stellt das folgendermaßen dar: »So haben die Kanadier die Schuldengelder der Provinzen und der Unternehmen des unteren Qualitätsbereichs weggeschnappt und dabei eine bemerkenswerte Verengung der Kreditspannen hervorgerufen (zum Beispiel dadurch verursacht, daß die Obligationen der Provinz Alberta mit einer Prämie von nur fünf Basispunkten gegenüber den Staatsanleihen gehandelt werden; obwohl doch nur Ottawa allein sich über die Druckerpresse aus der Klemme befreien könnte, sollte das einmal nötig werden).«

Viele Finanzinstitutionen und große Unternehmen drängten in den Jahren 1992/93 in die Kapitalmärkte, um Geld zu niedrigen Anleiherenditen aufzunehmen, nur um herauszufinden, daß ihre Investitionen und anderen Ausgaben aus den hohen Profiten bestehender Unternehmen finanziert werden konnten. Sie hatten freie Mittel, und große Unternehmen innerhalb und außerhalb des Bankensektors suchten nach profitablen Wegen, diese Überschüsse arbeiten zu lassen. Inzwischen haben andere Finanzinstitutionen zusätzlich Kapital aufgenommen, um an den exotischeren Formen der Renditekonvergenz zu partizipieren, als sei dies ein Spiel risikoloser Arbitrage. Dieser Prozeß hat sich seit Mitte der neunziger Jahre zweifellos beschleunigt.

Das gleichzeitige Vorkommen schmaler Kreditspannen in so vielen Ländern ist ein Phänomen der neunziger Jahre. Hingen vergangene Zyklen von Kreditqualitätsspannen mit besonderen Umständen und Erwartungen der Kreditnehmer zusammen, betraf die Phase der Renditenkonvergenz, die Ende 1993 abebbte, die unterschiedlichen und getrennten Schuldenmärkte durchgängig. Die globale Renditenkonvergenz hat zwei sicher absehbare Folgen. Erstens eine Zunahme der Emissionen von Schuldverschreibungen der Investmentklasse, zweitens das Auftreten von Hunderten debütierender Begeber äußerst zweifelhafter Herkunft. Nachdem sie die Kreditspannen der Anleihen erster und mittlerer Klasse auf ein Minimum reduzierten, haben sich die Marktinteressen auf das Junk-Ende des Spektrums konzentriert, wo die aus der Renditenkompression möglichen Profite noch lukrativ sind.

Selbst bei den stark gehandelten US-Junk-Bond-Emissionen fallen die Renditen. Im Barron´s vom 23. März 1998 wurde berichtet, daß Globalstar LP 11,375 Prozent, fällig im Februar 2004, 10,22 Prozent einbringe, gegenüber den 11,56 Prozent vom Vorjahr; Lear Corporation 9,5 Prozent, fällig im Juli 2006, bringe 7,13 Prozent, gegenüber 8,7 Prozent; und Southdown Inc. 10 Prozent, fällig im März 2006, 6,97 Prozent, gegenüber 8,82 Prozent nur 12 Monate zuvor. In der gleichen

Zeitspanne fielen die Renditen der Unternehmensanleihen mittlerer Güteklasse von 7,76 Prozent auf 6,86 Prozent, was einem durchschnittlichen Rückgang der Kreditspanne im Junk- bis mittleren Bereich von 193 auf 125 Basispunkte entspricht.

Von Junk Bonds über den Auslandsschuldenmarkt der Entwicklungsregionen zu Konsumentenkrediten und Geldkarten – das überschüssige Kapital von Industrie- und Finanzfirmen ist auf der Jagd nach hohen Renditemöglichkeiten. Wo man in den achtziger Jahren noch ein Anleihespektrum mit abgestuftem Geschäftsrisikograd und eine ungefähre Progression der Markterträge beobachten konnte, ist das heute selten der Fall. Die Eliminierung der Risikospanne ist nur zu vertraut. Aggressive Händler mit ihrer messerscharfen Finanzsoftware und genügend Extra-Kapital haben sie durch Arbitragegeschäfte abgeschafft. Was noch schlimmer ist, diese Händler handeln mit vollem Einverständnis ihrer Vorgesetzten, wenn sie die Kreditspanne weghandeln. Die Konsequenzen der Mißachtung fundamentaler Risikostrukturen, die jeder Investition eigen sind, liegen auf der Hand. Hier öffnet sich der Weg in die Schulden-Delinquenz.

**Ursachen und Folgen der Schulden-Delinquenz**

Zur Schulden-Delinquenz – das Versäumnis eines Kreditnehmers, seinen Verpflichtungen aus einem Schuldenkontrakt nachzukommen – kann es aus verschiedenen Gründen kommen; nach der vorherrschenden Erklärung soll sie aus einer übermäßigen Verschuldung resultieren, deren Ursache unrealistische Erwartungen hinsichtlich zukünftiger Einnahmen sind. Das Risiko der Delinquenz ist im Fall öffentlicher Kreditaufnahme durch das staatliche Recht, Steuern zu erheben, minimiert. Aber für arme Länder, die von der landwirtschaftlichen Produktion abhängig sind, findet auch das Steuerprivileg des Staates seine Grenzen: nämlich an der Entwicklung der Rohstoffpreise. Provinzregierungen haben in der Regel einen viel geringeren Spielraum, um Steuern zu erheben, und Unternehmen müssen Geschäftsrisiken auf sich nehmen, um Einnahmen zu erzielen.

Die an einem bestimmten Punkt des Risikospektrums angemessene Kreditspanne oder Renditenprämie soll als Puffer fungieren, damit gewöhnliche Verluste aus geschäftlichen Aktivitäten nicht zu großen Störungen der Produktion führen. Umgekehrt kann man die Risikoprämie als impliziten Kostenfaktor einer Gläubigerversicherung betrachten. Ein vorsichtiger Anleger sollte das zusätzliche Risiko des Haltens einer Unternehmensanleihe mit der im Gegenzug versprochenen hohen Rendite ausgleichen können. Wenn Kreditspannen enger werden, geht die Sicherheitsmarge im Kreditsystem verloren und die Risikoscheuen verlieren die Versicherungspolice. Alle Investoren müssen sich im Risikospektrum bewegen, ob sie das wollen oder nicht und ob sie das wissen oder nicht.

Zudem dient die Hierarchie der Kreditspannen, die zu den verschiedenen Graden des Kreditrisikos gehören, einem grundsätzlichen Zweck: Sie soll Kreditverlangen mäßigen. Ohne ein wirksames System der Preiszuteilung in den Kapitalmärkten besteht die Gefahr, daß windige Begeber, die sich als angesehene Unternehmen aufführen, an Kapital kommen. Kreditprüfungsstellen helfen hier nicht, weil sie die Qualität einer Anleihe erst nach deren öffentlicher Ausgabe prüfen. Ohne einen gesunden zweigleisigen Markt in der Risikospanne ist es nahezu unvermeidbar, daß Kapital in die Hand derer fließt, die die höchsten Renditen versprechen, ganz gleich, ob sie, realistisch betrachtet, in der Lage sind, diese überhaupt zu erbringen. So wird die Saat der Schulden-Delinquenz gleich zu Anfang mitgesät.

**Schulden-Delinquenz im privaten Sektor der USA**

Eine der überraschenden Entwicklungen in der Mitte der neunziger Jahre, zu einer Zeit stetigen Wirtschaftswachstums, sinkender Arbeitslosigkeit und fallender Zinsen, war ein dramatischer Anstieg der persönlichen Schuldendelinquenz. Normalerweise steigen die Raten von Delinquenzen im Zusammenhang mit Kreditkarten (Zahlungsrückstände von 30 Tagen und mehr) und persönlicher Zahungsunfähigkeit nur im Umfeld einer schwachen Wirtschaft und steigender Arbeitslosigkeit. Dementsprechend waren die höchsten Raten der Zahlungsunfähigkeit gegenüber Banken in den Jahren 1974, 1980 und 1991/92 zu verzeichnen. Der andere Schlüsselindikator für Kreditdelinquenz im privaten Sektor ist eine rapide Zunahme von Bankkrediten zwei Jahre im voraus. In der Tat hatte der Rückgang der persönlichen Verschuldung bei Banken in den Jahren 1991/92 für das Jahr 1994 zu den niedrigsten Delinquenzraten bei Bankkrediten in den USA seit mehr als zwanzig Jahren geführt. Dieses Ergebnis galt vor allem für den Hauptanteil an der Bankverschuldung von Konsumenten, für Hypotheken und persönliche Kredite; der Rückgang der Kreditkartendelinquenz hingegen war weniger beeindruckend. Seit dieser Zeit sind die Delinquenzraten steil angestiegen und lagen Ende 1997 für Kreditkartenschulden bei 4,5 Prozent und für persönliche Bankkredite bei 3,1 Prozent.

Offenbar hat eine Reihe von Faktoren zu diesem Anstieg beigetragen. Als eine Erklärung dafür wird auf die in den einzelnen US-Bundesstaaten sehr unterschiedliche Insolvenzgesetzgebung verwiesen. In manchen ist ein Gesamtschuldenerlaß möglich, selbst wenn Möglichkeiten der Teilrückzahlung erkennbar sind. In Staaten mit strengeren Insolvenzgesetzen ist die Delinquenzrate höher, weil sich die Kreditgeber auf die Justiz verlassen; sie ersetzt ihnen offenbar die eigene Kreditrisikoprüfung. Nach einer zweiten, vielleicht der stichhaltigsten Erklärung liegt der Anstieg der Schuldendelinquenz am

Verhalten der Kreditindustrie für Konsumenten. Die Zunahme durch Vermögenswerte gesicherter Wertpapiere hat in den letzten zehn Jahren den Konkurrenzdruck im Kreditgeschäft enorm verstärkt. Neue Kreditgeber bieten Leistungen, die vorher den Geschäftsbanken vorbehalten waren. Nach der Sekurisierung persönlicher Kredite, eingeschlossen auch Wohneigentumskredite und Kreditkartenschulden, werden die Vermögenswerte an renditehungrige Lebensversicherungs- und Rentenfonds verkauft. Bei diesem Vorgehen bleibt überschüssiges Kapital beim ursprünglichen Kreditgeber (etwa einer Bank, einer Versicherungs- oder Finanzgesellschaft), die es dann neuer Kreditvergabe zuführen wird. Im Bestreben, von diesen scheinbar großen Ertragsmöglichkeiten im privaten Kreditgeschäft zu profitieren, haben Finanzierungsgesellschaften, die wenig oder keine Erfahrung im Kreditgeschäft haben, Buchwerte von zweifelhafter Qualität angehäuft. Der Sekurisierungsprozeß überträgt latente Probleme der Kreditqualität bloß in den Anleihemarkt. Der Staat hat da an dieser Stelle keine Abhilfe geschaffen, sondern die Finanzierung von Wohneigentum für einkommensschwache Familien gefördert, bei denen die Verschuldung in den ersten Jahren der Hypothekenlaufzeit ansteigt.

Nach einer dritten Erklärung liegt die zunehmende private Zahlungsunfähigkeit an einem grundsätzlichen Einstellungswandel gegenüber Schulden und dergleichen, wie er bei weiten Teilen der Bevölkerung seit Beginn der achtziger Jahre festzustellen ist. Im allgemeinen können wohlhabendere Haushalte in den USA (mit einem Einkommen über 100 000 US Dollar) mit ihren Finanzen gut umgehen. Die durchschnittlichen Lasten ihres Schuldendienstes lagen, bezogen auf das jeweilige Einkommen, im Jahr 1995 kaum höher als 1983, trotz der manischen Kreditaufnahme, die in der Zwischenzeit um sich gegriffen hatte. Dagegen sind die Schuldendienstlasten von Haushalten mit einem Jahreseinkommen unter 50 000 US Dollar stetig gestiegen. Bei denjenigen mit weniger als 30 000 US Dollar jährlich ist die Last von 10 Prozent des jeweiligen Einkommens im Jahr 1983 auf 17 Prozent im Jahr 1995 angestiegen; bei Haushalten mit einem Einkommen zwischen 30 000 und 50 000 US Dollar hat sie sich im gleichen Zeitraum von durchschnittlich 11,4 Prozent auf 22,4 Prozent fast verdoppelt. Diese Lasten haben sich trotz der Erholung der US-Wirtschaft nach der kurzen Rezession von 1991 kontinuierlich erhöht. Es ist daher kein Wunder, daß so viele Haushalte, insbesondere in den unteren Einkommensschichten, zahlungsunfähig werden. Mit 1,2 Millionen im Jahr 1997 liegen diese Fälle weit über dem rezessionsbedingten Spitzenwert von 930 000 im Jahr 1992.

Die USA stehen mit dieser ungewöhnlichen Erfahrung mit privater Schulden-Delinquenz in einer Phase wirtschaftlichen Aufschwungs nicht allein. Die Zahl notleidender Kredite britischer Banken ist, was private Kredite und Hypotheken angeht, im Jahr 1997 gestiegen, und auch aus Kanada und Australien wird von einer Verschlechterung der Kreditqualität berichtet. Weil die Inflation der Löhne und Preise ausbleibt, ist der Zyklus steigender und fallender Schuldenlasten unterbrochen. Auch daß die Nominalzinsen bemerkenswert niedrig sind, reicht nicht aus, um die relative Bedeutung der Ausgaben für den Schuldendienst einzuschränken. Untersuchungen der New Yorker Federal Reserve Bank haben ergeben, daß sich die Konsumenten nur dann über ihre Schuldenlast Sorgen machen, wenn sie Einkommensverluste erleiden oder schlechter an zusätzliche Kredite kommen. Das kann erklären, warum der Anstieg der Schuldendienstlasten so vieler Haushalte sich kaum auf die Ausgaben für den persönlichen Konsum auswirkt. Die persönliche Kreditqualität kann sich über lange Zeit verschlechtern, bis latente Probleme manifest werden.

**Zusammenfassung**

Der Begriff der Kreditqualität ist von fundamentaler Bedeutung für ein Verständnis des westlichen Finanzsystems. Wie die Tiere in George Orwells Animal Farm sind alle Kreditnehmer gleich, nur sind manche eben gleicher als andere. Die praktische Eliminierung der Kreditqualitätsspanne in all ihren Dimensionen sollte Anlaß zu größter Besorgnis geben; ein Grund, die Effizienz des Kapitalmarkts zu feiern, besteht nicht. Denn diese verlangt die Angleichung von Kreditkosten und Anleiherenditen, wo die Fairneß eine genaue Hierarchie von Renditen gebieten würde. Es ist der Bewegung der Renditenkonvergenz in vollem Umfang gelungen, alle Kreditnehmer so zu behandeln, als sei ihre Kreditqualität die gleiche. Die zu Anfang erwähnten Kinder stehen Schlange, um Großmutter am Ärmel zu zupfen; aber, so taub sie auch sein mag, eines Tages wird sie aufspringen und die Kinder für ihre Anmaßung schelten. Wie bereits 1994, vielleicht in noch viel größerem Ausmaß wird die eklatante Dummheit, verschiedene Kreditrisiken über einen Kamm zu scheren, verheerende Schäden in den Schuldenmärkten des Staates, der Unternehmen und der Haushalte anrichten.

Die wunderbaren Kapitalgewinne, die sich aus dem Weghandeln der Risikospanne ergaben, werden sich unausweichlich erschöpfen. Wie beschrieben, zeigt sich die direkteste Verbindung zwischen privater Schulden-Delinquenz und den Finanzmärkten dort, wo Kreditkarten- oder Hypothekenschulden sekurisiert und an die Fondsmanager verkauft werden. In dem Maße wie die Delinquenzraten steigen, fällt der Wert der Anleihe und ihre angenommene Rendite steigt. Die hochentwickelten Märkte für Konsumenten- und sekurisierte Kredite in den USA bieten einen Lackmustest für die Entwicklungen der Kreditqualität in der ganzen westlichen Welt.

# 11
## Die Finanzwerte lösen sich von der wirtschaftlichen Realität

> Doch sieh! als sie kamen zur Bergesseit',
> da öffnet ein wunderbar Tor sich weit,
> als wölbt' eine Höhle sich plötzlich ein;
> und der Pfeiffer schritt vor und die Schar hinterdrein.
> Und als alle darin bis zum letzten Wicht,
> da schloß sich die Tür in der Bergflanke dicht.
> *Robert Browning, »Der Rattenfänger von Hameln«*

> Nichts stört das eigene Wohlbefinden und die
> Urteilsfähigkeit so sehr, als zuzusehen, wie ein guter
> Freund reich wird. *Charles P. Kindleberger,*
> *»Manias, Panics and Crashes«, 1978*

In den achtziger Jahren kursierte ein weit bekanntes Akronym: WYSIWYG – what you see is what you get oder: Was du siehst, das bekommst du auch. Ältere PC-Programme hatten die unangenehme Eigenschaft, daß die ausgedruckte Version einer Datei mit dem Format, in dem sie auf dem Bildschirm erschien, wenig zu tun hatte. WYSIWYG war die selbstbewußte Parole der Programmierer, die damit für Transparenz ihrer Softwareprodukte sorgten. Die Kapitalmärkte sind reif für eine entsprechende Revolution. Im vorhergehenden Kapitel bin ich auf die fehlende Transparenz in den Renten- und Derivatenmärkten eingegangen. Nun widme ich mich den undurchsichtigen Beziehungen zwischen der Bewertung von Aktien, den ausgewiesenen Unternehmensgewinnen und ihren Vermögenswerten. In angelsächsischen Ländern ist es üblich, einen Großteil des Vermögens in Aktien und nicht in Rentenwerten, Anleihen oder als Bargeld zu halten. Doch aus welchem Grund? Wie werden die Aktienwerte bestimmt? Sind Aktien riskantere Investitionen als Rentenwerte? Wie hängen die Bewertung von Rentenwerten und die von Aktien zusammen? Werden Aktien überbewertet und, wenn ja, macht dies etwas aus? Die Antworten, die ich bieten kann, müssen leider kurz und knapp bleiben, doch wäre die These, die ich in diesem Buch vertrete, unvollständig, würden wir uns nicht den Aktienmarkt etwas genauer ansehen. Zunächst müssen wir auf einige bedeutsame Unterschiede zwischen der Organisation von privaten Finanzgeschäften und der von Unternehmen eingehen.

### Unterschiede zwischen den Bilanzen von Privathaushalten und von Unternehmen

Die meisten Menschen stellen für ihren Gebrauch relativ einfache Bilanzen auf. In der Regel verfügen die Haushalte der westlichen Länder über Grundeigentum, Fahrzeuge und Wohnungseinrichtungen, denen bestimmte Schuldenbeträge gegenüberstehen können. Ferner verfügen sie über Bargeld, Guthaben und Kapitalanlagen. Dafür kann man in den meisten Fällen den aktuellen Gegenwert in Bargeld einlösen. Ausnahmen sind Renten- und Pensionsansprüche, die entweder zu einem Paket geschnürt sind oder jeweils einzeln ausbezahlt werden, ferner überschußberechtigte Versicherungspolicen, nicht notierte Wertpapiere und private Geschäftsanlagen. Aber auch diese werden normalerweise in bestimmten Zeitabständen bewertet. Grundsätzlich kann jeder Haushalt seinen Nettowert berechnen, also den Marktwert des gesamten Vermögens unter Abzug der vorhandenen Verbindlichkeiten. Für die meisten Haushalte oder Einzelpersonen dürfte diese Übung nicht allzu schwierig und zeitaufwendig sein, auch wenn wahrscheinlich nur wenige praktische Versuche in dieser Richtung unternehmen.

Die Transparenz der persönlichen Bilanzen kann zu heftiger Aufregung, vielleicht auch zu abrupten Verhaltensänderungen führen. Als zwischen 1989 und 1991 die Immobilienpreise in Großbritannien um 20, in einigen Regionen sogar um 40

Prozent fielen, bedeutete dies für Millionen von Privathaushalten, deren neben Rentenansprüchen einziges Vermögen in ihrem Haus oder ihrer Eigentumswohnung bestand, einen dramatischen Nettowertverlust. Für nicht wenige Haushalte hatte diese Wertminderung ihres Immobilienbesitzes zur Folge, daß die hypothekarischen Belastungen dessen Wert überstiegen. Dazu kommt es, wenn Darlehen größer sind als der Marktwert der Sicherheiten, auf die das Darlehen gewährt wird. In Bradley Stoke, einer großen Wohnsiedlung in Bristol, waren so viele Haushalte von dieser Entwicklung betroffen, daß die Anwohner ihr Viertel in »Sadly Broke« (»Traurig zusammengebrochen«) umbenannt haben. Viele Betroffene verstanden wenig oder nichts von Bilanzen, doch ihre mißliche Lage wurde ihnen rasch klar. Sie hatten unklug investiert und waren in eine Falle gegangen. Einige suchten sich zähneknirschend einen zusätzlichen Job, andere warfen das Handtuch und trennten sich von ihrem Besitz, wieder andere verloren ihn auf dem Rechtsweg, während die Mehrheit sich unter den schlechteren Bedingungen irgendwie durchschlug. Auch gewerbliche Immobilien, vor allem Büros, verloren in dieser Zeit viel an Wert, doch gerieten vergleichsweise wenig Unternehmen, egal in welcher Größenordnung, wirklich in Schwierigkeiten. Im Unterschied zu den Haushalten konnten sie sich den Zeitpunkt für eine Neubewertung ihres Immobilienvermögens aussuchen und so ihre Insolvenz verschleiern.

Bilanzen und Finanzkonten von Unternehmen sind alles andere als transparent. Terry Smith, der ehemalige Chef von UBS, eines britischen Beratungsunternehmens, sagte einmal, die Gewinnrechnung beruhe auf Schätzungen, nicht auf Tatsachen. Viele große und Zehntausende von kleinen Unternehmen mußten schließen, obwohl in ihren Berichten stets von gewinnträchtigen Geschäftstätigkeiten die Rede war. Wenn Schönheit im Blick des Betrachters liegt, so liegt der Gewinn im Blick des Aktionärs, der Finanzabteilungen der Unternehmen, des Wirtschaftsprüfers oder des Finanzamts, um nur einige zu nennen. Der deklarierte Gewinn ist Ansichtssache, keine Tatsache. Warum die Finanzen großer Unternehmen so undurchsichtig sind, hat unter anderem folgende Gründe:

a) Haushalte machen keine feindlichen Gebote zum Zweck der Übernahme anderer Haushalte;
b) Haushalte verfügen nicht über eine Politik zur Abschreibung ihres Vermögens;
c) Haushalte können keinen Goodwill oder Familiennamen als zusätzliche Sicherheit aufbieten;
d) Haushalte können keine legalen bilanzunwirksamen Abrechnungsmethoden entwickeln;
e) Haushalte haben keine eigenen Pensionsfonds;
f) Haushalte können von Währungsvorteilen nur selten profitieren;
g) Haushalte können Aufwendungen für Kapital (abgesehen von Immobilien) nicht steuerlich geltend machen;
h) Haushalte können keine Aktien ausgeben, schon gar keine Aktien für Optionsgeschäfte;
i) Haushalte verfügen nicht über andere Haushalte;
j) Haushalte können ihre Kosten nicht kapitalisieren, um aus Ausgaben Vermögenswerte zu machen.

### Zum Verhältnis von Gewinn und Aktienwert

Unternehmen sind, in der allgemeinsten Definition, wertschöpfend tätig, wenn sie Arbeit, Land und Kapital einsetzen, um Rohstoffe, Energie und andere Hilfsstoffe zu Produkten zu verarbeiten, die einen Verkaufswert haben. Der Verkaufswert von Gütern und Dienstleistungen, abzüglich der Kosten für die eingesetzten Roh- und Hilfsstoffe, ist der vom Unternehmen geschaffene Wert; er verteilt sich auf die Kosten für Löhne und Gehälter, Miet- oder Pachtkosten und den Gewinn, der positiv oder negativ sein kann. Der nach Abzug der Einkommensteuer verbleibende Unternehmensgewinn wird im allgemeinen als die Einnahme betrachtet, die den Aktionären zusteht. Wird dieser Betrag durch die Zahl der ausgegebenen Aktien geteilt, erhält man den Gewinn pro Aktie. Die konventionelle Methode, Aktien zu bewerten, besteht darin, für alle künftig zu erwartenden Gewinne pro Aktie einen Abzug vorzunehmen, wobei ein geeigneter Diskontsatz zugrunde gelegt wird. Nach allgemeiner Auffassung ist der Aktienkurs die Summe der erwarteten künftigen Gewinne plus einen residualen Diskontwert des Unternehmens am entferntesten Punkt der Kalkulation. Dies wird gewöhnlich als ein Vielfaches des gegenwärtigen Gewinns pro Aktie ausgedrückt: Das Verhältnis des Kurses zum Gewinn (K/G) repräsentiert die vom Aktienmarkt kollektiv vorgenommene Beurteilung der Fähigkeit eines Unternehmens, in den kommenden Jahren Profite zu machen. Das Verhältnis K/G ist (unter der Annahme, daß alle Gewinne verteilt werden) der Maßstab für die Anzahl von Jahren, die ein Aktionär braucht, um seine ursprüngliche Investition wieder hereinzuholen. Oder es ist der Maßstab für den Preis (in US Dollar), den ein Investor zu zahlen hat, um einen US Dollar Einkommenswert im Unternehmen zu erwerben. Ein K/G von 1 heißt, daß keinerlei Vertrauen in die Aussichten eines Unternehmens besteht, künftig Gewinne zu machen, während ein K/G von 100 signalisiert, daß ein Unternehmen das größte Vertrauen genießt, in der Zukunft gute Gewinne zu machen.

Nehmen wir folgendes Beispiel: Die Bergbaugesellschaft TFN gibt die Ergebnisse des Vorjahrs bekannt und deklariert einen Gewinn pro Aktie von 2 US Dollar. Wenn die Kapitalkosten 8 Prozent betragen und wir annehmen, daß die Minen noch 20 Jahre ergiebig sind, dann ist die einzige verbleibende Variable die durchschnittliche Wachstumsrate des Gewinns pro Aktie über diesen langen Zeitraum, wobei noch die wahrscheinliche Inflationsrate der Unternehmensprodukte und die wahrscheinliche Wachstumsrate ihres Verkaufsvolumens in den nächsten zwanzig Jahren zu berücksichtigen sind. Wird ein jährliches Wachstum von 10 Prozent des Gewinns pro Aktie angenommen, dann beträgt das Verhältnis K/G 25,4; ein vernünftiger Wert für eine TFN-Aktie wären dann 50,80 US Dollar; setzt man für den Gewinn pro Aktie nur ein Wachstum von 5 Prozent an, dann beträgt K/G 16,1 und der Aktienwert sinkt auf 32,20 US Dollar; nimmt man schließlich an, daß der Gewinn pro Aktie überhaupt nicht wächst, ist K/G 10,8 und der Wert der Aktie beläuft sich auf 21,60 US Dollar.

Nehmen wir nun an, daß Geologen einen regierungsamtlichen Bericht veröffentlichen, wonach alle Minen von TFN in etwa zehn Jahren erhebliche Investitionen vornehmen müssen, um weiterhin Sicherheits- und arbeitsmedizinische Bestimmungen zu erfüllen. Daraufhin werden, unter rationalen Voraussetzungen, die Analysten ihre Berechnungen auf der Basis einer zehnjährigen Lebensdauer der Minen überarbeiten. Die Ergebnisse für K/G wären dann, entsprechend unseren drei verschiedenen Annahmen über das erwartete Wachstum des Gewinns pro Aktie, 12,1 bzw. 9,6 und 7,7, was Aktienwerten von 24,20, von 19,20 bzw. von 15,40 US Dollar entspräche. Ob also TFN-Aktien zu einem Kurs von 15 oder 50 US Dollar den Besitzer wechseln, hängt viel mehr an Annahmen über die Zukunft des Unternehmens als an dessen aktuellen Gewinnen; es hängt freilich auch davon ab, wie geschickt das Unternehmen den Nachrichtenfluß dirigiert, der seine Tätigkeiten betrifft. Selbst bei größter Transparenz der Mittel, mit denen die Profite erzielt werden, und auch der Art der Berichterstattung darüber, unterliegt der Marktwert eines Unternehmens großen Variationen.

### Kreative Buchführung und der kluge Gebrauch von Börsenoptionen

Die euphemistische Rede von »kreativer Buchführung« soll den Spielraum von Finanzabteilungen und Buchhaltern bei der Abfassung von Berichten über die wirtschaftliche Tätigkeit von Unternehmen zum Ausdruck bringen. Ein außergewöhnlicher Posten für Umbaumaßnahmen, ein Zinsswap, zeitlich passende Anlagenabgänge, vielleicht auch ein wenig Steuerung bei den bilanzunwirksamen Posten können selbst bei der dürftigsten Erfolgsbilanz eines Unternehmens Wunder bewirken. Es ist nicht erstaunlich, daß die meisten öffentlich zitierten Unternehmen von stetigen Gewinnzuwächsen vor Steuern und auch von Gewinnen pro Aktie berichten, wenn so viele Techniken des Glättens und des Stillegens zulässig sind.

In den USA und anderen Ländern besteht ein beliebtes Anreizsystem von Unternehmen darin, an Direktoren und Angestellte Optionen auf Aktien zu vergeben. Ohne einen Pfennig extra zu bezahlen, verschafft das Unternehmen seinen Mitarbeitern eine zusätzliche Einnahmequelle, die in Zukunft Zehntausende von US Dollars wert sein kann. Das sichert die Loyalität der Mitarbeiter und spannt sie für die Unternehmensziele ein. Je mehr die Produktivität von Abteilungsleitern und Mitarbeitern steigt, desto mehr Optionen auf Aktienanteile werden ihnen jedes Jahr bewilligt. Läuft alles gut, werden sich die Gewinnchancen durch steigende Produktivität in der Bewertung der Aktien des Unternehmens niederschlagen, womit sich natürlich auch der Wert der Optionen erhöht.

Mitarbeiter von Unternehmen können Optionen auf Firmenaktien erwerben, sind aber nicht dazu gezwungen. Sie kaufen zu einem festgesetzten Kurs (der meistens nahe bei dem zur Zeit der Vergabe vorherrschenden Kurs liegt) auf ein zukünftiges Datum, das in der Regel in einem Zeitabstand zwischen drei und fünf Jahren liegt. Diese Optionen gibt es vor allem im Banken- und Finanzbereich und in der Hi-Tech-Industrie, aber auch in anderen Branchen. Für 1998 wurde geschätzt, daß die US-Haushalte rund 800 Milliarden US Dollar an Aktienoptionen besitzen, zehnmal mehr als vor zehn Jahren. Für die Unternehmen sind sie interessant, denn sie bieten eine Möglichkeit, die Vergütung der Mitarbeiter hinauszuschieben, was freilich nur funktioniert, wenn diese loyal zum betreffenden Unternehmen stehen. Dem Empfänger bieten die Optionen die Aussicht auf immense Kapitalgewinne, solange die Aktienkurse des Unternehmens steigen.

Nach den in den USA herrschenden Standards der Buchführung sind die Unternehmen, die Optionen schaffen, nicht verpflichtet, ihre laufenden Gewinne damit zu belasten. Optionen haben, wenn sie vergeben werden, keinen Marktwert, stellen aber für die Person, die sie erhält, einen besonderen Wert dar. Sie sind vom Zufall abhängige Verbindlichkeiten der Firma. Verläßt der bedachte Mitarbeiter das Unternehmen vor Ablauf der Wartezeit, verfallen die Optionen. Gehen die Aktien des Unternehmens während der Laufzeit von Optionen schlecht, werden sie nicht in Anspruch genommen, weil sie dann wenig oder gar keinen Wert haben. Sollte ein Mitarbeiter lange genug bleiben, um die Optionen in Anspruch zu nehmen, und dies in seinem Interesse liegen, dann wird er die Aktien verkaufen und einen (zu versteuernden) Kapitalgewinn realisieren. Im allgemeinen kaufen die Unternehmen diese Aktien selbst zurück, um einer Minderung des Gewinns pro Aktie zuvorzukommen. Dieser Vorgang geht zu Lasten der Bilanz und der Interessen der anderen Aktionäre. Attraktiv ist das Optionssystem darin, daß es hilft, die Loyalität der wichtigsten Mitarbeiter zu sichern, ohne die ausgewiesenen Gewinne zu beeinträchtigen.

Wie viele andere technische Kniffe sind auch die Mitarbeiter-Optionen auf Aktien des Unternehmens legal und von diesen schlau durchdacht. Gleichwohl gibt es einen Haken: Sie ziehen Geld aus den Unternehmen ab. Um noch einmal Terry Smith zu zitieren: »Es sollte inzwischen klar sein, daß mit den Mitteln der kreativen Buchführung Gewinne zurechtgezimmert werden können, aber es ist unmöglich, bares Geld zu kreieren. Außerdem sind Gewinne Ansichtssache, während Geld eine Tatsache ist. Geld ist wichtiger als Gewinn – mit Geld werden Dividenden bezahlt, und der Grund, warum viele Firmen pleite gehen, ist der Mangel an Geld und nicht der fehlende Gewinn.« (»Accounting for Growth«, 1992)

Wenn sich die Zentralbanken darum bemühen, das Verleihen von Geld ohne die damit verbundenen unangenehmen Nebeneffekte, zum Beispiel eine inflationäre Entwicklung, zu ermöglichen, dann ist das Gegenstück dazu auf Unternehmensseite der Versuch, die Gewinne von den ihnen zugrundeliegenden finanziellen Leistungen zu trennen; von Leistungen, für die der Nettogeldfluß ein Schlüsselindikator ist. Ohne die Hilfe des Chefs der Finanzabteilung oder der für die Beziehungen zu Investoren zuständigen Abteilung eines Unternehmens haben Finanzanalysten oft die größten Schwierigkeiten, aus den veröffentlichten Rechenschaftsberichten die Geldflüsse herauszulesen, die der wirtschaftlichen Tätigkeit des betreffenden Unternehmens zugrunde liegen. Die Unternehmen suchen freilich selbst oft Ausflüchte und sind Börsenanalysten nicht besonders wohlgesonnen, die sich kritisch über ihre Buchführungspraktiken äußern. Terry Smiths kontroverses Buch kostete ihn die Stelle. Analysten, die ein ruhiges Leben bevorzugen, übernehmen die Ansichten, die das Management eines Unternehmens von dessen Leistungen hat, und stellen keine kritischen Fragen.

### Zum Verhältnis von Finanzwert und wirtschaftlichem Wert eines Unternehmens

Die These, wie sie hier allgemein entfaltet wird, setzt keine nähere Bekanntschaft mit den seit Mitte der achtziger Jahre üblich gewordenen Buchführungsmethoden voraus. Um das Verhältnis zwischen dem finanziellen Marktwert eines Unternehmens und dem wirtschaftlichen Wert seines Anlagevermögens zu bestimmen, genügt der Hinweis auf eine weitere Methode, die als Tobins Q bekanntgeworden ist.

Als Q definiert wird gemeinhin das Verhältnis zwischen dem Marktwert eines Unternehmens, der sich durch dessen Kapitalisierung auf dem Finanzmarkt darstellt, und den Kosten nach Steuern, mit denen sich die feststehenden Anlagen dieser Firma ersetzen lassen. Ein Vorteil dieser Definition besteht darin, daß es sich nicht auf die Bewertungen feststehender Anlagevermögen verläßt, wie sie in den Unternehmensberichten erscheinen, in denen sie gewöhnlich nach historischen Kosten bemessen werden. Der Theorie nach sollte der Aktienmarktwert der Unternehmen in einem einigermaßen engen Verhältnis zum Wert ihrer Anlagevermögen stehen. Unrealistisch wäre die Erwartung, daß sie identisch seien, da die Unternehmen ihre Anlagen unterschiedlich stark nutzen. Aber wenn die großen Unternehmen en bloc behandelt werden, dann kann man durchaus erwarten, daß sich das Verhältnis zwischen Marktwert und den Ersetzungskosten der festen Anlagevermögen um einen langfristigen Durchschnitt bewegt. Wie jedoch Graphik 11.1 zeigt, war dies in den neunziger Jahren in den USA nicht zu beobachten. Vielmehr ist dies Verhältnis seit Mitte der achtziger Jahre unerbittlich in die Höhe geschossen; ähnliche Entwicklungen sind in Großbritannien und anderen Ländern zu verzeichnen. Wie aus Tabelle 5.3 zu ersehen war, wurde der Nettowert des privaten Wirtschafts-

*Bild 11.1: Tobins Q für die USA: das Verhältnis zwischen dem Marktwert von Großunternehmen und ihrem Nettoanlagevermögen zu Ersetzungskosten*

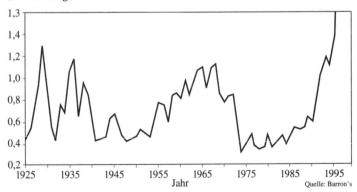

sektors in Großbritannien Mitte 1997 auf 3,05 Billionen Pfund geschätzt, der Nettowert des physischen Anlagevermögens dagegen betrug nur 2,02 Billionen Pfund, was einem Verhältnis zwischen finanziellem und wirtschaftlichem Wert von 1,51 entspricht. Was läßt sich daran erkennen?

Es könnte heißen, daß die Unternehmen in ihren Rechenschaftsberichten ihr jeweiliges festes Anlagevermögen absichtlich unterbewertet haben oder daß sich die Kluft zwischen Aktienmarktwert und wirtschaftlichem Wert aus großen Investitionen in nichtdingliche Anlagen (wie Geschäfts-Goodwill, Markennamen, Bohrrechte, Senderechte, gesetzliche Ansprüche usw.) ergibt. Unter gegebenen Umständen ist es jedoch weitaus wahrscheinlicher, daß die Aktienmärkte den tatsächlichen Wirtschaftswert des Einkommen schaffenden Unternehmensvermögens ernsthaft überbewerten.

Lange vor Tobins Formalisierung von Q stellte John Maynard Keynes folgende Überlegung an: »Denn es macht keinen Sinn, ein Unternehmen aufzubauen , wenn die Kosten dafür höher sind als der Kaufpreis für ein vergleichbares, bereits existierendes Unternehmen. Dagegen kann durchaus Neigung bestehen, in ein neues Projekt eine Summe zu investieren, die exorbitant hoch erscheinen mag, wenn dies mit unmittelbarem Gewinn an die Börse gebracht werden kann.« (Keynes, »The General Theory«, 1936). Liegen die Finanzbewertungen sehr hoch, dann kann daraus ein Anreiz für neue Unternehmen erwachsen, von Grund auf neu aufzubauen, also viel fixes Kapital zu bilden. Folgt man dieser Logik, dann müßte es bei historisch so anspruchsvollen Quoten von Tobins Q zu einer Verminderung der Übernahmetätigkeit kommen, doch genau dies hat sich nicht bestätigt.

Die Ende der neunziger Jahre vorherrschende Unternehmerweisheit läuft darauf hinaus, Erwerbungen durch Schulden zu finanzieren, schlecht gehende Geschäftsbereiche zu verkaufen, die übrigen Aktivitäten zu rationalisieren, um zusätzliche Einnahmen zu schaffen und von den Verkaufserlösen zu gegebener Zeit etwas vom ausgegebenen Aktienkapital zurückzukaufen. Das unternehmerische Motiv für Neuerwerbungen hat sich verschoben: Aus dem Wunsch, Anlagen zu günstigen Preisen zu erwerben, wurde der Wunsch, durch Kostensenkungen sichere Einnahmen zu erzielen. Immer mehr Finanzkapital wird mit der ausdrücklichen Absicht aufgenommen, den unmittelbar zu erzielenden Wert von Aktien und Optionen zu erhöhen und nicht die Geschäftstätigkeit auf organischem Weg zu vergrößern. Reife, langsam wachsende westliche Ökonomien können das schnelle Gewinnwachstum, das von Aktionären mittlerweile erwartet wird, nicht mehr realisieren. Das strategische Zentrum des Kapitaleinsatzes von Unternehmen verlagert sich von der organischen Erweiterung der Geschäftstätigkeit in Richtung auf die Aussicht, mit finanztechnischen Mitteln, ja sogar durch Investitionen in die Aktien anderer Unternehmen hohe Gewinne abzuzweigen. Finanzieller Wert und wirtschaftliche Realität driften immer weiter auseinander.

**Verhältnis zwischen Aktien und Rentenwerten**

Vergleicht man die Bilanzen der Privathaushalte in den kontinentaleuropäischen und den angelsächsischen Ländern, dann zeigen sich große strukturelle Unterschiede: In den USA, Großbritannien, Kanada und Australien werden Aktien als Geldanlage bevorzugt, in Europa Rentenwerte. Ende 1995 lag das Verhältnis von Rentenwerten zu Aktien in Deutschland bei 3,33, in Italien bei 2,11, in Dänemark bei 1,88, in Frankreich bei 1,72 und in Österreich bei 0,85; in den USA dagegen lag es bei 0,54, in Kanada bei 0,51 und in Großbritannien bei 0,23. Diese unterschiedlichen Präferenzen sind zum großen Teil auf grundsätzlich verschiedene institutionelle und Steuersysteme zurückzuführen. Wird in den angelsächsischen Ländern ein Großteil der Ersparnisse in aktienmarktorientierte Pensions- und Versicherungsfonds investiert, halten die Kontinentaleuropäer, vor allem die Italiener, den Hauptanteil ihres finanziellen Vermögens direkt, meist in Form von Rentenwerten und Bargeld.

Die riesigen, weltweit operierenden Systeme des Kapitalmanagements haben die Beziehungen zwischen der Bewertung von Aktien und der von Renten in den verschiedenen Ländern oder Regionen enger werden lassen. In Ländern mit kleinen Aktienmärkten und sehr wenigen privaten Pensionsfonds verlief die Bewertung von Aktien und Renten getrennt; es gab wenige Investoren, die an beiden Anlageformen interessiert waren. Mit Entwicklung des weltweiten Kapitalmanagements wird selbst in diesen Ländern mehr und mehr zwischen Aktien und Renten hin- und hergewechselt. Ebensowie das ausländische Eigentum an Rentenwerten und Aktien während der achtziger und neunziger Jahre in nahezu allen westlichen Ländern gestiegen ist, so ist auch die Verbindung zwischen den lokalen Renten- und Aktienmärkten enger geworden. Die Differenz zwischen der Rendite aus Aktiendividenden und der Tilgungsrendite bei Rentenwerten wird umgekehrtes Renditengefälle genannt; es gibt aber auch Investoren, die lieber vom Wertverhältnis zwischen Rentenrenditen und Dividendenerträgen ausgehen. Die meisten institutionellen Investoren achten sehr genau auf Renditengefälle oder Renditenverhältnis, und viele sind bestrebt, in ihren Portfolios einen Ausgleich zwischen Aktien und Rentenwerten herzustellen, wenn das Renditeverhältnis kritische Ober- oder Unterwerte erreicht. Sein steiler Anstieg im Sommer 1987 war ein frühes Warnsignal für die unruhigen Zeiten, die dann kommen sollten. Wendepunkte bei Kursen und Renditen von Rentenwerten gehen denen auf Aktienmärkten normalerweise voraus.

Im sechsten Kapitel war die Rede von der Portfoliotheorie und dem Gleichgewicht zwischen Risiko und Ertrag. Wir haben gesagt, daß die Risikoprämie für Aktien, der zusätzliche Gewinn, der notwendig ist, um Investoren für die im Vergleich zu Rentenrenditen größere Volatilität von Aktiengewinnen zu entschädigen, für einen Zeitraum von mehreren Jahrzehnten auf rund 6 Prozent geschätzt wurde. Neuere Untersuchungen haben diese Schätzung auf 3 bis 4 Prozent heruntergeschraubt mit dem Argument, die extreme Volatilität der Märkte in der Ära vor dem Ersten Weltkrieg und zwischen den Kriegen habe für das Aktienrisiko heute keine Bedeutung. Der radikalste Anstoß zu einer Revision dieser Schätzungen kommt von einer noch langfristiger angelegten Studie über das Verhalten der Aktien- und Rentenmärkte, die mit aufeinanderfolgenden Zwanzigjahres-Samples zwischen 1802 und 1992 arbeitet. Nach Auffassung von Professor Jeremy Siegel von der University of Pennsylvania war die Bandbreite von Gewinnen aus amerikanischen Aktien und Rentenwerten mit 11 oder 12 Prozent nahezu identisch. Aktien warfen einen mittleren Gewinn von 5,7 Prozent ab, zweimal soviel wie Rentenwerte, das heißt, über sehr lange Zeiträume haben Investoren größere Erträge durch Aktien ohne ein Extrarisiko eingestrichen.

Die Betonung im letzten Satz sollte auf die Worte »über sehr lange Zeiträume« gelegt werden, denn wer bereit ist, seine Ersparnisse in einem langfristigen Vertrag wie zum Beispiel einem Pensionsplan festzulegen, kann sich mit Gründen sagen lassen, daß dann vielleicht mehr für Aktien spricht als für Rentenwerte. Allerdings ist nicht zu vergessen, daß der amerikanische Aktienmarkt nach dem großen Crash von 1929 achtzehn Jahre brauchte, um sich zu erholen. Je kürzer der Investitionshorizont, desto größer ist die mögliche Volatilität von Gewinnen aus Aktien im Vergleich zu Rentenrenditen. Im Anschluß an das im zehnten Kapitel angesprochene Thema der Risikoprämien sollte es nicht verwundern, daß Rechtfertigungen dafür heftig unter Beschuß stehen. Ein merkwürdiger Zug im Verhalten der Aktienmärkte während der neunziger Jahre war die Tatsache, daß die angelsächsischen Aktienmarktindices selten um mehr als 5 Prozent gefallen sind. Diese Aktienmärkte haben sich nicht nur ständig einer hohen

Wertschätzung erfreut, sondern sie haben sich auch bei schlechten Nachrichten als ziemlich elastisch erwiesen. Die volkstümliche Psychologie von Investoren – »Kaufe, wenn die Kurse im Keller sind« – findet in den Geschäftsprogrammen der Investmentgesellschaften Bestätigung. Wenn die Kurse in kurzer Zeit über eine bestimmte Quote hinaus fallen oder steigen, geben leistungsstarke Computer automatisch die Anweisung, große Aktienpakete zu verkaufen oder zu kaufen. Eine nur schwache Volatilität des Aktienindex nährt die Illusion, daß es auf die Risikoprämie beim Aktiengeschäft nicht mehr ankommt.

In den achtziger Jahren hat das weltweite Aktiengeschäft den Handel mit Rentenwerten weit übertroffen, damit bestätigte sich das angelsächsische Modell der Geldanlage. Zwischen 1990 und 1993 war der Wettbewerb zwischen Aktien und Rentenwerten viel direkter, seit 1995 jedoch hat sich die Überlegenheit von Aktiengewinnen gegenüber Rentenrenditen aufs neue bestätigt. Diese lange Periode der Überlegenheit des Aktienhandels führte zu einer tiefen Kluft zwischen den nationalen Aktienmärkten und ihrer jeweiligen Bedeutung. Ende 1997 war die Londoner Börse zu 160 Prozent des nationalen Bruttoinlandsprodukts (BIP) kapitalisiert und die New Yorker Börse zu 120 Prozent, die Pariser Börse dagegen zu 50 und die Frankfurter zu 39 Prozent. Auf dem Höhepunkt des japanischen Aktienbooms im Jahr 1989 war die Londoner Börse zu 17,5 Prozent der Tokioter Börse kapitalisiert, während Anfang 1998 die Marktkapitalisierung in London die von Tokio übertraf!

**Warum sind Aktien als Anlageform so populär?**

Wenn die ausgewiesenen Gewinne so ohne weiteres zu manipulieren sind, warum sind Aktien dann so beliebt? Wie ist der angelsächsische Ansturm auf Aktien zu erklären, der sich schließlich auch auf Kontinentaleuropa übertragen hat? Dafür lassen sich drei allgemeine Begründungen nennen. Die erste ist im wesentlichen demographischer Natur; zweitens ist in diesem Zusammenhang von einem »neuen Paradigma« die Rede und drittens wird oft auf jene Mischung aus Habgier und einem Übermaß an Vertrauen in die Zentralbanken und ihre Fähigkeit, die Finanzwerte zu stützen, verwiesen. Der Leser mag entscheiden, welche dieser drei Erklärungen ihm am meisten einleuchtet, sie schließen sich nicht gegenseitig aus.

Demographische Prozesse verhalten sich wie Supertanker auf dem Ozean des Wirtschaftsgeschehens: Sie bewegen sich langsam und ruhig, aber mit großer Kraft auf ihr Ziel zu. Wenn sie ihren Kurs ändern, wühlen sie die See in meilenweitem Umkreis auf. Wenn sich Finanzkommentatoren demographischer Argumente bedienen, dann muß man ihre Ansichten mit viel Salz schlucken. In Friedenszeiten ändert sich die Zusammensetzung der erwachsenen Bevölkerung eines entwickelten Landes von einem Jahr zum anderen nicht wesentlich. Wenn jemand behauptet, im März des folgenden Jahres stehe aus demographischen Gründen eine Rezession bevor, will er das Publikum hinters Licht führen. Das heißt nicht, daß demographische Veränderungen in Zeiträumen von fünf oder zehn Jahren keinen Einfluß hätten. Bestimmte Kohorten in einer Bevölkerung (z.B. die 25- bis 34jährigen) haben gemeinsame Gewohnheiten im Umgang mit Geld; so wie sie in ihrer Jugend gelernt haben, mit Geld umzugehen, ausgeben, Schulden machen oder sparen, so wird auch ihr Verhalten in späteren Jahren sein, wenn sie älter und wohlhabender geworden sind. In dem Maß, in dem erfolgreiche Bevölkerungskohorten unterschiedliche Gewohnheiten haben, sind demographische Überlegungen durchaus sinnvoll.

Veränderungen im Verhältnis von Geburts- und Sterberaten beispielsweise haben unterschiedliche Folgen für das Bevölkerungswachstum. Ende der neunziger Jahre sind die geburtenstarken Jahrgänge vom Ende der fünfziger, Anfang der sechziger Jahre Ende dreißig oder Anfang vierzig. Diese Kohorte steht vor dem Höhepunkt ihrer Verdienstmöglichkeiten und hat einen unverhältnismäßig großen Einfluß auf Konsumverhalten und Spargewohnheiten. Um 2015 oder 2020 wird diese Gruppe in Rente gehen und eine Altersversorgung haben wollen. Vor ihnen liegen die Nachkriegsjahrgänge, die wirtschaftlich wahrscheinlich privilegierteste Generation, die es jemals gab. Es sind die Jahrgänge, die in dem Jahrzehnt nach 1946 geboren wurden und riesige Sparguthaben direkt oder über Rentenansprüche, Versicherungen oder Sparverträge auf die Aktienmärkte geworfen haben.

Das demographische Muster variiert von Land zu Land, aber es bestehen einige strukturelle Ähnlichkeiten zwischen den westlichen Volkswirtschaften. Die Altersgruppe zwischen 40 und 59 ist die wichtigste Sparerkohorte. In den USA ist diese Gruppe in der Gesamtbevölkerung anteilmäßig von 25 Prozent im Jahr 1985 auf 31 Prozent im Jahr 1997 gewachsen. Dieser Anteil wird im Jahr 2006 mit fast 36 Prozent am größten sein, allerdings mit einem bereits verminderten Wachstumstempo. Der Anteil von Nichtsparern, das heißt von Rentnern, steigt zur Zeit langsam an, wird aber zwischen 2005 und 2030 erheblich zunehmen. Dann nämlich werden alle geburtenstarken Jahrgänge das Seniorenalter erreicht haben. Das demographische Argument besagt im wesentlichen, daß die Nachfrage nach Aktien seit den achtziger Jahren so stark angewachsen ist, weil die wichtigste Sparerkohorte größer und wohlhabender geworden ist. Vertreter dieses Arguments machen auch gern auf die Koinzidenz zwischen dem letzten Tief in der Wachstumsrate der wichtigsten Sparergruppe und einer scharfen Baisse im Aktiengeschäft (1974/75) aufmerksam und ziehen daraus den Schluß, daß es nicht genug Sparer gab, um die Aktienkurse zu stützen.

Dieses Argument ist problematisch, weil es von der Annahme ausgeht, daß die Sparneigung in jeder Altersgruppe konstant ist. Mit anderen Worten, wenn die wichtigste Sparergruppe in ihrem Umfang unverhältnismäßig stark wächst, besteht die Versuchung, ihr dieselben Spareigenschaften zu unterstellen wie der entscheidenden Sparergruppe fünf oder zehn Jahre zuvor. Nun ist aber seit Anfang der achtziger Jahren die Arbeitslosigkeit der über Fünfzigjährigen leider stark angestiegen, wodurch sich die Sparkapazität der wichtigsten Sparerkohorte erheblich verringert hat. Außerdem ist der Anteil von über Fünfzigjährigen ohne Schulden kleiner als zehn Jahre zuvor; daraus ergibt sich eine weitere Einschränkung ihrer Spareigung.

Kommen wir zum zweiten Erklärungsansatz für die Beliebtheit von Aktien als Geldanlage, dem neuen Paradigma. Es besagt im wesentlichen – es ist so neu, daß es eine exakte Definition nicht zuläßt –, daß nicht mehr das feste Anlagevermögen, sondern Wissen und Information zur Hauptgrundlage für die Bewertung von Unternehmen geworden seien. Zu den Industrien, die auf Wissen aufbauen, gehören die Informationstechnik, Forschung und Entwicklung, Biotechnik, Finanzdienstleistungen und Managementberatung. Manchmal gibt es auch ein physisches Endprodukt, eine Pille zum Beispiel oder einen integrierten Schaltkreis, aber im großen und ganzen gehören auf Wissen aufgebaute Industrien dem Dienstleistungssektor an. Aus der Sicht des neuen Paradigmas erscheinen die konventionellen Bewertungsmaßstäbe, die auf dem Buch- oder Ersetzungswert fester Anlagen beruhen, nur mehr lächerlich. Wissen ist Macht.

Zentrale Bedeutung für das neue Paradigma hat nach verbreiteter Auffassung die Rolle der Kommunikationstechnik mit ihren Systemen der immer schnelleren Datenübertragung. Die Konsumenten geben lokale, regionale und nationale Bindungen zugunsten von globalen Marken auf. Der Preis, der dem winkt, der zuerst kommt, ist größer denn je. Wenn ein Produkt oder ein Talent oder ein Erlebnis das beste ist, möchte es jeder haben. Die Multimediatechnik plaziert das Beste in Reichweite aller, die es sich leisten können; das Beste ist nur mit einem Aufpreis zu haben. Es besteht eine Polarisierung zwischen dem Entgelt für Topqualität gegenüber dem

Dritt- oder Zehntbesten, womit sich von seiten einer multinationalen Wirtschaftselite unglaubliche Preise und Tarife
rechtfertigen lassen. »Intel inside« hat seinen Preis. Auch in
der Medizin, im Rechtswesen, in den Bereichen von Design,
Mode, Managementberatung und anderen Berufen sind die
Konsumenten auf Topqualität aus. Zweitrangige Produkte
müssen mit großen Preisnachlässen angeboten werden, wenn
sie überleben wollen.

Die Vertreter der Theorie des neuen Paradigmas vermitteln
den Eindruck, daß die auf Wissen beruhenden Industrien die
Ökonomien, in denen sie entstanden sind, auf eine höhere
Wachstumsbahn des BIP katapultiert haben. Außerdem haben die bösen deflationären Trends, die in der Welt von Com-
puter- und Kommunikationstechnik und Design allenthalben
anzutreffen sind, die Drohung inflationärer Entwicklungen
beseitigt, die den wirtschaftlichen Fortschritt in der Vergangenheit so oft unterbrochen haben. Die USA gelten in dieser
Hinsicht als Beispiel Nr. 1: Seit 1991, seit sieben Jahren ein
stabiles, völlig ungewöhnliches Wachstum des BIP und so gut
wie keine Inflation. Wo also sollte das Problem liegen?

Die Anhänger des neuen Paradigmas mokieren sich über
die grundsätzliche Unterscheidung zwischen Anlagevermögen wie Fabriken, Maschinen etc. und dem Wissen. Unternehmen können ihr Eigentum viel leichter in die Waagschale werfen, wenn es sich um feste Anlagen handelt, als wenn es um
Wissen und Information geht. Geheimnisse können verloren
gehen oder auch entdeckt werden. Ein Spitzenmitarbeiter
läßt sich nur davon abhalten, die Geheimnisse seines Unternehmens mit anderen zu teilen, wenn ihm klargemacht wird,
daß dies nicht in seinem Interesse liegen kann. Das heißt, die
Wertschöpfung der Firma muß auf phantastische Gehälter für
den inneren Kreis der innovativen und vertrauenswürdigen
Mitarbeiter verteilt werden, im übrigen sind strikte Sicher-
heitsmaßnahmen für Gebäude, technische Ausrüstung und
Personal zu treffen. Hat ein Unternehmen damit keinen Er-

folg, muß es sich seine Informationen gerichtlich schützen lassen.

Durch die ständigen Kosten, die anfallen, um Spitzenkräfte, die sich wie Primadonnen aufführen, bei der Stange zu halten, geraten die Barkonten der betreffenden Unternehmen unter starken Druck. Wie schon bemerkt, sind Aktienoptionen für Mitarbeiter ein geeignetes Mittel, sich deren Loyalität zu sichern, ohne Löcher in die ausgewiesenen Gewinne zu reißen. Nur wenn die Spitzenkräfte persönlich integer sind oder gerichtliche Auseinandersetzungen befürchten oder den Wert der Geheimnisse, deren Träger sie sind, gar nicht so genau einschätzen können, haben Unternehmen, die Wissen verarbeiten, die Chance, außerordentliche Gewinne zu machen. Immer häufiger erhöhen neue Technologien die Konsumentenerwartungen, ohne die Einnahmen der betreffenden Unternehmen zu vermehren; ständig steigende Qualität ist die Norm, nicht die Ausnahme. Das erhoffte Produktivitätswunder ist in den USA ebenso trügerisch wie in Europa; in Amerika hat das ständig steigende Wachstum große Mengen zusätzlicher Arbeitskräfte absorbiert, und es könnte aus genau diesem Grund schließlich auch in sich zusammenbrechen.

Eine dritte Erklärungsmöglichkeit eröffnet die These dieses Buches. Sie läuft darauf hinaus, daß die entwickelte Welt, was finanzielle Dinge angeht, den Verstand verloren hat; man läßt sich zu ungefähr gleichen Teilen von den jeweiligen Zentralbanken und der eigenen Dummheit in die Irre führen. Egal wie ausgetüftelt die Rechtfertigungen für die zur Zeit, Mitte 1998, erreichten Bewertungen durch die Aktienmärkte sein mögen, es bleibt wahr, daß diese Kurse auf einer schwankenden Schuldenpyramide beruhen. Die geringe Inflation hat mit ihren wohltuenden Auswirkungen auf die Kurse von Rentenwerten, die von den Derivatenmärkten noch geschickt unterstützt werden, in den westlichen Ländern die Illusion riesenhafter Ersparnisse geschaffen, von denen jedoch überhaupt nicht die Rede sein kann. Wenn die Säule des Rentenmarkts wegbricht, fällt auch das ganze Gebäude der Aktienkurse in sich zusammen.

**Zusammenfassung**

Nach dem Hochschnellen der westlichen Aktienmärkte in den Jahren 1995-98 stand die reale Rate von K/G für die 30 Werte des Dow Jones Industrial Average (DJIA) bei 23,3 Punkten, während der umfangreichere Standard and Poors Industrial Index auf 30,6 und der Nasdaq Composite auf 67,5 kam. In der Gruppe des DJIA reichte die für 1998 vorausgesagte Rate von K/G von 8,5 Punkten für General Motors bis zu erstaunlichen 37,6 für Disney und 46,6, für Coca Cola. Die Leichtigkeit, mit der Geld in Aktien getauscht wird, könnte den Einruck erwecken, die umgekehrte Transaktion sei ebenso einfach zu bewerkstelligen, aber Generationen von Investoren haben gelernt, daß dem nicht so ist. Wenn Finanzmärkte und besonders Aktienmärkte wegen übermäßiger Kurssteigerungen in der Vergangenheit ernsthafte Korrekturen hinnehmen müssen, dann ist nur ein winziger Bruchteil derjenigen, die ihre Anteile verkaufen wollen, hierzu auch wirklich in der Lage. Die meisten Investoren haben praktisch keine Möglichkeit zu verkaufen, bis der Kursverfall schon weit fortgeschritten ist. Wie die Kinder von Hameln werden sie feststellen, daß das weite Portal, durch das sie eingetreten sind, hinter ihnen ins Schloß gefallen ist. Aktien sind illiquide Anlagen; es gibt keine Garantie, daß die Kurse nur graduell fallen werden.

Die Trennung der Finanzwerte von der wirtschaftlichen Realität läßt sich nicht endlos aufrechterhalten; Aktien sind finanzielle Forderungen auf das Einkommen schaffende Potential realer Anlagevermögen. Übernahmen, gleich welcher Größenordnung, können daran so wenig ändern wie Buchungstricks oder modisch gepuschte Marken.

# 12
# Schrumpfende und ausbleibende Kreditgewinne

Kein Borger sei und auch Verleiher nicht;
Sich und den Freund verliert das Darlehn oft
Und Borgen stumpft der Wirtschaft Spitze ab.
*Shakespeare, Hamlet, 1. Akt, 3. Szene*

Schauet wie es euch geht!
Ihr säet viel, und bringet wenig ein; ihr esset, und
werdet doch nicht satt; ihr trinket, und werdet doch
nicht trunken; ihr kleidet euch, und könnt euch doch
nicht erwärmen; und wer Geld verdient, der legt's in
einen löchrigen Beutel. *Der Prophet Haggai, 1:5-6*

Ein Kredit läßt sich definieren als Abkürzung zu einem er-
sehnten Ziel. Er ermöglicht, ohne Rücksicht auf die laufenden
Einnahmen, die unmittelbare Befriedigung von Bedürfnissen.
So lassen sich große Bauvorhaben wie Staudämme für Was-
serkraftwerke oder Eisenbahntunnels ohne laufende Einnahmen realisieren. Mit Hilfe internationaler Kredite werden in
armen Ländern Bewässerungsprojekte und Wasseraufberei-
tungsprogramme finanziert, die Leben retten und das öffentliche Gesundheitswesen verbessern, lange bevor das betreffende Land sich solche Projekte mit anderen Mitteln leisten
kann. Grundsätzlich liegt jedem Kreditvertrag die Vorstellung
zugrunde, daß der Kreditnehmer den Darlehenserlös als
zukünftige Einnahmequelle nutzt. Im Fall eines Verbraucher-
darlehens besteht der Nutzen in der Regel aus Diensten, die
von Häusern, Autos oder Einrichtungen erbracht werden. Solche Darlehen müssen durch Einkommen, die in keinerlei Beziehung dazu stehen, bedient und, wenn nötig, durch unabhängiges Vermögen gesichert werden. Bei kommerziellen
Darlehen entspricht der zukünftige Nutzen einem bestimmten Gewinn beziehungsweise bestimmten Einnahmen aus

Pacht oder Miete. Unter normalen Umständen ist dieses Einkommen groß genug, um die Schulden zu bedienen und die Kosten für die Produktion oder das Geschäft zu bezahlen.

In der Wirtschaft besteht ein grundsätzlicher Zusammenhang zwischen steigender Schuldenaufnahme und dem erwarteten Wachstum von Einkommen und Produktivität. Warum sonst sollte ein potentieller Darlehensgeber in einen Kreditvertrag eintreten? In den meisten entwickelten Ländern jedoch führt die Zunahme der Schulden ein Eigenleben. Sie steht in keinem offensichtlichen Zusammenhang mit dem Wachstumstempo des Nationaleinkommens mehr. Als stünden sie in dichtem Nebel, scheinen Kreditnehmer das wünschenswerte Ziel aus den Augen verloren zu haben, und den Darlehensgebern scheint die Art und Weise, in der ihr Kapital eingesetzt wird, gleichgültig zu sein.

### Schulden und Ausgaben

Da geht ein Mann in ein Modekaufhaus, um einzukaufen; als Zahlungsmittel hat er ausschließlich eine Kreditkarte bei sich. Das Bankkonto ist leer, aber es besteht ein Dispositionskredit von 1000 US Dollar. Vierzig Minuten später tritt er wieder auf die Straße, beladen mit etlichen grellbunten Einkaufstüten, gefüllt mit Waren im Wert von 730 US Dollar. Daran ist nichts Geheimnisvolles. Die privaten Schulden bei der Bank haben sich um weitere 730 US Dollar erhöht, ebenso die Ausgaben für Waren und Dienstleistungen. Das jedoch ist nicht das Ende der Geschichte, denn ein Teil dieser 730 US Dollar wird zu Einkommen für andere, die es zum zweiten Mal ausgeben; und so weiter. Unter Berücksichtigung all dieser kleinen Effekte beläuft sich der Gesamteffekt für das Nationaleinkommen auf 1095 US Dollar, der Schuldenmultiplikator beträgt mithin 1,5 (genauer: 1095 US Dollar geteilt durch 730 US Dollar). Nehmen wir an, es finden keine weiteren wirtschaftlichen Transaktionen statt, dann weist das nationale Konto der Privatschulden einen Betrag von 730 US Dollar auf, während der laufende Geldwert von Einkommen, Erträgen und Ausgaben einen Stand von 1095 US Dollar erreicht hat.

Es gibt keine Garantie dafür, daß die Zinsen für diese 730 US Dollar sofort gezahlt werden, und auch nicht dafür, daß die Schuld selbst schließlich zurückbezahlt wird. Das aber spielt in diesem Stadium noch keine Rolle, wenn das Wirtschaftswachstum bewertet werden soll. Muß die Bank die 730 US Dollar letztendlich abschreiben, dann wird sich ihr Gewinn (und das BIP) in einem späteren Jahr um eben diese Summe vermindern. An diesem Beispiel soll deutlich werden, daß Schulden die Wirtschaft stimulieren und Einkommen erzeugen, deren Wert den der Schuldensumme übersteigt. In einer Phase eines schnellen Wachstums der Schulden kommt es im Regelfall zu einer übermäßig steigenden Nachfrage und zu einem inflationären Druck auf die Wirtschaft. Die Inflation hat die nützliche Funktion, daß die Einkommen der Schuldner steigen und diese so ihren Verbindlichkeiten leichter nachkommen und ihre reale Schuldenlast vermindern können. In einer solchen Situation nehmen die Schuldenrückstände im allgemeinen ab und die Gewinnmargen der Kreditgeber erhöhen sich.

### Schulden und Geldanlagen

Nehmen wir weiterhin an, daß unser Käufer auf seinem Weg zum Kaufhaus von einem Versicherungsvertreter angehalten wird, von dem er sich überreden läßt, 730 US Dollar über einen offenen Investmentfond in Aktien zu investieren. Mit dieser Zahlung wird das Bankkonto belastet, wie im anderen Fall auch. Der Fonds nutzt den Erlös, um auf dem Aktienmarkt zu investieren. Irgendwo im Finanzsystem geht dieses Kapital an Unternehmen über, die neue Aktien ausgeben, oder an Investoren, die auf andere Anlagen, Güter oder Dienstleistungen überwechseln. Der Anteil der 730 US Dollar, der für Waren und Dienstleistungen ausgegeben wird, wird wahrscheinlich nur 25 oder 50 Prozent betragen, was mit den Ausgabegewohnheiten von Unternehmen und Geldinstituten zu tun hat, die sich von denen privater Haushalte unterscheiden. Auch wenn man Multiplikatoreffekte berücksichtigt, werden Nationaleinkommen und Produktion wahrscheinlich nicht um 730 US Dollar steigen. Der Anleger wird nur ganz geringfügige oder überhaupt keine Einnahmen aus dem offenen Fond beziehen.

Was macht der Kreditgeber in diesem Fall? Die Gewährung des Kredits durch die Bank war, was die Verwendung des Kredits angeht, mit keinerlei Einschränkungen verbunden; der Bank muß also klar sein, daß ein Teil ihres Darlehens als Geldanlage und nicht für Kapital oder Verbrauchsgüter verwendet wird. Nun reichen die Einnahmen aus dem offenen Investmentfond nicht aus, um das Darlehen zu bedienen. Entweder werden die Zinsen aus anderen Einkommen bezahlt oder sie werden auf das Darlehen aufgeschlagen. Die Praxis, Zinsen als Bestandteil von ausstehenden Darlehen festzuschreiben, ist ein probates Mittel, um Schulden in die Höhe zu treiben. Die Wertsteigerung des Kapitals wird den Wert des Darlehens vielleicht bald übertreffen, die Bank aber hat den Fond nicht als Sicherheit für das gewährte Darlehen. Sollte es mit vorhandenem Vermögen des Schuldners besichert werden, dann würde die Bank wahrscheinlich eher Grundeigentum als eine Geldanlage fordern.

In diesem Beispiel übertrifft die Schuldenakkumulation für einen bestimmten Zeitraum den Zuwachs des Nationaleinkommens. Zwar gibt es noch genug Einkommenszuwächse, um die neue Schuldenaufnahme zu finanzieren, aber man kann nicht mehr davon ausgehen, daß sich die Schuldenlast mit der Zeit verringert. Wenn Darlehen als Geldanlage dienen, dann sinkt die Nachfrage im realen Wirtschaftsgeschehen, und es kommt eher auf dem Finanzsektor zu inflationären Tendenzen als bei den Verbraucherpreisen. Bei niedrigen Inflationsraten wird die reale Schuldenlast sehr langsam abgetragen, und der reale Zinssatz ist im allgemeinen hoch.

Dies entspricht einer Situation, in der Darlehen recht profitabel zu sein scheinen, während gleichzeitig die Schuldenrückstände stark zunehmen.

Diese beiden Beispiele zeigen, welche Unterschiede zwischen sozioökonomischen Gruppen bestehen; für die einen stehen die Produktion und der Verbrauch von Gütern und Dienstleistungen im Mittelpunkt, für die anderen die Akkumulation von Geldvermögen als Zeichen für Macht, Status und Sicherheit. Insofern jedoch alle sozioökonomischen Gruppen bereit sind, Schulden aufzunehmen, um ihre Ziele zu erreichen, teilen sie bestimmte Fehleinschätzungen. Beide Bereiche der Gesellschaft arbeiten mit der impliziten Annahme, daß ihnen immer Kreditmöglichkeiten offenstehen, deren Inanspruchnahme sie sich leisten können, und daß sie nicht damit rechnen müssen, eines Tages aufgefordert zu werden, ihre Schulden zurückzuzahlen. Doch kann sich diese Annahme auf kein Beispiel aus der Geschichte berufen und wird auch in der Zukunft jeder Grundlage entbehren.

**Die amerikanische Schuldenmaschine**

Wieder einmal liefern die USA das beste Beispiel für ein Land, das aus dem sich auftürmenden Schuldenberg abnehmende Gewinne zu verzeichnen hat. Zwischen den letzten Quartalen der Jahre 1996 und 1997 betrug das Wirtschaftswachstum der USA 3,8 Prozent; die Inflationsrate lag bei bescheidenen 1,8 Prozent. Die Finanzmärkte waren so sehr auf diese beiden Kennzahlen für die Gesundheit einer Volkswirtschaft (auf Zunahme des BIP und Preisinflation) fixiert, daß ihnen eine Reihe anderer, eher besorgniserregender Statistiken entgingen. Warum beispielsweise stiegen die nationalen Einkommen und Ausgaben im vorangehenden Jahr nur um 5,6 Prozent oder 439 Milliarden US Dollar, wenn im privaten und im öffentlichen Sektor im gleichen Zeitraum neue Schulden in Höhe von 759 Milliarden US Dollar angehäuft wurden? Von diesem Betrag entfielen auf die privaten Haushalte

364, auf die nicht im Finanzbereich tätigen Unternehmen 312 und auf die öffentliche Hand 83 Milliarden US Dollar.

Auf den ersten Blick sieht es so aus, als seien die Kreditgeber übers Ohr gehauen worden, weil im Schnitt jeder neu geliehene US Dollar nur 58 Cents zusätzliche Kaufkraft brachte. Doch sind, wie das zweite Beispiel im letzten Abschnitt zeigt, mit der neuen Kreditaufnahme vielleicht im Wiederverkauf angebotene Wohnungen und Häuser oder Geldanlagen anstelle von Verbrauchsgütern und Dienstleistungen finanziert worden. Ziegelsteine und Granatwerfer schaffen kein Einkommen (es sei denn, sie werden vermietet), und für amerikanische Aktien wird eine armselige Dividende von 1,5 Prozent ausgezahlt. Mit anderen Worten, die Erlöse für diese Anlagen sind eher erwartete Kapitalgewinne als Dividenden; sie fügen dem laufenden Wert des Nationaleinkommens wenig hinzu.

Aus den entsprechenden Daten für die USA der letzten dreißig Jahre geht hervor, daß das Jahr 1997 kein Sonderfall war. Zu keinem Zeitpunkt in den achtziger und neunziger Jahren war das Wachstum des BIP größer als der Gesamtwert der Nettoneuverschuldung. Das letzte Jahr, in dem das Nettowachstum der Neuverschuldung des privaten Sektors unter dem des BIP lag, war 1976. Rechnet man noch die Verschuldung der öffentlichen Hand hinzu, dann war dies in den fünfziger Jahren zum letzten Mal der Fall. Seit dreißig Jahren sind die privaten Schulden in den USA ständig mehr gestiegen als das BIP.

**Die entscheidende Rolle des amerikanischen Finanzsektors**

Die Anziehungskraft, die Geldanlagen in den USA ausüben, birgt ein weiteres Problem: Charakteristisch für die Kreditmärkte dort ist die Schuldenakkumulation durch den inländischen Finanzsektor. Je weiter dieser Sektor hochgefahren wurde, desto rascher sind die Immobilienpreise und die Preise für Geldanlagen in Fahrt gekommen. Graphik 12.1 zeigt den

*Bild 12.1: Schuldenakkumulation in den USA (in Milliarden US-Dollar)*

Private Haushalte, Nicht-Bankunternehmen
Regierung insgesamt
Inlandsfinanzsektorkapital

Jahr

Quelle: US Federal Reserve Board

jährlichen Schuldenzuwachs des Finanzsektors im Vergleich zu dem privater Haushalte und nicht im Finanzsektor tätiger Unternehmen. Die größten Kreditnehmer auf dem inländischen Finanzsektor sind staatlich geförderte Hypothekenpools (z.B. Fannie Mae, Freddie Mac usw.), sind Emittenden von ABS-Anleihen, staatlich geförderte Unternehmen und Kapital- und Finanzgesellschaften. Ende 1997 stellt sich die Verteilung der unterschiedlichen Schuldverschreibungen auf dem Finanzmarkt wie folgt dar: auf die Bundesregierung bezogene Wertpapiere 54 Prozent, Unternehmensanleihen 28 Prozent, Geldmarktpapiere 12 Prozent und Darlehen 6 Prozent.

Um diesen Schuldenberg auszugleichen, investiert der inländische Finanzsektor in Hypotheken (51 Prozent), Verbraucherkredite (9 Prozent), Staatsanleihen (7 Prozent), Geldmarktpapiere (5 Prozent), andere Darlehen (12 Prozent) und Anlagen (16 Prozent). Der Finanzsektor beeinflußt die Grundstückspreise durch seine Nachfrage nach Hypotheken, den Verbrauchermarkt durch das Anwerben von Kundenkrediten, die direkte Investition in Unternehmensanleihen und Wertpapiere sowie durch die Zuführung von Finanzmitteln an Broker und Händler.

Daß seit den achtziger Jahren ein derart großer Finanzsektor entstehen konnte, hängt eng mit dem Aufwärtstrend der amerikanischen Aktien- und Rentenkurse zusammen. Mit Immobiliendarlehen an Einzelpersonen und Unternehmen als größtem Anlagebereich und Rentenwerten als hauptsächlichen Verbindlichkeiten konnte der inländische Finanzsektor in einem expandierenden Markt leicht Gewinne machen. Als die Rentenrenditen fielen und die Risikomargen schrumpften, verringerten sich für die Finanzinstitute die Kosten der Kreditaufnahme. Aus Gründen des Wettbewerbs geht der Großteil dieser Gewinne über an neue Kreditnehmer, so daß sich aus älteren, nicht refinanzierten Darlehen komfortable Gewinne schlagen lassen. Zugleich trugen die leichtere Verfügbarkeit von Darlehen für Verbraucher und die nach einer Refinanzierung gesunkenen Kreditkosten dazu bei, daß die Nachfrage nach Anlagen, die in Verbindung zum Aktienmarkt stehen, auf Kosten von Depositenkonten in die Höhe getrieben wurde. Dieser circulus vitiosus wiederum hat die Finanzgesellschaften dazu ermutigt, ihre Kreditaufnahme am Markt in halsbrecherischem Tempo zu steigern. Ebensosehr beeinflußt er die Bereitschaft der privaten Haushalte, zugleich illiquide Finanzanlagen zu tätigen und Schulden zu machen.

Die USA sind zu einer nicht mehr zu stoppenden Schuldenmaschine geworden. Die Nachfrage nach Schulden und der Gebrauch, der von ihnen gemacht wird, steht in keiner sichtbaren Beziehung zum Wirtschaftswachstum mehr. Eine Wirtschaft, in der Schulden der Produktion und dem Einkommen dienten, würde einen Teil der Nettoneuverschuldung, wie sie jedes Jahr in den USA anfällt, für sich fordern. Das heißt allerdings nicht, daß die Schuldenakkumulation für das Wachstum des BIP gänzlich ohne Belang wäre. Die Schulden des Finanzsektors haben die Immobilien-, Aktien- und Rentenmärkte in Schwung gebracht, wodurch es zu einer massiven Zunahme der privaten Haushalte kam, die sich am Aktienmarkt beteiligten. Der Prozentsatz von Aktionären in der amerikanischen Bevölkerung ist von 14 Prozent zu Beginn der achtziger Jahre auf 35 Prozent Mitte der neunziger Jahre gestiegen, und der Anteil von offenen Kapitalfonds an der gesamten Marktkapitalisierung der USA ist zwischen 1984 und 1997 von 4 auf 17 Prozent angewachsen. Ein Nebenprodukt der in die Höhe schnellenden Preise für Geldanlagen ist der mächtige Vermögenseffekt in den Bilanzen der privaten Haushalte. In dem Maß, in dem die Geldvermögen schneller stiegen als die privaten Einkommen, hat der Privatsektor seine Sparquote reduziert und die Verbrauchsquote erhöht.

**Das Verhältnis zwischen Schulden und Wirtschaftswachstum**

Seit Mitte der siebziger Jahre konnten in den USA, Japan, Großbritannien, Kanada, Schweden, Australien und einigen anderen großen entwickelten Ländern die Schulden der Unternehmen und Haushalte im Verhältnis zum BIP stark zulegen. Diese Länder erlebten in den achtziger Jahren ein außerordentliches Wirtschaftswachstum, das während der neunziger Jahre jedoch in den meisten Fällen zurückging. Anscheinend führt eine prozentuale Steigerung der Schulden des privaten Sektors mit der Zeit zu einem beschleunigt abnehmenden Wirtschaftswachstum. Eine zweite Gruppe von Ländern, zu der Deutschland, Frankreich, Italien, Spanien, die Niederlande, Belgien, Griechenland und andere gehören, hat seit den siebziger Jahren eine bedeutende Erhöhung der Nettoverschuldung der öffentlichen Hand zugelassen. Diese Länder suchten das Wirtschaftswachstum eher durch die Ausweitung des Verbrauchs und der Investitionen des öffentlichen Sektors als durch wachsende Kreditaufnahme von seiten des privaten Sektors zu erhalten und zu fördern. Aus verschiedenen Gründen kam es in diesen Volkswirtschaften zu abnehmenden Gewinnen aus der inländischen Kreditschöpfung.

a) Die angelsächsischen Volkswirtschaften und Japan
Betrachten wir zunächst die Gruppe der angelsächsisch geprägten Länder. Hier zeigt sich, daß Ende der siebziger und in den achtziger Jahren die Schulden der privaten Haushalte und Unternehmen im Verhältnis zu deren Einkommen stiegen. Zwischen 1983 und 1990 erhöhten sich die Verbindlichkeiten der Haushalte im Verhältnis zu den Nominaleinkommen nach Steuern in Großbritannien von 74,3 auf 117,8 Prozent; in Japan von 84,6 auf 116,5 Prozent; in Kanada von 75,2 auf 95,1 Prozent und in den USA von 73,5 auf 92,4 Prozent. Mit Ausnahme von Japan war die Zunahme der Unternehmensschulden im Verhältnis zum BIP weit weniger dramatisch als der Anstieg der Schulden der privaten Haushalte im Verhältnis zu ihren Einkommen. Aber wenn man die Entwicklung der Unternehmen wirklich verstehen will, dann muß man einen Maßstab wählen, mit dem sich die Veränderungen auf beiden Seiten der Bilanz erfassen lassen. Zwischen 1984 und 1992 stieg der Anteil der verzinslichen Nettoverbindlichkeiten von Unternehmen am BIP in Japan von 52 auf 81 Prozent; in Schweden von 45 auf 68; in Kanada von 39 auf 44; in Großbritannien von 10 auf 25 und in den USA von 16 auf 23 Prozent. In jedem Fall spielten mit Immobilienwerten besicherte Hypothekenpfandbriefe und andere Bankdarlehen eine große Rolle für den Akkumulationsprozeß privater Schulden. Unbestritten ist, daß die zusätzliche Schuldenaufnahme durch den privaten Sektor das Wirtschaftswachstum in den achtziger Jahren angekurbelt hat. Die angelsächsischen Volkswirtschaften gingen aus der Rezession von 1982/83 mit einem explodierenden Wirtschaftswachstum hervor, das in ununterbrochener Folge zwischen vier und acht Jahren anhielt. In nur vier Jahren wuchs Kanadas Wirtschaft um 33 Prozent; die USA und Australien legten um 31 und Großbritannien um 29 Prozent zu. Innerhalb von vier Jahren nahm auch Neuseelands BIP um 20 Prozent zu. In Finnland stieg das BIP im Lauf von acht Jahren um 34 Prozent; Norwegen hob sein BIP zwischen

1983 und 1987 um 21 Prozent an; Dänemark kam zwischen 1982 und 1986 auf einen Anstieg von 19 Prozent, und Schweden verzeichnete in einem Zeitraum von sieben Jahren einen respektablen Zuwachs von 19 Prozent. Japan, das in den frühen achtziger Jahren keine Rezession durchmachen mußte, schloß 1984 zu diesem Tempo auf und steigerte sein BIP in den nächsten acht Jahren um 41 Prozent. Trotz der weniger eindrucksvollen Zuwachsraten auf dem europäischen Kontinent hielt sich zwischen 1983 und 1989 im Bereich der G7-Staaten ein Wirtschaftswachstum von durchschnittlich mindestens drei Prozent pro Jahr, eine Leistung, die sich in keinem der nächsten acht Jahre wiederholen sollte. Welche Wahnsinnstaten und Exzesse der Banken auch hinter dem Boom der achtziger Jahre stecken mögen – man hatte ein feines Gespür dafür, daß Schulden die Wirtschaftstätigkeit anregen.

In den neunziger Jahren verlangsamte sich die Kreditvergabe der Banken an Unternehmen und Einzelpersonen, und das Tempo, mit dem sich die Haushalte verschuldeten, stabilisierte sich. Der Übergang von Völlerei zur Hungersnot vollzog sich besonders plötzlich in Großbritannien, wo die 1989 von Unternehmen aufgenommenen Bankkredite in Höhe von 46 Milliarden US Dollar zwei Jahre später nur zu einem kleinen Teil zurückgezahlt waren. Der sich zu Beginn der neunziger Jahre vollziehende Wechsel von Bankkrediten zur Kreditaufnahme auf den Kapitalmärkten zeigte, wie bedeutsam die Unterschiede zwischen diesen beiden Formen der Kreditaufnahme sind. Von den 1991 im Wert von 18 Milliarden US Dollar ausgegebenen Aktienbezugsrechten standen die 25 größten Unternehmen mit mehr als zwei Dritteln der Gesamtsumme zu Buche. Während Tausende von Unternehmen unterschiedlichster Größenordnung sich in eine gleichwertige Ausweitung der Bankkredite teilten, konzentrierte sich das Kapital, das von den Kapitalmärkten aufgenommen wurde, bei einigen großen Unternehmen.

Ein zweiter Unterschied war die Tendenz, die Kreditaufnahme auf den Kapitalmärkten für andere Zwecke zu nutzen als zuvor die Bankkredite. Als die britischen Unternehmen Aktien oder Schuldverschreibungen ausgaben, wurden die Erlöse im allgemeinen für die Rückzahlung von Schulden oder die Umstrukturierung der Bilanz verwendet. Sie dienten weniger häufig zur Finanzierung von Anlagen und anderen Formen der organischen Ausweitung der wirtschaftlichen Tätigkeit. Bilanzmanöver mochten während der Rezession zu Beginn der neunziger Jahre dazu beigetragen haben, die geldhungrigen Unternehmen über Wasser zu halten, aber sie brachten wenig ein für das Wachstum des BIP. Die Bankkredite der achtziger Jahre wurden meist zu Zwecken der organischen Expansion oder für Neuerwerbungen aufgenommen, was auf die darauffolgende Finanzierung über den Kapitalmarkt nicht zutraf. Selbst wo die Kreditaufnahme auf den Kapitalmärkten mit Neuerwerbungen verbunden war, ging man davon aus, daß im Ergebnis Arbeitsplätze verlorengehen und nicht neue geschaffen würden.

In welchem Maß und Umfang zu Beginn der neunziger Jahre das künftige Wirtschaftswachstum als Hypothek auf einen schnelleren Abschluß der Rezession genommen wurde, ist nicht zu berechnen. Zuverlässig läßt sich nur sagen, daß das Verhältnis zwischen Schuldenakkumulation und Wirtschaftswachstum seit den achtziger Jahren einen radikalen Wandel durchlaufen hat. Die Graphik 12.2, für die ich Robert Zielinski, einem Experten für asiatische Banken, zu Dank verpflichtet bin, ist ein Versuch, die Kreditzunahme in mehreren Ländern in einen größeren Kontext zu stellen. Das Diagramm ist ziemlich kompliziert und bedarf einer sorgfältigen Erklärung. Die vertikale Achse ist eine lineare Skala des Verhältnisses zwischen der Gesamtverschuldung der Wirtschaft und dem BIP, ausgedrückt als prozentualer Anteil von dessen Nominalwert. Die horizontale Achse ist eine logarithmische Skala des realen BIP pro Kopf, gemessen in konstanten US

*Bild 12.2: Verhältnis zwischen inländischem Kreditvolumen und nominalem BIP gegenüber dem realen BIP pro Kopf*

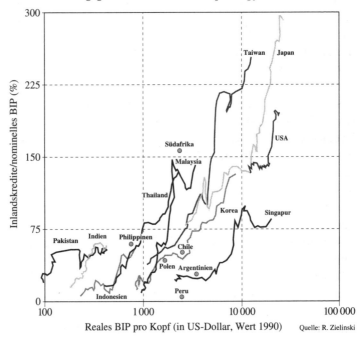

Dollar zum Kurs von 1990. Die zeitliche Entwicklung dieser beiden Variablen ist dargestellt durch die gewundenen Linien. Die Daten stammen aus dem Zeitraum zwischen ungefähr 1960 und 1996. Für einige Länder wird nur der Datenpunkt für 1996 gezeigt. Die Datenpunkte für die einzelnen Länder sind in chronologischer Reihenfolge zusammengefügt, aber die Linie kann auch auf sich selbst zurückfallen oder ein Looping schlagen. Dies ist ein Nebeneffekt, wenn man versucht, drei Dimensionen in ein zweidimensionales Diagramm zu pressen.

Das Diagramm ist folgendermaßen zu interpretieren. Eine Linie vom linken unteren Rand nach rechts oben stellt dar, wie sich der Multiplikator zwischen Schulden und BIP in Verbindung mit einem wachsenden Lebensstandard der Bevölkerung des betreffenden Landes vergrößert. Eine horizontale Linie von links nach rechts bezeichnet eine wirtschaftliche Situation, in der das reale Einkommen pro Kopf unter dem Einfluß eines stabilen Schuldenmultiplikators wächst. Verhältnisse wie diese sind positiv. Je steiler die Linie verläuft, desto kleiner ist der Nutzen für den Lebensstandard; im Extremfall einer vertikal verlaufenden Linie expandiert das Kreditsystem wildwüchsig und fördert das Realeinkommen pro Kopf überhaupt nicht. Eine Linie von rechts nach links schließlich zeigt eine Schuldendeflation an. Hier ist das Kreditsystem zusammengebrochen, was wahrscheinlich auf Qualitätsprobleme der Kredite zurückzuführen ist, und der Lebensstandard sinkt.

Sowohl Japan als auch die USA scheinen 1996 den Punkt erreicht zu haben, an dem der Anstieg der ins Verhältnis zum BIP gesetzten Schulden für das Realeinkommen pro Kopf sehr wenig einbrachte. In Japan stagniert das Wirtschaftswachstum praktisch seit 1993, und die ostasiatischen Länder müssen für ihre Kreditexzesse vielleicht einen noch höheren Preis zahlen. Wenn die Entwicklung so weitergeht, ist es nur eine Frage der Zeit, bis ein Zusammenbruch der Kreditqualität auch die angelsächsischen Ökonomien ergreifen wird.

b) Die kontinentaleuropäischen Volkswirtschaften
Die kontinentalen Volkswirtschaften haben sich so völlig anders verhalten, daß deren separate Untersuchung gerechtfertigt ist. In den achtziger Jahren sind in Deutschland oder Italien die Schulden der Privathaushalte kaum gestiegen, während Frankreich dem angelsächsischen Beispiel etwas näher kam. Zwischen 1984 und 1992 haben in Frankreich die verzinslichen Nettoverbindlichkeiten der Unternehmen im Verhältnis zum BIP leicht zugenommen (von 33 auf 38 Prozent), in Deutschland blieben sie etwa gleich (von 22 auf 23

Prozent) und in Belgien fielen sie (von 23 auf 12 Prozent). Die jährlichen Wachstumsraten der inländischen Kreditzunahme im privaten Sektor wurden vergleichsweise niedrig gehalten, und die wirtschaftlichen Wachstumsraten blieben bis 1988, als schließlich auch hier die Wirtschaftsentwicklung zündete, in ihrem gewöhnlichen Rahmen. Zu diesem Zeitpunkt hatten die angelsächsischen Nationen ihr produktives Potential erschöpft und wurden zunehmend von Importen aus anderen entwickelten Ländern abhängig. Der Startimpuls für die kontinentaleuropäischen Volkswirtschaften kam von der Exportnachfrage und einer Schwächung der D-Mark, die 1991 durch die deutsche Einheit vollends in Erscheinung trat.

Die deutsche Einheit führte zu viel höheren Staatsausgaben und machte eine Kreditaufnahme erforderlich, die umfangreicher war als bis dahin; diese Zunahme im Verhältnis zum nominalen BIP blieb jedoch nicht auf Deutschland beschränkt. Als die Angelsachsen die entwickelte Welt Anfang der neunziger Jahre in die Rezession führten, pumpten die Politiker auf dem Kontinent die öffentlichen Ausgaben auf, um ihre Wirtschaftssysteme für die Mitgliedschaft in der europäischen Währungsunion tauglich zu halten. Zwischen 1989 und 1993 stieg der Anteil der Staatsausgaben an der Wirtschaft in Deutschland von 44,8 auf 49,5 Prozent; in Frankreich von 49,1 auf 54,6 Prozent; in Italien von 51,5 auf 57,1 Prozent und in Spanien von 40,9 auf 47,7 Prozent. Zwischen 1989 und 1995 machte die Nettoverschuldung des öffentlichen Sektors im Verhältnis zum BIP in Deutschland einen Sprung von 18,5 auf 45,0 Prozent; in Frankreich stieg sie von 14,8 auf 36,1 Prozent, in Italien von 82 auf 110 und in Spanien von 30,9 auf 49,8 Prozent. Es ist charakteristisch, daß diese Steigerungsraten weit höher waren als die in den angelsächsischen Ländern.

Ein weiteres Charakteristikum der kontinentaleuropäischen Volkswirtschaften ist das hohe Niveau der Kosten für die Schuldendienste. 1996 betrugen die Nettozinsleistungen im Verhältnis zum nominalen BIP in Griechenland 11,5 Prozent; in Italien 9,5; in Belgien 8,3; in Spanien 5,1; in Portugal 5,0; in den Niederlanden 4,7; in Österreich 3,8; in Frankreich 3,4 und in Deutschland 3,1 Prozent. Unter den angelsächsischen Ländern hatte nur Kanada (5,3 Prozent) eine ähnlich hohe Belastung. Der mindestens zwanzig Jahre während Schuldenzuwachs im öffentlichen Sektor, der seinen krönenden Abschluß im Dilemma von Maastricht und den Kosten für die deutsche Einheit fand, bescherte den kontinentalen Volkswirtschaften eine außerordentlich hohe Nettozinsbelastung. Trotz der dramatischen Konvergenz der Rentenerträge, die sich zwischen den Ländern der EU abspielte, und trotz der anhaltenden Hausse bei den Staatsanleihen liegen die voraussichtlichen Kosten für die Schuldendienste für das Jahr 1998 zwischen 3,1 und 8,7 Prozent des BIP.

**Welche Risiken birgt eine zu hohe Schuldenakkumulation?**

In der ersten Ländergruppe gerät das Wirtschaftswachstum unter Druck, wenn Zahlungssäumnisse und Schuldenrückstände so überhandnehmen, daß sich die Kreditgeber gezwungen sehen, ihre Prozeduren zur Prüfung von Krediten besser in den Griff zu bekommen. Wird kein Weg gefunden, die Wirtschaft durch Kredite, Geld- und Steuerpolitik wieder anzukurbeln, ist eine Rezession die wahrscheinliche Folge. Die zweite Gruppe von Ländern ist weit weniger anfällig für Schuldenprobleme im Privatbereich, aber auch die Entwicklung dort wird in Rezessionen enden: wegen der drakonischen Sparmaßnahmen oder Steuererhöhungen, zu denen die nationalen Regierungen greifen müssen, um die Haushaltsdefizite zu beseitigen. Die Banken können, wenn sie nicht unter Staatsbeteiligung arbeiten, nicht gezwungen werden, ihre Bilanzen durch den Ankauf von Staatsanleihen hochzuschrauben. Die Verkäufe von Vermögenswerten sind ein weiteres Mittel, aber sehr abhängig von der Vitalität des Aktienmarktes. In beiden Fällen wird das Unvermögen, wieder in einen inflationären Prozeß hineinzusteuern, verheerende Folgen für das Wirtschaftswachstum haben. Die Schulden lassen sich nicht abbauen und die realen Rentenerträge gehen in einer unkontrollierbaren Spirale nach oben. Kommt es zu einer Schuldendeflation, wird die Bombe schließlich hochgehen.

### Was ist eine Schuldendeflation?

Für Irving Fisher, den bedeutendsten Vertreter des Konzepts der Schuldendeflation, hat dieses Dilemma zwei wesentliche Merkmale: ein Übermaß an Schuldverträgen, die zu ihrem nominalen Wert festgelegt sind, und ein sinkendes Preisniveau. Fisher geht in seinen Arbeiten nicht darauf ein, wie es während einer wirtschaftlichen Expansionsphase zur Überschuldung kommt, sondern er beschäftigt sich mit der Wechselwirkung zwischen Schulden und Preisen während einer Abschwungphase. Er beginnt an dem Punkt, an dem die Preisinflation zurückgeht und die Preise für Wertpapiere fallen. Überschuldete Firmen und Spekulanten müssen plötzlich erkennen, daß ihre Geldflüsse abnehmen, während ihre Schuldendienste fest bleiben. Ihre instinktive Reaktion wird sein, Wertpapiere zu verkaufen und die Schulden zurückzuzahlen. Panikverkäufe von Anlagevermögen vermindern deren Wert, ein allgemeiner Vertrauensverlust stellt sich ein, und die spekulativen Tätigkeiten gehen zurück. Zugleich mit den fallenden Preisen der Anlagevermögen sinkt der Wert der Sicherheiten für die Banken, so daß diese sich zurückhaltend zeigen, wenn es um die Verlängerung von Darlehen geht.

Wenn die Banken ihre Fühler einziehen und damit beginnen, bestehende Darlehen einzufordern, dann hat dies zur Folge, daß die Geldzufuhr gedrosselt wird. Damit geraten Löhne und Gewinne unter noch größeren Druck, und zugleich wird der Zinssatz für potentielle Kreditnehmer in die Höhe getrieben. Es ist ein Paradox, daß rationale Schritte zur Liquidierung von Anlagevermögen das Problem hoher Verschuldung und stagnierender oder fallender Preise für die Wirtschaft nur noch weiter verschärfen. Die Banken streichen

Darlehen, und die Leute horten ihr Geld, damit werden den Unternehmen Kapital und Liquidität entzogen, die sie doch brauchen. Wenn die Kosten des Schuldendienstes für Unternehmen überhandnehmen, dann kommt es in vermehrtem Umfang zu Pleiten und Arbeitslosigkeit. Auf diese Art können scheinbar rationale und sensible Reaktionen einen Abschwung zu einer Depression ausweiten.

Fishers These wurde von Hyman Minsky zu einer allgemeineren Theorie der finanziellen Instabilität ausgearbeitet und um eine Erklärung für den Beginn einer Überschuldung erweitert. Er unterscheidet zwischen Unternehmen, die ihre Investitionen durch Rücklagen oder Aktienemissionen finanzieren, und solchen, die zu diesem Zweck Darlehen aufnehmen oder Schuldverschreibungen ausgeben. Die klassische Finanztheorie behauptet, daß Wirtschaftswachstum und Beschäftigung von Veränderungen im Verhältnis zwischen Schulden und Aktien im Unternehmensbereich nicht betroffen seien. Minsky dagegen vertritt die Auffassung, daß eine im Verhältnis zu den Aktien hohe Schuldenrate die dem Finanzsystem eigene Instabilität vergrößere. Die Unternehmen sind versucht, exzessiv Schulden zu machen, wenn die Zinsen im Verhältnis zu antizipierten Gewinnsteigerungen oder einer Preisinflation der Anlagevermögen niedrig sind. Während Dividendenzahlungen für Aktien reduziert oder ausgesetzt werden können, müssen Kreditverträge weiter bedient werden, damit steigt das Risiko des Bankrotts. Minskys kontroverse These wird von Presley und Mills wie folgt zusammengefaßt: » ... wenn Anlagevermögen schneller steigen als die Kreditkosten, dann werden die Gewinne durch den größtmöglichen Druck auf die Einkäufe maximiert. Die Banken und die Vergeber von Schuldverschreibungen sind fähig und willens, Kredite zu geben, möglicherweise zu sinkenden Zinsen, wenn die Risikoprämien aufgrund der Höherbewertung von Sicherheiten reduziert werden können. Wenn die Investitionen zunehmen und die Kurse steigen, bestätigen sich die Gewinnerwartungen, und es kommt zu weiteren Investitionen.« (J. Presley und P. Mills, »Islamic Banking. Theory and Practice«)

All dies endet ganz plötzlich, wenn die Zinsen steigen, sei es aufgrund eines Engpasses an liquidem Sparvermögen oder wegen der Furcht der Finanzbehörden vor inflationärem Druck. Minsky betont gegenüber den fallenden Kursen die Rolle von abnehmenden Gewinnen, wenn überschuldete Unternehmen sich gezwungen sehen zu schließen. Daß es in den USA der Nachkriegszeit nicht zu einem Finanzkollaps kam, schreibt er den umfangreichen Staatsausgaben und der äußerst milden Einstellung der Finanzbehörden zur Krisenvorbeugung zu. Die Schulden der öffentlichen Hand hätten ständig zunehmen müssen, um eine Schuldendeflation abzuwehren. Darüber läßt sich streiten, wenn man bedenkt, daß die Krise von 1990/91, die heftigste in den USA nach dem Krieg, stattfand, als der Staat die Verbindlichkeiten der Spar- und Darlehensinstitute honorierte und ausgerechnet als Schuldner agierte, der dann eintritt, wenn alle Stricke reißen.

Kritiker des Konzepts der Schuldendeflation sind der Auffassung, es setze voraus, daß Kreditnehmer und -geber sich irrational verhielten oder ungleichen Zugang zu den Informationen hätten. In diesem Buch sind viele Beispiele für irrationales Verhalten gesammelt, angefangen von der Seifenblase im südostasiatischen Raum. Es gibt reichlich Belege dafür, daß die Massen, wenn es um Geldanlagen geht, sich ebenso leicht von Moden, Launen und Verrücktheiten bestimmen lassen wie bei der Wahl von Kleidungsstücken oder Restaurants. Was die Annahme eines ungleichen Zugangs zu Informationen angeht, so stimmt dies überein mit Beobachtungen in früheren Kapiteln, in denen von der zunehmend schwindenden Transparenz im Finanzsystem die Rede war. Im Gegenteil, die These von Fisher und Minsky bietet einen Rahmen, der sehr geeignet ist für dringend notwendige Untersuchungen.

**Kann es in den neunziger Jahren zu einer
Schuldendeflation kommen?**

Im April 1994 hat die City University in London eine Tagung
zum Thema Schuldendeflation veranstaltet. Es wurden viele
erhellende Vorträge gehalten, und der allgemeine Tenor bei
den Rednern und in den Diskussionen war, was die Brauch-
barkeit des Konzepts anbelangt, eher negativ. Aber der Di-
rektor der Forschungs- und statistischen Abteilung der Bank
von Japan wagte folgendes Statement: »Bis jetzt wurde in
Japan noch keine deflationäre Schuldenspirale beobachtet. Es
ist natürlich äußerst schwierig, die Einflüsse einer Schuldendeflation quantitativ zu bestimmen. Wir haben seit den dreißiger Jahren nichts Derartiges erlebt, und wir sind noch nicht
sicher, ob die japanische Wirtschaft aus der Talsohle heraus ist.
In diesem Sinn ist mein Beitrag ein Versuch. Es ist jetzt allerdings klar, daß die Kosten für die Anpassung des Wirtschafts-
booms, der in der zweiten Hälfte der achtziger Jahre ein
sprunghaftes Ansteigen der Immobilienpreise mit sich
brachte, sehr hoch waren.«

Vier Jahre später fielen die Immobilienpreise in den japanischen Großstädten noch immer. Auf ein kurzes Aufflackern
des Wirtschaftswachstums im Jahr 1996 folgte 1997/98 eine
erneute Rezession. Der Sprecher war gut beraten mit seiner
Feststellung, es sei noch nicht gewiß, daß Japan aus der Talsohle heraus sei. Die Kosten für die in den achtziger Jahren
durch Kredite finanzierte Preisblase bei den Anlagevermögen
sind sehr viel höher gestiegen, als er es sich vorgestellt hatte.
Die Hauptkosten entstehen im Verlust der wirtschaftlichen
Schwungkraft, dem Anstieg der Arbeitslosigkeit und durch
die Pleiten und Insolvenzen vieler japanischer Banken und
Finanzinstitute.

Das Japan der späten neunziger Jahre liefert seit vielen Jahren noch das deutlichste Beispiel für eine Volkswirtschaft, die
unter einer Schuldendeflation leidet. Irving Fishers Liste der
diagnostischen Symptome klingt nur zu bekannt: die wieder-

holten Anstrengungen der Unternehmen, ihre Schulden zu liquidieren; die Geldverknappung; der Sturz der inländischen Aktienkurse; die Nettowertverluste von Unternehmen; die Gewinneinbußen und der Rückgang in Produktion, Handel und Beschäftigung. Ein verbreiteter Pessimismus und Vertrauensverlust, das Horten von Zahlungsmitteln und die Verlangsamung des Geldumlaufs erreichten Ende 1997, im Gefolge der ostasiatischen Schuldenkrise, ihren Höhepunkt. Nominale Zinssätze von fast null gingen gelegentlich einher mit steigenden realen Zinsen.

Japan ist ein reiches Land, dem es nicht sehr schaden wird, wenn es mit solchen beunruhigenden Symptomen einer Schuldendeflation zu tun hat. Die mißliche Lage, in die es geraten ist, hat auch Mitte 1998 noch nicht das Stadium erreicht, auf dem eine Depression unvermeidlich wird. Wenn jedoch keine Maßnahmen ergriffen werden, um die Wunden eines kranken Kreditsystems zu heilen, dann sehen die Prognosen nicht gut aus. Der Westen hat keinen Grund zur Selbstgefälligkeit in dieser Angelegenheit.

**Zusammenfassung**

Besonders auffällig an den neunziger Jahren ist die schwache Wirtschaftsleistung in den meisten entwickelten Ländern des Westens. In den achtziger Jahren war ein rapides Schuldenwachstum ein Ausdruck des Vertrauens in unsere wirtschaftliche Zukunft; man hatte bei aller Schuldenmacherei anscheinend eine Menge vorzuweisen. In den neunziger Jahren war diese keineswegs weniger schrecklich, aber die Gewinne, die sie eigentlich einbringen sollte, fielen weit geringer aus. Die gewaltige Expansion der öffentlichen Schulden war mit keiner bemerkenswerten Steigerung der Wirtschaftsleistungen verbunden. Alles, was die angelsächsischen und einige kontinentaleuropäische Länder angesichts dieser Schuldenexpansion vorzuweisen haben, sind enorme Steigerungen in der Bewertung ihrer Renten- und Aktienmärkte.

Die Zunahme der Verschuldung hat das nationale und das individuelle Wirtschaftsleben eingeengt und kompliziert gemacht. Eine Wende unserer gedankenlosen Einstellung zu Schulden wird das offene Eingeständnis bringen, daß wir wirtschaftlich versagt haben.

# 13

# Ein Blick auf das reale Wirtschaftsgeschehen

> Falls die EWU zustande kommt, was derzeit immer
> wahrscheinlicher ist, wird dies die politische Realität
> Europas auf eine Weise verändern, die in Europa, aber
> auch zwischen der EWU und den USA zu Konflikten
> führen könnte. *Martin Feldstein,*
> *Foreign Affairs, Nov./Dez. 1997*

> Das Rechnungswesen im öffentlichen Sektor Japans
> ist so undurchdringlich, daß die öffentlichen Finanzen
> als Geheimnis gelten, das in ein Rätsel verpackt ist.
> *John Plender, Financial Times, 11. Juni 1998*

Immer wieder werden Ökonomen zu Voraussagen aufgefordert. Und trotz einer beklagenswerten Erfolgsrate lassen sie sich nicht entmutigen. Eine unter Ökonomen kursierende Spruchweisheit besagt, daß man mit Sicherheit Ereignisse und Zeiten voraussagen kann, doch nie beides zugleich. Dabei ist das Schuldenchaos, das wir in den vorhergehenden Kapiteln beschrieben haben, nicht nur als ein Gedankenspiel zu betrachten; es läuft in eine bestimmte Richtung, auf einen Schlußpunkt zu, auf eine endgültige Auseinandersetzung mit der Realität des Wirtschaftsgeschehens. Denn bei all unserer Gewitztheit und Raffinesse in finanziellen Dingen ist doch das Gefühl verbreitet, daß wir es nicht endlos aufschieben können, uns dieser Wirklichkeit zu stellen. Wenn die mit diesem Buch vorgelegte Untersuchung auch nur ungefähr zutreffend ist, dann liegt für Wirtschaft und Finanzen ein Ereignis von beängstigenden Ausmaßen vor uns, ein Ereignis, das die herrschenden Begriffe und Prioritäten der westlichen Welt umstürzen wird. In diesem Kapitel werden vier mögliche Auslöser für diesen Kulminationspunkt in Betracht gezogen; freilich ist auch diese Liste nicht erschöpfend.

Als ersten möglichen Auslöser sehe ich die Spannungen zwischen den europäischen Nationen, die durch die verfrühte Bildung einer Wirtschafts- und Währungsunion (EWU) geschaffen wurden. Den zweiten im Zusammenbruch des amerikanischen Rentenmarkts, den dritten in einer Finanzkatastrophe der asiatischen Pazifikregion mit Japan als deren Zentrum. Der vierte Auslöser, weniger bedeutend als die ersten drei, liegt in der Möglichkeit eines chaotischen Zusammenbruchs des Finanzsystems in der Folge von Anomalien der Computerprogramme oder des Technoterrorismus. Jeder dieser Punkte verdient eine eingehende Betrachtung.

### Spannungen innerhalb der EWU

Der Zeitplan für die Einführung des Euro, der gemeinsamen europäischen Währung, wird in dem Prozeß, der die verborgenen Konsequenzen der Schuldenakkumulation und der trickreichen Finanzgeschäfte ans Licht bringen wird, mit großer Wahrscheinlichkeit eine entscheidende Rolle spielen. Deutschland, Frankreich, Italien, Spanien, die Niederlande, Belgien, Österreich, Portugal, Finnland, Irland und Luxemburg, die elf Gründungsmitglieder wollen ihre nationalen Währungen zum 1. Juli 2002 aufgeben. Um sich für die Einheitswährung zu qualifizieren, mußten die Teilnehmerländer bestimmte Bedingungen erfüllen, die sogenannten Konvergenzkriterien von Maastricht.

Diese Kriterien betrafen die Wechselkursstabilität, die Konvergenz der Inflationsrate für Verbrauchsgüterpreise und der Rendite für Staatsanleihen sowie bestimmte Obergrenzen für die Kreditaufnahme zur Finanzierung der öffentlichen Haushalte und der Verschuldung der öffentlichen Hand im Verhältnis zum BIP. Diese Bedingungen sollten einen Standard des Wirtschafts- und Finanzmanagements garantieren, der vor allem für die Deutschen akzeptabel war. Durch den langen Zeitraum zwischen dem 1991 geschlossenen Vertrag von Maastricht und 1997, dem Stichdatum für die Feststellung der wirt-

schaftlichen Eckdaten, nahm man allgemein an, daß die süd-
europäischen Länder, Italien, Spanien und Portugal, sich nicht
für die EWU qualifizieren würden. Ihre Inflationsraten und
Rentenerträge waren zu hoch, ihre Haushaltsdefizite überschritten 3 Prozent des BIP, und die Staatsverschuldung lag
über der willkürlich angenommenen Obergrenze von 60 Prozent des BIP. Aber der Gewinn, den man sich erhoffte, wenn
man die gleiche Währung und die in etwa gleichen Kosten für
die staatliche Kreditaufnahme hatte wie die pragmatischen
und nüchternen Deutschen, schien hoch, und so setzte man
alles daran, die Konvergenzkriterien doch noch zu erfüllen.

Als Europäisches Währungsinstitut und Europäische Kommission im Frühjahr 1998 die offiziellen Berichte zu den Kriterien von Maastricht vorbereiteten, war das einzige Hinder-
nis für Italiens Teilnahme dessen hohe Staatsverschuldung.
Aber da Italiens Rate kaum schlechter war als die belgische
(und ein Ausschluß Brüssels aus der Währungsunion stand nie
zur Debatte), konnte auch Italien nicht ausgeschlossen werden. Auch Spanien und Portugal hatten eine bemerkenswerte
Konvergenzrate erreicht und waren bei weitem nicht so ver-
schuldet wie Italien. Irland nahm dank großzügiger Rückzahlungen durch die EU und einer konkurrenzfähigen Währung
die Hindernisse zum EWU-Beitritt im Sturm und erlebte bis
1998 einige Jahre lang ein kräftiges Wirtschaftswachstum.

So kam es mit Jahresbeginn 1999 zu der »großzügigen und
schwachen« Version der EWU. Griechenland signalisierte,
daß es Anfang des Jahres 2001 beitreten wolle, und vielleicht
werden Mitte 2002 auch Dänemark, Schweden und Großbritannien beigetreten sein. Die Entschlossenheit einer politischen Elite, die europäische Einheitswährung zustande zu
bringen, hat alle Spielarten der Opposition, die oberfläch-
lichen und die grundsätzlichen, die sentimentalen wie die ob-
jektiven, hinweggefegt. Wie schwerwiegend die Entscheidung
ist, die diese Politiker im Namen ihrer Wähler getroffen haben, wird sich erst mit der Zeit zeigen.

Die Einwohner der Eurozone (einer der vielen Namen, die für die Gruppe von Ländern, in denen der Euro die nationalen Währungen als legales Zahlungsmittel ablösen soll, vorgeschlagen wurden) wird ein harter Schock treffen. Man hat ihnen gesagt, ihr Wirtschaftsleben würde einfacher und eine einheitliche Währung werde die Stellung Europas in der Weltwirtschaft stärken. Doch steht bei diesem kühnen Unternehmen die politische Unabhängigkeit der Mitgliedsländer auf dem Spiel. Die Freiheit, eine nationale Diplomatie zu betreiben, einen Krieg zu erklären oder sich aus einem Krieg herauszuhalten, das Bankensystem vor einem Zusammenbruch zu schützen und unter Bedingungen des nationalen Notstands die Staatsausgaben zu überziehen, geht mit der Annahme einer einheitlichen europäischen Währung verloren.

Das unter nachhaltigem Druck der Kohl-Regierung ursprünglich formulierte Ziel des Vertrags von Maastricht war die Beseitigung aller Schlupflöcher für nationale Verschwendung. Die deutschen Politiker und Bankiers, die in diesem Jahrhundert zweimal das Trauma einer Hyperinflation erlebt hatten, bestanden alle darauf, daß eine einheitliche europäische Währung allein auf der Basis eines gesunden Geldes und der Preisstabilität beruhen könne. Aber es hat sich gezeigt, daß einige Länder außerordentliche Steuer- oder Kapitaleinnahmen und Buchungstricks nutzten, um 1996 und 1997 ihre Defizite zu senken. Der Druck, fiskalische Disziplin aufzubringen, wird sich in diesen Ländern verstärken, wenn politisch unpopuläre Einschränkungen der öffentlichen Ausgaben die nur kosmetischen ersetzen. Nachdem sie sich für die EWU – wenn auch nur zum Schein – qualifiziert haben, kann keine Rede davon sein, daß diese Politik nach dem Beitritt gelockert werden könnte. Die Konvergenz der Inflationsraten und Rentenerträge vor der Einführung der EWU mag als Illusion betrachtet werden, aber die Einschränkungen der Haushaltsdefizite und der Staatsverschuldung, die mit dem Stabilitäts- und Wachstumspakt beschlossen wurden, sind harte Realität.

Der Stabilitäts- und Wachstumspakt wurde auf dem Amsterdamer Gipfel von 1997 unterzeichnet. In diesem Vertrag wurden unter anderem die Richtlinien und Strafen für die Länder festgelegt, deren Haushaltsdefizite die Grenze von 3 Prozent des BIP überschreiten. Das Verfahren zur Feststellung eines übermäßigen Haushaltsdefizits zeigt noch einmal eine erkennbar deutsche Handschrift. Professor Tim Congdon beschreibt das Verfahren in einer schneidenden Kritik der EWU wie folgt:»Wenn der ECOFIN-Rat einen Bericht von der Kommission erhalten hat, ist es seine Aufgabe, mit einer qualifizierten Stimmenmehrheit zu entscheiden, ob ein Defizit die Grenze überschritten hat oder nicht. Wenn ECOFIN positiv entscheidet, spricht es Empfehlungen zur Finanzpolitik des betreffenden Landes aus und ›verlangt, daß innerhalb von vier Monaten effektive Maßnahmen ergriffen werden‹. Wenn dieses Land keine derartigen Maßnahmen ergreift, setzt ECOFIN eine Strafe fest. Es ist eine ungewöhnliche Strafe, denn die Regierung, die den Verstoß begangen hat, muß bei einer europäischen Bank, wahrscheinlich bei der Europäischen Zentralbank, eine nicht verzinsliche Einlage tätigen. Sie muß auf die Zinsen verzichten, bis ihre Finanzen wieder mit dem Stabilitätspakt übereinstimmen.« (»The single currency project and European political union«, 1998)

Stellen wir uns vor, in welch mißliche Lage ein Land geraten würde, in dem der überwiegende Teil der Wählerschaft diese Strafe und die von ECOFIN vorgeschriebenen Sparmaßnahmen zurückweist. Die gewählte Regierung kann nicht die Zinsen senken, um die Wirtschaft anzukurbeln, weil sie der Zinspolitik der EZB (die ihrerseits durch die Bedingungen des weltweiten Kapitalmarkts eingeschränkt ist) unterworfen ist. Sie kann ihre Währung nicht abwerten, weil sie keine eigene mehr hat. Sie kann ihr Haushaltsdefizit nicht erhöhen, weil sie den Stabilitätspakt schon gebrochen und finanzielle Bußen zu gewärtigen hat, die sie sich nicht leisten kann. Sie kann die Steuern nicht erhöhen, ohne politischen Selbstmord zu begehen. Eine – und die vielleicht am wenigsten anstößige – Handlungsmöglichkeit, die dieser Regierung verbleibt, ist der Verkauf ihres Nationalvermögens: ihres Goldes, ihrer US Dollarreserven, ihrer öffentlichen Gebäude, ihres Grundbesitzes und so fort. Das betreffende Land befände sich in einer Situation, die einem verlorenen Krieg nicht unähnlich wäre.

Es gäbe allerdings noch zwei andere Möglichkeiten für diese unter Druck geratene Regierung. Sie könnte sich aus dem System der Einheitswährung zurückziehen und wieder die Zügel einer nationalen Wirtschaftspolitik in die Hand nehmen, notfalls mit einer neuen Währung. Oder sie könnte die Anerkennung ihrer Schulden verweigern und die Verzinsung aussetzen. Das hieße, daß sie sich bankrott erklärt. Lange bevor eine souveräne europäische Nation in eine solche Erniedrigung getrieben wäre, hätte der Rentenmarkt das Risiko erkannt. In seine Rendite für Staatspapiere wäre, auch wenn sie in Euro ausgewiesen würden, eine Risikoprämie für den Fall einer Zahlungseinstellung oder des Austritts aus der EWU eingebaut.

Eine alte strukturelle Schwäche der EWU ist das Fehlen einer Bundesbehörde mit der unabhängigen Vollmacht, Steuern zu erheben. Im amerikanischen System zum Beispiel erhält die Sozialversicherung des Bundes 40 Cents Ersatz für jeden US Dollar, den die Bundesbehörde nicht einnimmt. Der Haushalt der EU, der durch einen festen Anteil der Mehrwertsteuer von den Mitgliedsstaaten finanziert wird, wird vor allem für Agrarsubventionen, die Brüsseler Bürokratie und für Investitionsbeihilfen verbraucht. Es bleibt kaum Spielraum für finanzielle Nothilfen in Regionen, die von Naturkatastrophen oder Unruhen, geschweige denn von einer falschen Wirtschaftspolitik betroffen sind.

Spannungen zwischen den Ländern der EWU werden eine voraussichtliche Folge der politischen Restriktionen sein, die im Stabilitäts- und Wachstumspakt enthalten sind. Dieser Pakt ist die Fortsetzung des Vertrags von Maastricht und des

Vertrags von Rom, der im Jahr 1957 den Anstoß für die wirtschaftliche, Währungs- und politische Union gegeben hat. Wir haben im neunten und zwölften Kapitel gesehen, daß die europäischen Regierungen seit den siebziger Jahren in rasendem Tempo ungeheure Schulden aufgehäuft haben, was in einem unmittelbaren Widerspruch zur Losung Geldwertstabilität steht, dem sie sich jetzt verpflichtet haben. Die Fähigkeit und der Wunsch der EWU-Länder, ihren neuen finanziellen Richtlinien treu zu bleiben, kann nur im Licht vergangener Haushaltsfehler und heftiger Nettozinslasten betrachtet werden.

### Eine Krise des amerikanischen Rentenmarkts

Der zweite Grund, aus dem es zu einem Zusammenbruch des Finanzsystems kommen kann, ist ein möglicher abrupter Verlust des Vertrauens in den amerikanischen Rentenmarkt. Durch eine merkwürdige Verkettung von Umständen haben Amerikas ständige Haushaltsdefizite bewirkt, daß der amerikanische Rentenmarkt zum größten, am meisten geachteten und lebhaftesten Finanzmarkt der Welt wurde. Die Schulden, die einst als schwere Last galten, wurden in eine Quelle des nationalen Prestiges und des weltweiten Einflusses verwandelt. Das ausländische Eigentum an Staatsanleihen, ein Markt von 3,5 Billionen US Dollar, ist, wie aus Graphik 13.1 hervorgeht, in den letzten Jahren dramatisch angewachsen. Die Verschuldung der Regierungsbehörden, die privaten durch Hypotheken gedeckten und die Unternehmensschulden hinzugerechnet, wurde der Umfang des amerikanischen Rentenmarkts Ende 1997 auf über 9 Billionen US Dollar geschätzt. Mit den Jahren hat sich das Wohlergehen der amerikanischen Wirtschaft immer enger mit der Entwicklung des US-Rentenmarkts verflochten. Seit 1982 sind die amerikanischen Rentenkurse ständig gestiegen, während die Renditen fielen, was sich zugunsten der realen Ökonomie ausgewirkt und ausländisches Kapital in großen Mengen angezogen hat. Bei ständig

*Bild 13.1: Anteil ausländischer Kapitalgesellschaften an den vom privaten Sektor gehaltenen öffentlichen Schulden der USA*

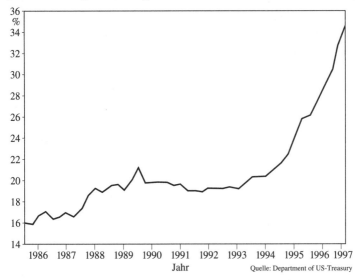

Quelle: Department of US-Treasury

sinkenden Zinsen weitete sich die Kreditaufnahme von Einzelpersonen und Unternehmen stetig aus, und die Regierung konnte große Einsparungen bei ihren Schuldendiensten erzielen. Die Frage ist: Wie tief können die Renditen aus amerikanischen Renten noch fallen? Fest steht, nach einer derart langen Hausse hätte ein Fall der Rentenkurse und das darauffolgende Ansteigen der Rendite weitreichende Folgen.

Der steile Anstieg des ausländischen Eigentums an amerikanischen Wertpapieren seit 1993 bedarf einer sorgfältigen Prüfung. Es gibt drei Kategorien von ausländischen Investoren in amerikanische Staatsanleihen: ausländische Zentralbanken, amerikanische, in Übersee angesiedelte Hedgefonds und andere, in der Hauptsache Investmentgesellschaften und multinationale Unternehmen. Seit 1980 haben sich diese drei Quellen ausländischer Investitionen in verschiedener Richtung entwickelt, nur im Jahr 1995 haben sie mit spektakulärem Erfolg zusammengewirkt. Ausländische Zentralbanken, besonders die von Japan und Singapur, haben zwischen 1994 und Mitte 1997 den amerikanischen Rentenmarkt kontinuierlich gefüttert, während im darauffolgenden Jahr die Ankäufe leicht zurückgingen. Dagegen wurden Steueroasen wie die Niederländischen Antillen, Britisch-Westindien und die Bahamas, die zwischen 1992 und 1995 Nettoverkäufer von amerikanischen Staatsanleihen waren, in den nächsten drei Jahren zu aggressiven Käufern. Die anderen ausländischen Investoren bauten ihre Guthaben während der Periode der billigen Kredite in Amerika (1991-93) auf, im ersten Halbjahr 1994 zogen sie sich ängstlich zurück, als der Rentenmarkt absackte, und haben dann, seit 1995, mehr gekauft als je zuvor.

Die ausländischen Ankäufe in ihren verschiedenen Formen waren Mitte der neunziger Jahre und besonders, seit sich der Rentenmarkt 1995 erholte, sehr wichtig. Aber es ist ebenso klar, daß sich dieser Einfluß auch in anderer Richtung geltend machen kann. Ich sehe drei mögliche Szenarien. Zunächst sind die Umstände ins Auge zu fassen, die ausländische Investoren veranlassen könnten, ihre amerikanischen Schuldverschreibungen nacheinander zu verkaufen. Zweitens könnten die Hedgefonds zu der Überzeugung gelangen, daß es in den USA zu einer inflationären Entwicklung kommt, und sich auf einen Schlag äußerst flau verhalten. Und schließlich könnte der langsame Qualitätsverlust der Verbraucherkredite plötzlich zu einer inländischen Finanzkrise eskalieren.

Was müßte geschehen, damit ausländische Investoren den amerikanischen Rentenmarkt verlassen? Die Zentralbanken von Japan, Hongkong, Singapur, der Volksrepublik China und Taiwan haben riesige US Dollarreserven angesammelt, um einer Aufwertung ihrer Währungen vorzubeugen. Jahrelang sind diese Reserven routinemäßig in kurz- und mittelfristigen Schatzwechseln der USA angelegt worden. Aber nachdem die Abwertung des Yen gegenüber dem US Dollar im Frühjahr

1995 ihren Höhepunkt erreicht hatte, verlor der Yen in etwas mehr als drei Jahren 45 Prozent seines Werts. Besonders stark war der Druck auf den Yen nach der ostasiatischen Banken- und Währungskrise vom Juli 1997, die zu einer 30- bis 70-prozentigen Abwertung der koreanischen, thailändischen, indonesischen, malaysischen und philippinischen Währungen gegenüber dem US Dollar führte. Diese asiatischen Währungen wurden entweder vom US Dollar gestützt oder aufgewertet; es verstand sich also von selbst, daß die entsprechenden Zentralbanken amerikanische Staatsanleihen kauften. Wenn die Abwertung der asiatischen Währungen, die schließlich vielleicht auch China und Hongkong erreicht, weitergeht, könnte es dazu kommen, daß die ausländischen Zentralbanken die amerikanischen Rentenwerte eher verkaufen als kaufen.

Ausländische Unternehmen und Einzelanleger, die mit Im- und Exportgeschäften, durch den Tourismus und andere wirtschaftliche Tätigkeiten über US Dollarkonten verfügen, werden sich durch Wechselkursänderungen allein sicherlich nicht so leicht veranlaßt sehen, ihre US Dollaranlagen zu verkaufen. Aber wenn die asiatische Bankenkrise alle Volkswirtschaften der Region paralysiert und die nationalen Vermögenswerte ernstlich in Mitleidenschaft zieht, dann könnte es sehr wohl sein, daß diese Länder ihre Kreditvermögen aus den USA zurückfordern.

Eine zweite mögliche Ursache einer Erschütterung des amerikanischen Rentenmarkts wäre ein plötzlicher Gesinnungswechsel der Hedgefonds. Auch alle zusammengenommen erreichen sie zwar keinen Platz unter den ersten zehn Anlegern der USA, aber die meisten von ihnen arbeiten mit hohen Risiken. Die fünf oder sechs größten Fonds werden ihr Kapital wohl nicht mehr als dreimal aufstocken, aber bei den kleineren sind sechs- oder zehnfache Steigerungsraten durchaus üblich. Im allgemeinen sind die Hedgefonds im Hinblick auf die Entwicklung des amerikanischen Rentenmarkts in den neunziger Jahren recht optimistisch; einige rechnen damit, daß die Renditen für Rentenwerte mit dreißig Jahren Laufzeit vor dem Jahr 2000 auf vier Prozent fallen. Kein Mensch weiß, wieviel Geld aufgrund dieser viel zu optimistischen Einschätzung in den Markt geflossen ist, aber diese Positionen sind sicher sehr überhöht. Das Debakel von 1994 hat gezeigt, daß es nur einer schockierenden Nachricht über eine zunehmende Inflation oder einer leichten Erhöhung der Zinsen in den USA bedarf, um die Profitabilität dieser überzogenen Sicherungsfondspositionen zunichte zu machen. Die Anstrengungen, die diese Fonds unternehmen, jedes Geschäft zu vermeiden, das keinen Gewinn bringt, können die Rentenkurse und -erträge über Monate hinweg stark beeinflussen.

Drittens besteht die Gefahr, daß die im zehnten Kapitel beschriebenen Probleme der Kreditqualität sich nach Art der Krise der Spar- und Darlehensinstitute aus den achtziger Jahren zu einer veritablen Insolvenzkrise auf dem Finanzsektor außerhalb des Bankenbereichs hochschaukeln. Im zwölften Kapitel haben wir die Rolle der amerikanischen Finanzgesellschaften im fortwährenden Prozeß der Schuldenakkumulation diskutiert. Mit Rentenwerten als Hauptverbindlichkeiten und Verbraucherdarlehen als dem wichtigsten Anlagegeschäft ist der Finanzsektor besonders anfällig für ein Anwachsen von nicht vollzogenen Verbraucher- und Geschäftsdarlehen. Mit den Zinsen aus diesen Darlehen werden die Zinsen für ihre Obligationen bezahlt. Theoretisch ist das Risiko für Versäumnisse bei der Schuldenrückzahlung in die Gewinnmargen auf Hypotheken und andere Verbraucherdarlehen eingebaut. In der Praxis aber liefern der scharfe Wettbewerb auf dem Finanzsektor und der Überoptimismus hinsichtlich der Sicherheit von Darlehensverträgen gute Voraussetzungen für eine plötzlich auftretende Zahlungsunfähigkeit. Die negativen Folgen, die sich hieraus für die Kursbewertung von staatlich geförderten Hypothekenpfandbriefen wie Fannie Mae samt ihren Brüdern und Schwestern ergeben, hätten starke Auswirkungen auf amerikanische Staatspapiere jeder Art.

Ob die Krise nun durch ausländische Verkäufe von amerikanischen Rentenwerten, eine Panik bei den Sicherungsfonds oder eine inländische Krise der Kreditqualität ausgelöst wird: Ganz sicher werden es die Renten- und nicht die Aktienmärkte sein, die Amerika auf die wirtschaftliche Realität stoßen lassen. Wall Street hat aus dem Sturz der Rentenrendite reichlich Trost geschöpft; denn solange der Rentenmarkt für die Auffassung einsteht, daß eine Inflation der Verbraucherpreise nicht mehr zu erwarten steht und die weltweiten Sparguthaben riesig und nicht etwa knapp sind, fühlt sich der Aktienmarkt sicher genug, um ebenso zu denken. Weil der Rentenmarkt viel feiner auf makroökonomische, politische und sogar klimatische Nachrichten eingestellt ist als der Aktienmarkt, kommt es selten vor, daß dieser ohne ein vorausgegangenes Signal vom Rentenmarkt absackt. Wenn die Illusionen, die die Grundlagen dieser langen Hausse – bei Renten und Aktien – betreffen, aufgeflogen sind, wird es der Rentenmarkt sein, der als erster Sturm bläst. Das wirtschaftliche Ziel höherer Rentenerträge, das von den USA unweigerlich auf Europa übergreifen würde, ist eine Einschränkung des Verbrauchs und eine höhere Sparquote. Die Rentenerträge werden hoch genug stehen und lange genug hoch bleiben müssen, damit in den entwickelten Ländern des Westens wieder nationale Sparquoten aufgebaut werden können.

**Zusammenbruch der asiatischen Finanzsysteme**

Im ersten Kapitel haben wir Kreditexzesse am Beispiel Japans beschrieben. Der Umfang der Kreditaufnahme von Einzelpersonen, Unternehmen und des »offiziellen« öffentlichen Sektors ist ausführlich dokumentiert. Aber über die wirklichen Verbindlichkeiten der anderen öffentlichen Finanzinstitutionen in Japan wird man vielleicht nie etwas wissen. Die öffentlichen Finanzen sind seit 1991 mehrfach durch das von der Postsparbank und der staatlichen Pensionskasse finanzierte Steuer- und Investitionsdarlehensprogramm (FILP) flottgemacht worden. Der sogenannte zweite Haushalt arbeitet eher wie eine Entwicklungsbank; man gibt nichtgewerbliche Darlehen und untersteht der Treuhandabteilung des Finanzministeriums. Diese Abteilung nimmt bei der Postsparbank Kredite zu milden Zinssätzen auf, die an Erträge aus Staatsschulden gekoppelt sind. Diese Fonds wurden genutzt, um im großen und ganzen unnötige und unprofitable Infrastrukturprojekte wie den Bau von Brücken zwischen praktisch unbewohnten Inseln zu finanzieren. Die Unwirksamkeit der zahlreichen Steuerpakete ist zum Teil auf die starke Abhängigkeit vom zweiten Haushalt zurückzuführen.

Es wäre eine Illusion zu glauben, daß die Kreditzunahme in Japan nach dem Platzen der Finanzblase im Januar 1990 aufgehört hätte. Als das reiche, entwickelte Land mit scheinbar starken öffentlichen Finanzen, das Japan ist, suchte es die Auswirkungen des Sturzes seiner Immobilienpreise und Aktienkurse zu mildern. Staatsbanken erschlossen neue Finanzquellen für kämpfende Unternehmen. Während die Kreditaufnahme im privaten Sektor stagnierte, nahm die Verschuldung der öffentlichen Hand in einer nicht genau bekannten, jedenfalls alarmierenden Rate zu. Die Finanzanalysten David Asher und Andrew Smithers forderten in einem Forschungsbericht, der zweite Haushalt des öffentlichen Sektors solle im offiziellen Rechnungswesen konsolidiert werden, denn schließlich müßten die japanischen Steuerzahler für die Verluste dort geradestehen. Auf dieser Basis schätzen sie die wirkliche Verschuldung der öffentlichen Hand im Verhältnis zum BIP auf ungefähr 150 Prozent, eine höhere Rate als in Italien oder Belgien. Dies würde bedeuten, daß die Graphik 9.3 entsprechend angepaßt und Japan in das äußere und anfälligste Segment des Kegels der Finanzstabilität plaziert werden müßte. Die ständige Kreditzunahme, abgewickelt über die FILP, die Darlehensgesellschaft für Wohnungsbau, die Finanzgesellschaft des Volkes und die japanische Finanzgesellschaft für Kleinunternehmen, liefert einen Teil der Erklärung dafür, warum die Kreditqualität in Japan in den neunziger Jahren nicht gleichmäßig abgenommen hat. Graphik 13.2 zeigt, daß der Wert der Verbindlichkeiten von bankrotten Firmen und Einzelpersonen Ende 1989, also vor Ausbruch der Krise, gerade einmal 0,3 Prozent des BIP betrug. Sein Anstieg auf 1,7 Prozent in den Jahren 1990/91 verlief rasch und heftig, aber danach schien das Problem unter Kontrolle. Die Wiederkehr eines respektablen Wirtschaftswachstums im Jahr 1996 und die auf 1,4 Prozent gesunkene Rate von Bankrottverbindlichkeiten haben die japanischen Behörden wahrscheinlich zu der Überzeugung gebracht, es könne nichts schaden, wenn man wieder höhere Verkaufssteuern einführte, was dann im April 1997 geschah. Aber dabei kam heraus, daß die Wirtschaft in ihre erste technische Rezession seit 1974 geriet und sich der Anteil der nicht rückzahlungsfähigen Schulden auf 2,8 Prozent des BIP erhöhte. Eine Rate von 5 Prozent wird von den meisten Analysten als höchst gefährlich betrachtet.

*Bild 13.2: Bankrottverbindlichkeiten in Japan im Verhältnis zum BIP in Prozent*

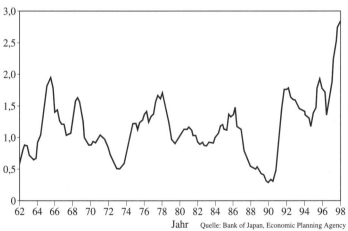

Jahr    Quelle: Bank of Japan, Economic Planning Agency

Wird die Aushöhlung der Kreditqualität in Japan dem natürlichen Lauf der Dinge überlassen, besteht die Möglichkeit, daß es in der gesamten asiatischen Pazifikregion zu einem finanziellen Zusammenbruch kommt – mit bedeutenden Rückwirkungen für die westlichen Finanzmärkte. Die inländischen Bank- und Kreditprobleme Japans haben sich aufgrund ihrer starken Verflechtung mit der Wirtschaftsentwicklung Ostasiens durch Bankkredite und Direktinvestitionen im Ausland noch verschärft. Die Banken- und Währungsunruhen, die die Region im Juli 1997 erfaßt haben, kamen zu der langen Liste von nicht erfüllten Darlehens- und anderen Anlageverpflichtungen gegenüber japanischen Banken und Finanzinstituten noch hinzu. Trotz einer riesigen staatlichen Bürgschaft für die größten Banken im März 1998 blieben die Banken nervös und erneuerten nur ungern die Kreditlinien von inländischen Kunden. Solange das tatsächliche Ausmaß der nichterfüllten Darlehensverbindlichkeiten und der daraus erwachsenden Probleme verdrängt und nicht angesprochen wird, wird man der Lähmung des inländischen Kreditsystems nicht Herr werden.

Der Katalysator dafür, sich der Realität des Wirtschaftsgeschehens zu stellen, könnte die Liberalisierung des japanischen Finanzsystems sein, die im April 1998 erste Wirkungen zeigte. Die erste Reformwelle ergab, daß individuelle Investoren und Unternehmen im Prinzip frei sind, Bankkonten mit höheren Erträgen in ausländischen Währungen zu eröffnen und entweder in Japan oder im Ausland offene Fonds nach amerikanischer Art zu erwerben oder Lebensversicherungen abzuschließen. Um die Bedeutung dieser institutionellen Veränderungen zu ermessen, sind drei Dinge zu berücksichtigen: Erstens besteht für japanische Haushalte ein starker Anreiz, ihre Ersparnisse aus Yen-Depositen zu diversifizieren; zweitens sind die Haushalte nach den traumatischen Ereignissen der neunziger Jahre sehr konservativ und wenig risikofreundlich geworden; und drittens wird das Finanzministerium nicht tatenlos zuschauen, wie eine Flut von Kapital aus dem Land abfließt.

Wenn man die Struktur der Geldanlagen von japanischen Haushalten mit denen in den USA oder Großbritannien vergleicht, dann fällt auf, daß die Japaner liquide Anlagen bevorzugen. Rund 60 Prozent ihres Vermögens halten die Japaner auf Depositenkonten, in offenen Geldmarktfonds und als Bargeld; damit sind die japanischen Haushalte etwa dreimal liquider als die amerikanischen und britischen. Ein Drittel ihres liquiden Vermögens liegt auf der Postsparbank, etwa 228 Billionen Yen in Depositen. Da der Yen von einem Kurs von 80 zu 1 US Dollar im Jahr 1995 drei Jahre später auf 140 gefallen ist, ist der US Dollarwert dieser Depositen um 40 Prozent gesunken. Unter normalen Umständen verlangen Investoren als Ausgleich für einen Währungsverlust eine höhere Verzinsung, aber die japanischen Haushalte nahmen einen schäbigen Erlös von etwa 1 Prozent hin. Die japanischen Ersparnisse schreien nach besseren Konditionen.

Sollten die japanischen Behörden umfangreiche Kapitalabflüsse nicht verhindern können, werden gegen Ende 2000 wahrscheinlich riesige Beträge von Yen-Depositen auf US Dollar-, Pfund- oder andere ertragreichere Depositen oder Geldmarktfonds wandern. Wenn die japanischen Sparer Geschmack an konkurrenzfähigen Erlösen entwickeln, wird das Bankensystem das Ausmaß des Problems der nichterfüllten Darlehensverbindlichkeiten nicht länger verheimlichen können. Wenn die privaten Haushalte zunehmend die Postsparbank verlassen werden, wird sich deren Dilemma zuspitzen. Wenn die FILP nicht höhere Erträge anbietet, so daß die Bank ihrerseits konkurrenzfähigere Depositenraten anbieten kann, dann bleibt ihr nur die Wahl zwischen einer Verkleinerung ihrer Bilanz oder schweren Verlusten. Die FILP wird mit Sicherheit eine zuverlässige Quelle von billigem Kapital (von der Postbank) verlieren, und die dem öffentlichen Finanzsystem zugrundeliegenden Bedingungen werden offenkundig.

Sollten Korea, Indonesien, Malaysia, Thailand und die Philippinen im Laufe des Jahres 1997 gehofft und erwartet haben, Japan würde ihnen zu Hilfe eilen, so hatten sie sich getäuscht. Japan war so sehr mit seinen eigenen wirtschaftlichen und finanziellen Schwierigkeiten beschäftigt, daß es unfähig war, die erwünschte Führungsrolle und finanzielle Unterstützung für die asiatische Pazifikregion wahrzunehmen. Stattdessen waren die meisten betroffenen Länder gezwungen, den IWF um Hilfe zu bitten und dessen Bedingungen und politische Vorgaben zu akzeptieren. Die Abwertung des Yen hat die wirtschaftlichen und finanziellen Schwierigkeiten der Region noch verstärkt. Anscheinend ist die Liberalisierung des japanischen Finanzsystems zu einem ungünstigen Zeitpunkt erfolgt, als nämlich die Frustration wegen niedriger Erträge mit einem taumelnden Yen mit einer von Rezession betroffenen Wirtschaft zusammentraf. Je nachdem, wie lange die Wiederherstellung und Reorganisation der japanischen Banken- und Finanzinfrastruktur dauert, kann die asiatische Pazifikregion weiter in Richtung auf einen totalen Zusammenbruch ihres Finanzsystems driften. In diesem Szenario käme dem Verkauf von amerikanischen und europäischen Geldanlagen eine hohe Priorität zu.

### Millennium-Bug und andere technische Störungen

Der vierte potentielle Auslöser für eine Panik in der westlichen Wirtschafts- und Finanzwelt sind technische Defekte in den Computersystemen, die in den großen westlichen Volkswirtschaften nahezu jeden Aspekt des modernen Lebens betreffen. Die USA sind von Computernetzwerken abhängiger als alle anderen Länder; sie verfügen nach einer Risikoeinschätzung der CIA aus dem Jahr 1997 über 42 Prozent der Computerleistung der Welt und über 60 Prozent der Ressourcen des Internet. China dagegen belegt nur 1 Prozent der weltweiten Computerleistung, Rußland weniger als 1 Prozent. Im sechsten Kapitel wurde der technische Wandel als Katalysator für die Entwicklung der Kapitalmärkte, vor allem im Hinblick auf die Berechnung von Optionskursen, hervorgehoben. Dies ist jedoch eine ganz besondere Anwendung. Integrierte Schaltkreise arbeiten in der Navigationstechnik von Flugzeugen, in den lebenserhaltenden Einrichtungen von Krankenhäusern, in den elektronischen Abrechnungssystemen der Börsen, in den Zahlungssystemen von Banken und staatlichen Versorgungsleistungen. Ein schwerer Fehler in der Informationstechnik kann ein Chaos herbeiführen, wenn nicht ausreichende Sicherungssysteme zur Verfügung stehen.

Es gibt zwei grundsätzliche Einstellungen zur Bedrohlichkeit von technischen Störungen. Den einen erscheint das Szenario des technischen Desasters als Windei, das möglicherweise von der IT-Industrie selber in die Welt gesetzt wurde, um ihr Profil zu verbessern und ihre Einnahmen zu heben. Aus dieser Sicht ist eine ernsthafte Störung in den Systemen der Informationstechnik nicht wahrscheinlicher, als daß die Erde von einem Meteor aus ihrer Umlaufbahn gestoßen wird. Die zweite Reaktion ist ein praktisches Interesse für die Anfälligkeit von Unternehmen, Regierungsbehörden und Finanzinstitutionen für technische Unfälle. Die meisten großen Firmen nehmen inzwischen Strategien zur Behebung der möglichen Schäden sehr ernst. Wenn man von den Tatsachen ausgeht, kümmert man sich meistens mehr um die möglichen Probleme und nimmt sie genauer wahr, ohne in die Falle zu gehen und zu glauben, das Chaos sei unabwendbar.

Schauen wir uns nun drei Typen von Störungen in den Informationssystemen an. Da ist erstens die Möglichkeit, daß die europäischen Zahlungssysteme nach der Einführung des Euro im Jahr 1999 durcheinandergeraten. Dann wollen wir uns den Fragen zuwenden, die einen großen Systemfehler betreffen, der vom Beginn des neuen Jahrhunderts am 1. Januar 2000 ausgehen kann, also dem sogenannten Millennium-Bug oder Jahrzweitausendproblem (Y2K). Und drittens wird die

Gefahr von Computerterrorismus und Sabotageakten immer größer.

Das Betreiben von dualen Buchungssystemen in der Eurozone, die von 1999 an fällig ist, scheint keine übermäßig lästige Aufgabe, wenn man an die fortgeschrittenen technischen Möglichkeiten denkt, die es heute gibt. Damit aber die Zahlungen ohne Schwierigkeiten vonstatten gehen, müssen jede Bank, jede Finanzinstitution und die meisten Unternehmen ihren Kunden die Möglichkeit bieten, ihre Rechnungen entweder in Euro oder in der jeweiligen nationalen Währung zu begleichen. Große Banken und Unternehmen schaffen den Übergang zur dualen Buchung relativ leicht, kleinere Unternehmen und lokale Banken können möglicherweise Probleme bekommen. Auch wenn sie darauf bestehen, daß ihre Kunden ihre Zahlungen weiterhin beispielsweise in belgischen Francs abwickeln, so werden sie doch ihre eigenen Rechnungen oft in Euro bezahlen müssen. Insgeheim rechnen große Banken und Finanzinstitute damit, daß viele ihrer kleineren Rivalen aufgeben müssen, wenn sie es nicht schaffen, ihre Systeme zuverlässig umzustellen, oder wenn sie sich die entsprechende Informationstechnik nicht leisten können.

Ein viel ernsteres Problem ist der Millennium-Bug. Millionen von Computern können nicht zwischen dem Jahr 2000 und dem Jahr 1900 unterscheiden; ein Fehler, der auf die sechziger und siebziger Jahre zurückgeht, als die Rechen- und Festplattenkapazität nach heutigen Standards enorm kostspielig war. Aus Sparsamkeitsgründen wurden für die Codes der jeweiligen Jahresdaten nur die beiden letzten Zahlen eingegeben. Daher werden am 31. Dezember 1999 zu Mitternacht die Codezeilen von (19)99 auf (19)00 umschalten. Man hat bereits befürchtet, daß Kreditkarten, die im Jahr 2000 auslaufen, als ungültig zurückgewiesen werden, oder daß alte Damen, die 103 Jahre alt sind, aufgefordert werden, in den Kindergarten zu gehen.

Ein Weg, um mit diesem Problem fertig zu werden, ist die Verbesserung der Software, aber das läßt sich nur machen, wenn die Anwendungen verbreitet genug sind und Tausende von Nutzern haben. Die meisten Organisationen verlassen sich auf Programme, die eigens für sie geschrieben wurden. Die Ersetzung von Codezeilen ist eine mühselige Angelegenheit und extrem kostspielig. Schätzungen reichen von 1 bis zu 10 US Dollar pro Zeile, inklusive der Kosten für den Probelauf des korrigierten Codes. Von der amerikanischen Gartner Gruppe wurde errechnet, daß die Kosten für die Löschung des Millennium-Bug weltweit zwischen 300 und 600 Milliarden US Dollar liegen, vorausgesetzt es gibt genügend Programmierer, die die 400 verschiedenen Computersprachen, die es für Großrechner gibt, lesen und interpretieren können. Ein besonderes Problem bilden die weit verbreiteten integrierten Schaltkreise in elektrischen Anlagen. In vielen Fällen mag der Kalender für das Funktionieren der Anlage nicht von Bedeutung sein. Aber wenn das Datum ein Attribut des Schaltkreises ist, dann kann es sein, daß die Anlage im Jahr 2000 nicht funktioniert.

Wir wollen uns hier nicht mit der ganzen Tragweite des Problems beschäftigen. Die besondere Relevanz des Millennium-Bug liegt im Schaden, den er im weltweiten Geldverkehr und in den globalen Kapitalmärkten anrichten kann. Einer der Knackpunkte in Zahlungssystemen ist wie im militärischen System die Synchronisierung. Emmett Paige Jr., der stellvertretende Verteidigungsminister der USA, erklärte 1996 vor einem Unterausschuß des Kongresses, »daß für unsere Weltwirtschaft und den gewaltigen elektronischen Informationsaustausch zwischen unseren Systemen und Datenbanken der Zeitpunkt von koordinierten Änderungen der Datenformate entscheidend ist. Es bedarf genauer Absprachen, um zu verhindern, daß eine ›Klemme‹ in einem System dazu führt, daß ein anderes System ›abstürzt‹. Wenn ein System über keine genaue Prozeßinformation verfügt, können andere Datenbanken in Mitleidenschaft gezogen werden, vielleicht sogar Datenbanken von anderen Regierungen oder Ländern.«

In einem privaten Rundschreiben entwarf Gary North ein zwar unwahrscheinliches, aber doch ernüchterndes Szenario, in dem ein Versagen der Zahlungssysteme einen Sturm auf die Banken auslöst und Kunden sich schlagen, um ihr Geld von ihren Konten zu holen. Eine solche Reaktion wäre, wenn man an die Zeit seit dem Krieg denkt, für die westlichen Erfahrungen so fremd, daß man versucht ist, sie einfach abzutun. Aber die im vierten Kapitel beschriebenen Zwischenbanksysteme halten unter normalen Bedingungen nur einen kleinen Anteil ihrer Bestände in Form von Banknoten und Münzen. Man kann sich leicht vorstellen, in welche Verlegenheit die Banken gerieten, wenn in einer derartigen Krise das Publikum in Panik geriete und sein Geld in bar verlangte.

Man muß sich solche Untergangsvisionen gar nicht im einzelnen ausmalen, um das Problem des Millennium-Bug für das westliche Finanzsystem und die Volkswirtschaften in seiner ganzen Tragweite zu erfassen. Interessant am Szenario des Ansturms auf die Banken ist das scharfe Umschwenken der Konsumentenpräferenzen von Geldanlagen zu Bargeld. Im sechsten Kapitel war die Rede davon, wie falsch es ist, liquide Anlagen mit geringer Rendite aufzugeben. Weder Aktien noch Rentenwerte könnten sofort in Bargeld umgetauscht werden, wenn es zu einem Zusammenbruch des Zahlungssystems käme.

Schließlich ist noch auf den Technoterrorismus hinzuweisen. Das »Hacking«, das illegale Eindringen in fremde Computer, ist ein bekanntes Phänomen, aber die Sache so hinzustellen, als handele es sich dabei um harmlose Späße von Amateuren, hilft in unserer Zeit nicht weiter. Die Entwicklung des Internet hat das Potential für Computerterrorismus bedeutend erhöht. Hacker müssen sich nicht mehr mühsam ihren Weg in ein System suchen; die Internetwolke bietet Verbindungen und garantiert Anonymität. Mit einem Platz verbunden zu sein heißt, mit allen Plätzen verbunden zu sein. Ohne Zweifel ist die militärische Sicherheit ein viel näherliegendes Ziel für Attacken auf die Sichherheitssysteme. Aber auch Banken und andere Finanzeinrichtungen könnten in den nächsten Jahren zu solchen Zielen werden.

**Zusammenfassung**

Diese vier Bedingungskomplexe sind Druckpunkte im Finanzsystem, und es mag noch andere geben, die bisher übersehen wurden. Der Kern des Arguments liegt darin, daß die parallele Anhäufung von Schulden und Geldanlagen bei niedrigen Inflationsraten nicht endlos weitergehen kann. Es mehren sich die Anzeichen, und wir haben sie im einzelnen erörtert, daß dieses Abheben von der Realität des Wirtschaftsgeschehens in relativ naher Zukunft sein Ende erreicht haben wird. Ob die EWU den Anstoß geben wird oder der amerikanische Rentenmarkt, das japanische Kreditsystem oder der Millennium-Bug, weiß man nicht; aber wenn es soweit ist, werden wir es alle wissen. Wieviel Zeit haben die Institutionen, Unternehmen und Bürger der angesehenen westlichen Nationen, um den Kurs zu ändern? Bis Ende 1999? Bis Ende 2001? Möglicherweise. Bis Ende 2003? Das wäre ein Wunder.

# 14
## Geliehene Zeit

Wirtschaftliche Not wird die Menschen nach einer
Autorität suchen lassen, in die sie die einzige
Hoffnung auf Erlösung aus den herrschenden
Zuständen setzen. Arbeitslosigkeit nimmt der
Demokratie jeden Reiz und läßt die Arbeiterklasse
erkennen, daß es nutzlos ist zu streiken, weil den
Arbeitgebern nichts gelegener käme.

*Joseph Addinson,*
*Brief an Sir Alexander Cadogan, 1923*

Das Aussehen des Himmels wißt ihr zu unterscheiden,
die Zeichen der Zeit aber nicht! *Matthäus 16, 4*


Zwischen Ursache und Wirkung liegt manchmal ein so kurzer
Zeitraum, daß sich eine Erklärung für das, was sich zwischen
ihnen abspielt, erübrigt. Das Wissen, daß eine Kugel losgeht,
wenn man abgedrückt hat, ist keine Gewähr dafür, daß man
der Gefahr gegebenenfalls entkommt. Wenn es um die Konsequenzen einer Überschuldung geht, stellt sich das umgekehrte Problem. Manchmal scheint der Zeitraum zwischen
Ursache und Wirkung so lang zu sein, daß ein Meer von Zweifeln zwischen beiden liegt. Jede Generation scheut sich vor
dem Gedanken, daß die gegenwärtigen Umstände von früheren Bedingungen früherer Zeiten abhängen. Was ich mit diesem Buch zeigen will, ist, daß alle Voraussetzungen für die
Wiederholung einer Schuldenkatastrophe vorliegen. Dazu
gehören auch die Gleichgültigkeit der Behörden und die
Unbedarftheit des Publikums.

Dieses Buch will vor allem eine Warnung aussprechen. Ich
habe viele Argumente vorgebracht, um die Leser davon zu
überzeugen, daß die wirtschaftlichen und finanziellen Leistungen Nordamerikas und Westeuropas seit den achtziger

Jahren auf einem unsicheren Fundament ruhen. Es ist nur eine Frage der Zeit, bis diese labile Struktur unter dem Gewicht ihrer Absurdität zusammensackt wie ein von einem Faustschlag getroffener Boxer. Im dreizehnten Kapitel sind vier potentielle Auslöser für einen Finanzkollaps untersucht worden; auf Spekulationen darüber, wann genau es soweit sein wird, habe ich jedoch verzichtet. In diesem Kapitel geht es darum, wie sich dieser Wahnsinn vermutlich lösen und welche Auswirkungen er auf das tägliche Leben haben wird; in jedem Fall wird eine Rolle spielen, daß die nationalen und internationalen Finanzmärkte eng miteinander verbunden sind. Für den kürzeren oder längeren Zeitraum bis zum Ausbruch der Krise wollen wir ein paar Überlegungen anstellen, wie sich Individuen, Unternehmen und Regierungen angemessen verhalten können. Zum Schluß möchte ich Vorschläge zu einer Finanzreform machen.

### Anatomie einer Finanzkrise: Wie sich der Wahn lösen wird

Um eine Vorstellung davon zu bekommen, welche Folgen ein Zusammenbruch des Finanzsystems für das tägliche Leben haben wird, müssen wir uns zunächst ein paar Gedanken über den genauen Ablauf der Ereignisse machen, die zum Schock hinführen. Nehmen wir an, das Ganze nimmt seinen Ausgang auf dem amerikanischen Rentenmarkt, und nach einigen Monaten wird plötzlich bekannt, daß ein großes Finanzinstitut in Schwierigkeiten steckt, weil Schuldenrückstände bei Verbraucherkrediten und die Kosten für den Schuldendienst gleichzeitig stark angestiegen sind. In dieser Notlage findet es keinen Kredit zu annehmbaren Kosten und kann die Zinsen für seine Schuldverschreibungen nicht mehr bezahlen. Die Zentralbank erwägt eine Stützungsmaßnahme, aber der Kongreß ist vehement gegen die Verwendung öffentlicher Gelder für eine Kaution. Während die Politiker sich streiten, ziehen die amerikanischen Rentenrenditen weiter an und die Kreditqualitätsmargen werden größer. Andere Hypotheken- und

Kreditkartenunternehmen räumen Zahlungsprobleme ein, und die Krise ist da. Inzwischen hat der Anstieg der amerikanischen Rentenrenditen über den Terminhandel Europa erreicht.

An der Wall Street stürzen aufgrund der Panik wegen der Kreditqualität und gestiegenen Rentenrenditen die Aktien der US-Banken und Finanzunternehmen in den Keller. Finanzierungsgesellschaften haben ein großes Gewicht beim S&P-Index, daher geht der ganze Markt abwärts. Angesehene Analysten der Finanzmärkte prüfen die Kursdiagramme der Börse und kommen zu den gleichen Ergebnissen: Dann ist es mit der langen Hausse am Aktienmarkt vorbei. Eines Montagmorgens eröffnet der S&P-Index für Termingeschäfte mit limit down, der amerikanische Aktienmarkt fällt um 5 Prozent, und am nächsten Tag erleiden auch die führenden europäischen Märkte heftige Kurseinbußen. Am darauffolgenden Tag ist der Terminindex an der Wall Street wieder limit down, kurz darauf unterbricht die New Yorker Börse den Handel. Es verbreitet sich die Nachricht, daß ein großer amerikanischer Börsenmakler einen massiven Schlag beim Derivatenhandel einstecken mußte und sein Kapital verloren ist. Der Crash ist eingetreten, und für Einzelanleger ist es bereits zu spät, beträchtliche Verluste zu vermeiden. Der Termin- und Optionshandel bleibt geschlossen, und wenn die Börse wieder öffnet, sind die großen Aktienindices um 25 Prozent gesunken. Den Investmentgesellschaften wird von der Zentralbank untersagt, ihre Aktienguthaben zu verkaufen, aber eine Flut von privaten Verkäufen treibt die Kurse immer weiter nach unten.

Monate vergehen, die Folgen der Krise werden immer deutlicher. Weitere Finanzierungsgesellschaften erklären sich zahlungsunfähig, als durchsickert, daß sie Kredite aufnehmen, die sie mit unrealisierten Gewinnen auf Aktienguthaben besichern. Große Industrie- und Handelsunternehmen geben stark gesunkene Einnahmen bekannt, nachdem sich heraus-

302

gestellt hat, daß die Leiter ihrer Finanzabteilungen Börsentricks benutzt haben, um die Gewinne in die Höhe zu treiben. Private Bankrotterklärungen und Schuldenrückstände häufen sich, weil die Verbraucherkredite nicht mehr erweitert oder erneuert werden. Ohne neue Kreditmöglichkeiten beginnen Haushalte und Unternehmen, ihre Vermögensbestände zu verkaufen, um zu Bargeld zu kommen.

Wenn die Schuldverschreibungen reif werden und große Kredittranchen refinanziert werden müssen, nun allerdings zu weit höheren Zinsen, gerät der Geldfluß der Unternehmen noch mehr ins Stocken. Jede Woche werden neue Beispiele von unklugem Finanzverhalten und Betrügereien bekannt. Versicherungsgesellschaften gewähren keinen Bonus mehr und warnen vor einem Marktwertverlust der im Umlauf befindlichen Policen. Versicherungsprämien klettern dramatisch in die Höhe. Wer gerade Rentner geworden ist, muß feststellen, daß er für seine Beitragszahlungen nicht soviel Rente oder Pension erhält, wie er erwartet hat.

Inzwischen leiden alle großen westlichen Volkswirtschaften an den Folgen der Finanzkrise. Arbeitgeber greifen zu Notmaßnahmen und frieren Löhne und Gehälter ein, um zahlungsfähig zu bleiben. Die Verbraucher fürchten um ihre Arbeitsplätze und schrauben ihre Nachfrage nach Gütern und Diensten vorsichtshalber zurück. Ausgelaufene Verträge von Zeitarbeitern werden nicht verlängert, die Arbeitslosigkeit nimmt zu. Die erwarteten Steuereinnahmen bleiben aus, und einige Länder sehen sich veranlaßt, die Steuern zu erhöhen – mit verheerenden Folgen. Nur die Zentralbanken können sich beglückwünschen: Nullinflation. Kurzfristige Zinsen fallen, aber das nützt nichts mehr: Niemand ist mehr bereit, Kredite zu geben oder Schulden zu machen.

### Privathaushalte in der Finanzkrise

Wir können uns das ganze Ausmaß des Problems nur schwer vorstellen. Das Leben in den westlichen Ökonomien gegen Ende des zwanzigsten Jahrhunderts ist so künstlich und unecht geworden, daß wir alles mögliche als selbstverständlich betrachten: Elektrizität, medizinische Versorgung, Wohnungseinrichtungen, ein sicheres Zahlungssystem, die neuesten Kommunikations- und Transportmittel und vieles mehr. Die westliche Zivilisation hat durch eine Finanzkrise einen viel größeren Wohlstand zu verlieren als irgendeine frühere Zivilisation. Das Vertrauen ist in der Nachkriegszeit so groß geworden, daß Arbeitslosigkeit, Krankheiten und Alter im großen und ganzen ihr historisches Stigma verloren haben. Der Staat, der bevollmächtigt ist, die Einkommen umzuverteilen, verlagert routinemäßig riesige Summen von lebensfähigen zu nichtlebensfähigen Haushalten, so daß sich beide Gruppen durch ihren jeweiligen Lebensstandard kaum voneinander unterscheiden.

Was Finanzkrisen für jeden einzelnen bedeuten können, ist aus dem Bewußtsein der westlichen Welt fast verschwunden. Die Erinnerung an den großen Wall Street-Krach von 1929 ist weitgehend folkloristischer Art: Bilder von der Prohibition und wilde Anekdoten über Börsenmakler, die sich von Hochhäusern stürzten. Während die Medien uns heute über den Schrecken und die Not in Regionen auf dem laufenden halten, die von Kriegen oder Naturkatastrophen heimgesucht werden, wird die Vorstellung von einer erneuten ernstlichen Finanzkrise in einem westlichen Land als Phantasterei abgetan. In irgendwelchen primitiven Gesellschaften mag es Krisen geben, aber doch nicht in Ländern, deren Finanzen nach allen Regeln der Kunst organisiert sind! Und noch einmal: Wer auch nur ein bißchen weiß über Finanzkrisen in der Vergangenheit, kann eine derart selbstgefällige Einstellung nicht teilen. Futures und Optionskontrakte, die sich auf das Aktienkapital der Dutch East India Company bezogen, wurden in der ersten Hälfte des 17. Jahrhunderts gehandelt. Bereits 1610 waren in den Niederlanden mit einer Verordnung Leerverkäufe (Verkäufe von Aktien, die dem Verkäufer noch nicht gehören) verboten worden, doch wurde sie weithin mißachtet.

Fragen Sie Ihre Freunde, was sie von den Folgen der Tulpenmanie der Menschen in Amsterdam im Jahr 1636 wissen, oder was 1770 in London geschah, als die Südsee-Seifenblase geplatzt ist, oder im gleichen Jahr in Paris, als der Mississippi-Plan zusammenbrach. Gewiß, all das ist lange her. Aber schauen wir ins Berlin des Jahres 1923, nach New York im Oktober 1929 und den Folgen in Europa und Japan 1931. Wie viele Menschen wissen eigentlich (noch), wie sich das Alltagsleben beim Ausbruch einer Finanzkrise verändert? Die Phase relativer Normalität und Stabilität, die die westlichen Länder seit 1950 erlebt haben, ist, wenn man das gesamte Spektrum menschlicher Erfahrungen betrachtet, durchaus ein Sonderfall. Wenn man jene verzweifelten Momente in der Geschichte aus dem Gedächtnis verliert, dann verfestigt man ein falsches Gefühl der Überlegenheit über all jene, die sich im Verlauf der Jahrhunderte in der Falle von Schuldenexzess und Finanzspekulation verheddert haben.

Die Rezessionserfahrungen der Perioden 1974/75, 1980/82, 1990/92 waren eine schmerzhafte Erinnerung an ökonomische Zwangslagen, und dabei hatte nur eine kleine Minderheit darunter wirklich zu leiden. Ein immer größerer Teil der Bevölkerung in Westeuropa wurde von einem Jahrzehnt zum anderen arbeitslos, doch standen häufig großzügige Abfindungen und Pensionen zur Verfügung. Und außerdem konnten diese Rezessionsperioden dem weitverbreiteten Glauben, daß der ökonomische Fortschritt nur eine kurze Atempause einlege, nichts anhaben. Eine Welle neuer Produkte und technischer Errungenschaften hat das optimistische Grundgefühl bestärkt, daß für solche Dinge stets eine gesunde Nachfrage bestehen wird. War nicht die zunehmende Verschuldung von privaten Haushalten, Unternehmen und der öffentlichen

Hand Beweis genug für das grundsätzliche Vertrauen in zukünftige Prosperität? Gewiß hat die Bereitwilligkeit, in jungen Jahren auf Pump zu leben, die Erwartung eines hohen Lebensstandards für die alten Tage nicht gedämpft.

Mitte 1998 erscheinen die Haushalte in der angelsächsischen Welt in den Börsenbewertungen wohlhabender als je zuvor. Die Zunahme ihrer Verschuldung wird ohne weiteres gedeckt durch die progressive Neubewertung der Finanzanlagen. Auch wenn sie eher zögern, sich dem Run auf Aktien und Investmentfonds anzuschließen, haben die Westeuropäer, als dieser 1995 einsetzte, enthusiastisch auf den Haussemarkt reagiert. Viele Kommentatoren und Finanzstrategen gehen davon aus, daß die Aktienmärkte der Eurozone in den Jahren bis zur Verwirklichung der EWU Mitte 2002 spektakuläre Gewinne bringen wird. Unter der Voraussetzung, daß die Eurozone die meiste Zeit bis dahin eine Niedrigzinszone bleiben wird, gibt es allen Grund für die Erwartung, daß die Privathaushalte auf dem Kontinent von Bankeinlagen zu Investments switchen werden, also ebenso aus der Liquidität herausgehen wie das Publikum in den angelsächsischen Ländern.

Wenn die Illusion ökonomischer Prosperität, wie sie die astronomische Performance der Aktienmärkte und die unbegrenzte Möglichkeit, Geld zu leihen, nähren, hinweggefegt sein wird, dann wird sich die Wirklichkeit ungeschminkt zeigen. Regierungen, ob sie nun jede für sich oder konzertiert handeln, werden nicht in der Lage sein, das Licht wieder anzuknipsen. Eine schwerwiegende Störung des Kredit- und des Zahlungssystems steht zu erwarten, eine Störung, die das Gewebe des Alltagslebens zerreißen wird, und es kann Jahre dauern, bis sich dies wieder reparieren läßt. Zu erwarten stehen zerplatzte Träume, uneingelöste Versprechen und zerstörte Beziehungen. Wie man aus früheren Depressionen weiß, fällt das Publikum rasch aus der Euphorie in Wut, Enttäuschung und Verzweiflung. Ironischerweise wird die Aufgabe, das Vertrauen in Finanzsystem und Währung wiederherzustellen, zuletzt den Zentralbanken zufallen, den Experten des Krisenmanagements.

## Was Privathaushalte tun können, um Katastrophen zu vermeiden

Ein wohlfeiler Rat an die privaten Haushalte wäre, die Vermögenswerte und Verbindlichkeiten überlegt neu zu strukturieren. Als könnte dies einen sicheren Schutz gegen eine alles erfassende, stürmische Finanzkrise bieten! Es gibt keine abgeschotteten Inseln und keine befestigten Fluchtburgen, in die man sich zurückziehen könnte, bis der Sturm vorüber ist, noch nicht einmal Schutzwälle gibt es. Weil die gesamte Finanzstruktur der westlichen Welt gefährdet ist, wäre es unklug anzunehmen, daß die Katastrophe nur die Ränder erfassen wird. Viele hochgeachteten und allgemein anerkannten Finanzinstitute werden davon erfaßt werden und nicht verhindern können, daß Versicherungsnehmer und Anspruchsberechtigte stranden. Man muß unterscheiden zwischen der Solvenz und der Liquidität von Finanzinstituten in der Krise. Wenn überhaupt werden sich nur sehr wenige für insolvent erklären, aber vielen werden flüssige Finanzmittel fehlen, um das drängende Publikum und seine Forderungen nach Auszahlung zu befriedigen. Tatsächlich werden die Anrechte eingefroren sein. Ihren Kunden werden die Institute wahrscheinlich erklären, es wäre unproduktiv, wenn sie versuchen sollten, in zusammengebrochenen Finanzmärkten ihre Investments einzulösen. Die unausgesprochene Wahrheit ist, daß solche Institute solvent sind nur in Hinblick auf den Buchwert ihrer Vermögenswerte; für den Marktwert sind sie es wahrscheinlich nicht.

Eine Lehre aus früheren Zusammenbrüchen des Finanzsystems ist, daß die privaten Haushalte nicht weit genug vorausblicken. Selbst wenn die Katastrophe schon da ist, glauben viele, der Schock werde nicht lange anhalten, und weigern sich, ihren Lebensstil und die Art und Weise, ihr Geld auszugeben, zu ändern. Und das entspricht genau dem Muster der Abhängigkeit, von dem häufig auch das Konsumverhalten bestimmt ist. Ein Nebenprodukt dieser Kurzsichtigkeit ist auch, daß man, um aktuelle Notsituationen zu überwinden, Maßnahmen ergreift, durch die zu einem späteren Zeitpunkt alles nur noch schlimmer wird. Die klassische Notlage eines auf eine Finanzkrise nicht vorbereiteten Haushalts ist ein drückender Schuldenberg und der Mangel an Bargeld. Zusätzlicher Kredit von bereits bestehenden oder neu zu erschließenden Quellen ist nicht zu bekommen oder viel zu teuer. Um an Geld zu kommen, müssen wertvolle Einrichtungsgegenstände zu Spottpreisen verkauft werden. Zur Dummheit einer schlechten Führung des Finanzhaushalts kommen dann noch Angst und Ressentiment gegenüber den Käufern dieser Dinge hinzu.

Der beste Schutz gegen Notfälle sind minimale Schulden und umfangreiche Liquidität. Und man sollte so wenige Gläubiger wie möglich haben, denn sie behandeln Schuldner mit großen Beträgen respektvoller als solche mit kleinen Summen. Im Gegensatz dazu ist es ratsam, sein Geld auf sechs oder auch ein Dutzend Konten zu verteilen, davon mindestens eins in einer angesehenen ausländischen Währung. Dieser Rat ist deshalb vernünftig, weil es gewöhnlich eine Obergrenze für die Versicherung von Einlagen in einer einzelnen Bank gibt. Für den äußersten Fall, daß mehrere Banken pleite machen, ist es besser, seine Liquidität zu streuen, als zu riskieren, sie im ganzen zu verlieren.

Ein Haushalt mit 100 000 US Dollar Schulden und Geldanlagen in Höhe von 200 000 US Dollar sollte sich aus wirtschaftlichen Gründen überlegen, ob es nicht besser ist, Aktien und andere Fonds zu verkaufen und die Erlöse für die Abzahlung der Schulden zu benutzen. Bei steigenden oder leicht fallenden Börsenkursen sind Gewinne zu machen, aber nach einem Börsenkrach lassen sich vielleicht noch nicht einmal Verluste realisieren. Wenn es gute Gründe gibt, einige Schulden zu behalten (um beispielsweise Steuern zu sparen), dann sollte man zumindest einen entsprechenden Betrag in bar oder in kurzfristigen Staatspapieren halten. Auf diese Weise bleibt die Option erhalten, die Schulden zu einem späteren Zeitpunkt ablösen zu können, wenn die Zinsen vielleicht steigen oder die Steuervergünstigungen wegfallen.

Privathaushalte sollten aber nicht nur über liquide Mittel in Höhe ihrer Schulden verfügen, sondern auch über ein ausreichend hohes Bankkonto, um ihre Ausgaben für mindestens sechs Monate bestreiten zu können. Im Unterschied zu inflationären Krisen gewinnt bei einer Schuldendeflation das Geld an Wert. Die Bankguthaben werden zwar nur zu einem sehr niedrigen Prozentsatz verzinst, aber sie erbringen einen positiven, realen Gewinn. Das Losungswort ist Flexibilität. Ein Haushalt mit reichlichen, jederzeit zugänglichen Geldmitteln muß keine überstürzten Entscheidungen treffen, selbst wenn der Hauptverdiener arbeitslos wird. Liquidität dient als Puffer zwischen Notfällen und Katastrophen.

Wer sich mehr zutraut, für den gibt es noch einen dritten Grund, warum es sinnvoll ist, sich im Vorfeld einer Krise ein ansehnliches Liquiditätspolster zuzulegen. Die Erfahrung zeigt, daß es in einer Krise oft zu Verkäufen von kostbaren Vermögenswerten zu lächerlich niedrigen Preise kommt. Wer geduldig wartet, bis die Krise sich durch das Finanzsystem hindurchgearbeitet hat, wird genügend Gelegenheiten finden, Häuser, Wohnungen, Fahrzeuge, Schiffe oder sonstige Dinge, die in Not geratene Eigentümer verkaufen müssen, zu Spottpreisen zu erwerben. Im übrigen kann es nicht schaden, sich von großen Banken und Finanzinstituten Kreditmöglichkeiten einräumen zu lassen, die kaum genutzt und nach dem Beginn einer Krise vielleicht auch zurückgenommen werden, aber sie können sich für günstige Käufe als nützlich erweisen.

**Unternehmen in der Krise**

Die großen Unternehmen scheinen im allgemeinen ausreichend gerüstet, um mit einer Finanzkrise fertig zu werden. Nach der angelsächsischen Rezession Anfang der neunziger Jahre legten die Unternehmen mehr Wert auf finanzielle Leistungen in Form von Gewinnen, Cashflow oder Aktienwerten. In den Jahren zwischen 1982 und 1997 nahmen die Gewinne ständig zu, und ihr Anteil am BIP erreichte in den meisten westlichen OECD-Ländern ein Niveau, das es seit den sechziger Jahren nicht mehr gegeben hatte. Ein besonderes Merkmal der neunziger Jahre sind rücksichtslos eingesetzte Maßnahmen zur Kostensenkung. In den angelsächsischen Ländern wurden die Arbeitskosten auf verschiedene Weise unter Kontrolle gebracht. Das ständige Zurückgehen des Anteils von Festangestellten, ob Arbeiter oder Angestellte, das durch kollektive Zahlungsabkommen abgedeckt wurde, die Zunahme von Teilzeit- und befristeten Arbeitsverträgen führten zu flexibleren, aber auch noch weiter zersplitterten Arbeitsmärkten. Internationale Unternehmen richteten zum Zweck der Kostensenkung ihre Aufmerksamkeit zunehmend auch auf die leichter gewordenen Produktionstransfers von einem Land zum anderen. Darüber hinaus schafften sich diese Großunternehmen mit Finanztochtergesellschaften Zugang zu den Kapitalmärkten; sie wurden vom Bankensystem als Finanzierungsquelle immer unabhängiger.

Insgesamt also scheinen die Unternehmen der großen westlichen Volkswirtschaften bestens gerüstet, um einer Krise standzuhalten; tatsächlich aber gilt dies nur mit Einschränkungen. Erstens kann der Umstand, daß Unternehmensbilanzen eher auf Schulden (Schuldverschreibungen und Darlehen) als auf Aktien ausgerichtet sind, dazu führen, daß sie in finanzielle Engpässe geraten, wenn plötzlich die Einnahmen fallen oder Kreditkosten steigen. Das gilt vor allem für Wirtschaftszweige wie Banken, Versicherungen, die Pharmaindustrie und öffentliche Versorgungsbetriebe: überall dort, wo große schuldenfinanzierte Übernahmen stattgefunden haben. Zweitens sind die Gewinne der Unternehmen in den neunziger Jahren häufig zurückgegangen, weil direkt oder indirekt beträchtliche Einkommen zu Finanztransaktionen abgezweigt und clevere Buchungsmethoden angewandt wurden. Drittens kann es sein, daß Unternehmen im Krisenfall weit weniger in der Lage sind, ihre Gewinne durch Kostensenkungen zu erhalten, als sie dachten. Unternehmen, die in Ländern mit deregulierten Arbeitsmärkten tätig sind, können vielleicht Verträge terminieren und Löhne einfrieren, aber bei sinkenden Verkaufszahlen werden sich die deflationären Folgen für die persönlichen Einkommen bald bemerkbar machen. Unternehmensgewinne sind in der Regel die ersten Opfer einer deflationären Schuldenspirale.

Die Unternehmen, die einer Finanzkrise der beschriebenen Art am besten begegnen können, sind die, die über ein Nettovermögen, also über liquide Bestände über ihre Schulden hinaus, verfügen, aus dem sie hohe Zinsen ziehen, und die ein gutes Cash-flow-Management sowie keine überflüssigen Vermögenswerte haben. Wie bei den Privathaushalten bietet ein Nettofinanzbestand das Polster flexibler Reaktionsmöglichkeiten; so können etwa Gläubiger, die unvernünftige Forderungen stellen, ausbezahlt werden. Auch sollten die laufenden Einnahmen die Schuldzinsen wenigstens um das Vierfache abdecken. Ein Unternehmen mit einem guten Cash-flow-Management beobachtet ständig die Laufzeiten der Kredite, die von Zulieferern und für Kunden gewährt werden. Während in prosperierenden Zeiten die Schuldenbedienung im allgemeinen reibungslos läuft und die meisten Rechnungen innerhalb von 60 Tagen bezahlt werden, sind Überziehung des Zahlungsziels und das Ausbleiben von Zahlungen klassische Anzeichen für finanzielle Notlagen der Kunden. Die Lage, in die indonesische Unternehmen 1998 geraten sind, zeigt, welch verheerende Folgen akute Liquiditätsprobleme haben können. Schließlich können sich gut vorbereitete Firmen von unrentablem Geschäftsvermögen und Grundbesitz trennen, bevor die Krise ausbricht, und mit den Erlösen ihre Schulden zurückzahlen.

Nur selten sind Finanzierungen durch die Emission von Aktien die Rettung; wenn die Krise beginnt, ist ein günstiger Umtausch von Schulden gegen Aktien kaum noch möglich. Ein kurioser Vorgang Mitte der neunziger Jahre war der Eifer vieler multinationaler Konzerne mit großen Barvermögen, ihre eigenen Anteile zurückzukaufen, um ihre Aktiengewinne in die Höhe zu treiben. Mit einem Schlag reduzierten diese Unternehmen ihre Liquidität und blähten ihre Bilanzen auf, ohne zu begreifen, daß die Rückzahlung der Schulden vordringlicher gewesen wäre als der Rückkauf ihrer Aktien.

### Regierungen in der Krise

Die in den großen westlichen Demokratien vorherrschende Lehrmeinung über die öffentlichen Finanzen besagt, daß die Staatshaushalte ausgeglichen sein sollen. Seit Anfang der achtziger Jahren schlägt sich die Gesetzgebung in den USA mit dem Problem herum, wie die Haushaltsdisziplin künftiger Regierungen am besten durchzusetzen sei. Der Gramm-Rudman-Hollings Act von 1985, formell als Balanced Budget and Emergency Deficit Control Act bekannt, verlangte, daß das Bundeshaushaltsdefizit in den folgenden fünf Steuerjahren stufenweise gesenkt werden müsse, bis es 1991 bei Null angekommen sei. Das Gesetz wurde 1987 und 1990 geändert und ein Termin für den Ausgleich des Bundeshaushalts nicht mehr genannt. Es ist eine herrliche Ironie, daß die USA dieses Ziel 1998 erreicht haben, und zwar teilweise aufgrund der spektakulär gestiegenen Steuereinnahmen auf Börsenkapitalgewinne und stark erhöhter Verbraucherausgaben, die bei niedrigeren Kreditkosten finanziert werden konnten. In Europa beschränkten sich die Versuche zur Kürzung der Haushaltsdefizite auf die weniger ehrgeizige Obergrenze von 3 Prozent des BIP, wie im letzten Kapitel gezeigt.

Wie sich Politiker und Regierungsbeamte zu den sporadischen Erfolgen, die die Maßnahmen, mit denen sie fiskalische Ziele erreichen wollten, verhalten haben, ist bezeichnend. Sie gleichen Golfspielern, die nach 25 Jahren Profisport ihr erstes Turnier gewinnen. Sobald der Haushaltsausgleich erreicht ist, sind 25 Jahre Defizit vergessen; es ist so, als habe es so etwas noch nie gegeben, als spiele das alles keine Rolle mehr. Ist ein Sieg errungen, redet niemand mehr von den Fehlern, die zuvor gemacht worden sind. Es ist erstaunlich, wie weit das Unverständnis geht, das bei gewählten Repräsentanten im Hinblick auf die Folgen der Schuldenakkumulation und selbst in Fragen der Schuldenarithmetik anzutreffen ist.

Welche Verdienste ein Ausgleich des Staatshaushalts als mittelfristiges Ziel auch haben mag, es steht fest, daß er keine Versicherung gegen Notfälle ist. Politiker jeder Couleur haben die Neigung, ökonomische Daumenregeln gratis zu verteilen. Ein ausgezeichnetes Beispiel ist ein Brief von Herbert Hoover vom Februar 1933 an den frisch gewählten Präsidenten Franklin Roosevelt:»Es trüge sehr zur Stabilität des Landes bei, wenn baldigst sichergestellt würde, daß die Währung nicht verwässert wird oder es zu einer Inflation kommt, daß der Haushalt unbedingt ausgeglichen wird, selbst wenn Steuererhöhungen nötig sein sollten, und daß die Regierung ihren Kredit behält, indem sie sich weigert, ihn durch die Ausgabe von Schuldverschreibungen zu erschöpfen.«

In seiner klassischen Studie über den großen Krach von 1929 schreibt John Kenneth Galbraith:»Die Ablehnung sowohl der Steuer- wie der Geldpolitik addierten sich folgerichtig zu einer Ablehnung jeder positiven Regierungspolitik. Die Wirtschaftsberater damals waren sich einig und hatten auch die Autorität, die Führer beider Parteien dazu zu bringen, daß sie alle vorhandenen Mittel, Inflation und Deflation zu überprüfen, mißachteten. Das war, wenn man so will, durchaus eine Leistung – der Triumph des Dogmas über das Denken. Die Folgen waren gravierend.«

Was sollten Regierungen tun, um einem finanziellen Desaster zuvorzukommen? Ganz einfach: Sie sollten den Haushalt vergessen. Wenn ein großer Asteroid auf Kollisionskurs mit der Erde wäre, würden sich die führenden Politiker dann um die klimatischen Folgen eines Zusammenpralls kümmern? Nein! Sie würden sich um Evakuierungen, Strahlungsrisiken, die Errichtung von Dämmen gegen die zu erwartenden Flutwellen und um die medizinische Versorgung bemühen. In derselben Weise sollten die westlichen Regierungen endlich damit anfangen, sich auf eine drohende Finanzkrise vorzubereiten. Welche praktischen Informationen und Ratschläge braucht die Bevölkerung, damit sie der Schock nicht unvorbereitet trifft und ihn alle wirtschaftlich überleben können? Wie werden die Behörden damit fertig, wenn sich die Zahl der Unterstützungsberechtigten verdoppelt? Wie ist im Gefolge einer Krise die öffentliche Ordnung aufrechtzuerhalten? Welche Notmaßnahmen muß die Regierung ergreifen, um mit Energie und anderen strategischen Ressourcen sparsam umzugehen? Kurz, was ist zu tun, um menschliches Unglück so gering wie möglich zu halten, den wirtschaftlichen Schaden zu begrenzen und das alltägliche Leben zu sichern?

Was eine Regierung in einer freien Gesellschaft sein und tun kann, definiert sich am klarsten in Zeiten des nationalen oder internationalen Notstands. Durchaus erstaunlich ist, daß in den westlichen Ökonomien in den letzten fünfzig Jahren, als ein vergleichbarer Notstand selten drohte, so viel regiert worden ist. Seit Anfang der achtziger Jahre haben deshalb mehrere angelsächsische Länder damit begonnen, den öffentlichen Sektor zu verschlanken. Aber diese Tendenz der Regierungen, Funktionen und Vermögenswerte in den privaten Sektor zu verlagern und die eigenen Einflußmöglichkeiten zu verringern, könnte durch eine wirkliche Krise gestoppt werden.

Kann die Regierung, abgesehen von Planungen für den Katastrophenfall, zum Schutz der Bürger irgend etwas Nütz-

liches tun? Ein kleiner Vorschlag wäre, die Verwirrung aufzu-
klären, die im Hinblick darauf herrscht, daß man als Anleger
für Verluste aus Kursbewegungen persönlich Verantwortung
trägt. Eine bescheidene Anzeigenkampagne mit Slogans wie
»Aktiengewinne werden nicht von der Regierung garantiert«,
»Hast Du 1989 Dein Haus verloren? – Verliere 1999 nicht
Dein Hemd!« oder »Deine Entscheidung. Deine Investition.
Dein Begräbnis« könnten die Menschen wieder auf den Boden der Realität holen.

**Mechanismen des Schuldenerlasses**

Regierungen hätten eine wichtige Rolle in dem Zeitraum, der
bleibt, bevor der Nebel sich lichtet. Im zweiten Kapitel haben
wir gesagt, daß es bei einer Inflation Gewinner und Verlierer
gibt. Eine Folge des Kreuzzugs gegen die Inflation war, daß
der zentrale Mechanismus des Schuldenerlasses, den wir in
den westlichen Ländern haben, außer Kraft gesetzt wurde.
Über einen längeren Zeitraum hinweg haben unbezahlte und
nicht erlassene Schulden zusammen mit ständig positiven
realen Zinssätzen zu einer Vergrößerung der Vermögens-
ungleichheit in vielen westlichen Ländern geführt. Diese zunehmende Konzentration des Reichtums bei den reichsten
1 oder 5 Prozent der Bevölkerung ist seit 1980 für die USA
und Großbritannien gut belegt. In einem bestimmten Stadium
wird die Polarisierung zwischen riesigen Vermögen in den
Händen relativ weniger Menschen und großer Schuldenbeträge auf seiten einer ansehnlichen Minderheit der Bevölkerung wahrscheinlich zu unerträglichen sozialen Spannungen
führen. Im Hinblick auf die internen Schulden (das heißt auf
die Schulden von Bürgern oder Unternehmen gegeneinander) wird schließlich der Punkt erreicht sein, daß sie entweder
erlassen oder nicht zurückbezahlt werden.
    Die westliche Welt hat nur zwei Möglichkeiten: Entweder
wird wieder ein arbeitsfähiger Mechanismus zum Schuldenerlaß in Gang gesetzt, oder es kommt zu einem Klima in Wirt-

schaft und Gesellschaft, in dem die Schuldner das Handtuch werfen. Will man das erste, gibt es wiederum nur zwei Möglichkeiten: eine inflationäre Entwicklung oder die obligatorische Stornierung von Schulden. Eine Inflation ermöglicht den langsamen Abbau einer törichten Überschuldung, ohne daß die beiden Parteien aneinandergeraten. Oder die Gläubiger werden gesetzlich gezwungen, die Schulden nach einer gewissen Zeit (z.B. nach sieben Jahren) zu streichen. Ein freiwilliger Schuldenerlaß ist in der Wirtschaft höchst selten. Gerät, weil kein wirkungsvoller Mechanismus des Schuldenerlasses vorhanden ist, die Gesellschaft in eine Krise, wird es zwischen Gläubigern und Schuldnern zu Konflikten kommen, entweder gerichtlich ausgetragen oder ganz handfest. Gläubiger sind natürlich daran interessiert, daß die Schuldner ihren Zahlungsverpflichtungen nachkommen, und drohen in der Regel mit Zwangsversteigerungen und Exmittierungen. Über kurz oder lang stellt sich heraus, daß diese Schulden nicht mehr ihrem Nennwert entsprechen. Wenn sich ein sekundärer Schuldenmarkt entwickelt, dann ist ein Dollar aus Schuldenrückständen vielleicht noch 30 Cents wert, was dem Anteil des Nettobetrages entspricht, der wahrscheinlich überhaupt nur zurückzuholen ist. Ein interessantes Beispiel für dieses Phänomen ist der Ankauf von japanischen yakuza – delinquenten Schuldenbeständen – durch amerikanische Prämienjäger zu einem Bruchteil ihres Nennwerts. Die Unternehmer erkannten rasch den wahren Grund für die niedrigen Preise ihrer Käufe, als sie die Schuldner aufforderten zu zahlen! Die Lösung im Konflikt birgt das Risiko von Gewalt und Verbrechen, Gesetzwidrigkeiten und sogar von totalitären politischen Zuständen. Vielleicht ist eine gelegentliche rapide Inflation nicht das größte Übel.

### Einige Vorschläge für eine Finanzreform

Meine Vorschläge lassen sich in drei Gruppen zusammenfassen: Die erste betrifft Maßnahmen zur Verhinderung von übermäßigem Risikoverhalten; in der zweiten geht es um Maßnahmen, die geeignet sind, die Symmetrie zwischen der Verantwortung für die Einrichtung von Guthaben auf der einen Seite und für die Gewährung von Krediten andererseits wiederherzustellen; in der dritten sollen Maßnahmen zur Erleichterung der Schuldenlast privater und öffentlicher Haushalte zur Sprache kommen.

Zur ersten Gruppe. Hier schlage ich vor, daß Unternehmen, die Produkte oder Dienste nicht zum allgemeinen Verkauf anbieten (ob direkt dem Publikum oder anderen Unternehmen oder der öffentlichen Hand), ihren Status der beschränkten Haftung verlieren. Finanzspekulationen sollten legal bleiben, aber Unternehmen, von denen bekannt ist, daß sie sich auf diesem Gebiet betätigen, dürften nicht mehr das Privileg genießen, im Fall von Verlusten vor ihren Gläubigern geschützt zu sein. Ich schlage auch vor, Finanzbetrüger mit Beschlagnahme ihres gesamten Vermögens zu bestrafen. Aus diesen Fonds sollten die Opfer von Betrügereien entschädigt werden.

Besonders auf den Derivatenmärkten sind Neuregelungen überfällig. Die dringendsten Reformen sehe ich erstens in der Einführung einer weltweiten Kapitaladäquanzregelung für alle Benutzer von Derivaten auf der Basis eines standardisierten Wert-Risiko-Modells. Eine solche Maßnahme könnte durch die Forderung gestützt werden, daß Banken und Finanzinstitute bei den Zentralbanken Bareinlagen in Höhe ihrer Derivatengeschäfte machen. Solche Geschäfte sollten, zweitens, staatlichen Dienststellen, Handels- und Industrieunternehmen sowie den Pensions- und Versicherungsfonds untersagt sein.

Parallel zu diesen Reformen sind neue Verfahren zur Risikobewertung und der Buchführung nötig, damit Einzelpersonen und Institutionen die Geldanlagen, die sie tätigen wollen, auf der Grundlage von Informationen über das Verhältnis zwischen Risiko und Erlös vergleichen können. Selbst subjektive Bewertungen durch eine unabhängige, mit Risikorating befaßte Einrichtung wären besser als gar nichts. Unternehmen sollten ihre Gewinne aus Finanzgeschäften separat ausweisen. Schließlich sollte die Zentralbank, wie schon erwähnt, die Öffentlichkeit aufklären und warnen, daß Gewinne auf den Finanzmärkten keine staatliche Garantie haben.

Der zweite Reformkomplex zielt auf die Verschärfung der Gesetze zur Regelung der Kreditvergabe. Dahinter steht die Absicht, die Last der diesbezüglichen Verantwortung wieder mit derjenigen in Einklang zu bringen, die Institutionen, die Depositen nehmen, zu tragen haben. Zum Beispiel sollten die Direktoren von neuen Kreditinstituten wenigstens fünf Jahre einschlägige Erfahrung nachweisen können und gegebenenfalls professionelle Qualifikationen haben. Für die Kreditvergabe an das Publikum sollte ein neuer ethischer Kodex geschaffen werden, der für alle Kreditgeber aus dem In- und Ausland bindend sein müßte. Verstöße von Kreditunternehmen gegen die entsprechenden Grundsätze sollten von einem Ombudsman oder einem öffentlichen Prokurator verfolgt werden können. Darlehensgeber, bei denen es, im Vergleich zum Durchschnitt der Branche, mehr als doppelt so viele nicht eingehaltene Verträge gibt, sollten ebenfalls vor den Ombudsman zitiert werden.

In einem Wirtschaftsklima mit geringer Inflation oder gar deflationären Tendenzen werden die in den achtziger Jahren aufgehäuften privaten und öffentlichen Schulden nicht, wie in der Vergangenheit geschehen, an Wert verlieren, sondern vielleicht sogar in ihrem realen Wert zunehmen. Ein Vorschlag wäre, eine staatliche Behörde zu schaffen, deren einzige Aufgabe darin bestünde, die Staatsschulden systematisch mit Hilfe von Geldanlagen abzulösen. Die Zentralbank kann natürlich nach Belieben Geldanlagen schaffen. Die Auswirkungen auf die Rentenkurse wären neutral oder leicht negativ, weil die positive Folge von Wertpapierkäufen (Tilgungen) durch die Markterwartung von höheren Inflationsraten für Güter und Dienste ausgeglichen würde. Das Tempo der Umwandlung von Staatsschulden in Geld sollte um so mehr beschleunigt werden, je größer die Gefahr einer Deflation ist. Der Effekt solcher Geldspritzen wäre die Senkung des Realwerts von privaten und öffentlichen Schulden. Alle neuen Haushaltsdefizite sollten durch das Bankensystem und nicht durch neue Wertpapieremissionen finanziert werden.

## Schluß

Seit den frühen siebziger Jahren ist das westliche Finanzsystem von einer Schuldensucht befallen. In den angelsächsischen Ländern hat sich der Zugang zu erschwinglichen Krediten exponentiell vergrößert, er wird von Jungen und Alten, von ahnungslosen und von klugen, gewitzten Leuten gleichermaßen genutzt. In anderen entwickelten Ländern wurden konservative Einstellungen gegenüber persönlichen Kreditaufnahmen durch verschwenderische Schuldenmacherei der öffentlichen Hand zunichte gemacht. Noch als die japanische Schuldenkatastrophe in Ostasien ihre Wirkungen zeigte, behaupteten die westlichen Regierungen, alles sei in Ordnung. Aber daß es in den neunziger Jahren keine ernsthaften inflationären Probleme gab, ist kein Beweis dafür, daß die Schuldensucht nachgelassen hätte. Eher spricht vieles dafür, daß sich das Problem verschoben hat. Durch eine geradezu fanatische Überbewertung des Ziels der Inflationsvermeidung werden Regierungen und ihre Zentralbanken blind für das Risiko, das von den weitverbreiteten Schuldenrückständen ausgeht. Daß die westliche Welt so unvorbereitet dasteht, kann nur als Ignoranz verstanden werden. Die Mehrheit der Bevölkerung unter fünfzig Jahren hält nur einen kleinen Teil ihres Vermögens in Form von Bargeld und Bankguthaben. Die Menschen sehen gar nicht, wie brüchig das Finanzsystem geworden ist und wie leicht sie die Gewinne aus Geldanlagen, die sie seit vielen Jahren eingestrichen haben, verspielen können. Eines Tages wird sich der Nebel lichten, und der kollektive Wahn eines mühelosen Reichtums wird sich auflösen. Bis zu diesem Tag leben wir von geliehener Zeit.

Ich habe an keiner Stelle gesagt, daß Regierungen machtlos sind; ich sage vielmehr, daß sie von ihren Zentralbanken getäuscht wurden. Diese hätten schon vor langer Zeit auf die Gefahren aufmerksam machen müssen, die mit der Finanzierung von ständig überhöhten öffentlichen Ausgaben durch Staatsanleihen verbunden sind. Sie hätten mit den neuen Finanzmethoden und ihren möglichen Auswirkungen auf das System umsichtiger verfahren müssen. Sie hätten für Buchführung und Geschäftsberichte rigidere Standards fordern und auf deren Einhaltung bestehen müssen, ebenso auf strengeren Bedingungen für den Kapitalbedarf beim Derivatenhandel. Und sie hätten bereitwilliger mit anderen Finanzinstitutionen, mit den Börsen und untereinander zusammenarbeiten müssen, um die Stabilität des Finanzsystems zu gewährleisten. Die Kredit- und Kapitalmärkte sind zu schnell gewachsen, sie sind zu undurchsichtig, und es gibt keine geklärten Verantwortlichkeiten. Und nun müssen wir uns auf eine Explosion vorbereiten, die das westliche Finanzsystem bis in seine Grundfesten erschüttern wird.

# Quellennachweis

**1. Kapitel**

John Authers, »Bears are consigned to outer darkness«, Financial Times, 4 July 1998

Ulrich Baumgartner and Guy Meredith (editors), Saving Behaviour and the Asset Price »Bubble« in Japan, IMF Occasional Paper 124, April 1995

Larry Burkett, The Coming Economic Earthquake, Chicago 1991

James Dale Davidson and William Rees-Mogg, The Great Reckoning: How The World Will Change in the Depression of the 1990's, London 1992

E. Philip Davis, »The Role of Institutional Investors in the Evolution of Financial Structure and Behaviour«, LSE Financial Markets Group Special Paper, Nr. 89, November 1996

Harry E. Figgie, Jr. with Gerald J Swanson, Bankruptcy 1995: The Coming Collapse of America and How to Stop It, Boston 1992

David Smith, »Has Britain Blown itself a Money Bubble: And is it about to Burst?«, Sunday Times, 8. Februar 1998

Richard Thomson, Apocalypse Roulette: The Lethal World of Derivatives, London 1998

Peter Warburton, »Private Sector Recession: Business Cycle or Credit Cycle?«, Flemings Research bulletin, 21. Februar 1992

Peter Warburton, »US Interest Rates: The Myth of Policy Control«, Flemings Research bulletin, 2. Mai 1995

J. Brian Waterhouse, »Banks, Bankruptcies and Bad Debts«, James Capel Pacific Ltd., 14. Oktober 1991

Richard Werner, »The Quantity of Credit and Japanese Capital Outflows«, Institute of Economics and Statistics, University of Oxford, April 1993

**2. Kapitel**

Robert J. Barro, »Inflation and Economic Growth«, Bank of England Quarterly Bulletin , Bd. 35, Nr. 2, Mai 1995

Charles P. Kindleberger, A Financial History of Western Europe, London 1984

Mervyn A. King, »Monetary Stability; Rhyme or Reason?«, The Economic and Social Research Council Seventh Annual Lecture, 17. Oktober 1996

Helen MacFarlane and Paul Mortimer-Lee, »Inflation over 300 years«, Bank of England Quarterly Bulletin , Bd. 34, Nr. .2, Mai 1994

Gail E. Makinen, »Hyperinflation: experience« in: The New

Palgrave Dictionary of Money and Finance, London 1992

B. R. Mitchell, European Historical Statistics 1750-1970, London 1975

E. Henry Phelps-Brown and Sheila V. Hopkins, »Seven Centuries of the Price of Consumables, Compared with Builders' Wage-Rates«, Economica, Bd. 23, November 1956

Michael Sarel, »Non-linear Effects of Inflation on Economic Growth«, in IMF Staff Papers, Vol 43, No.1, Washington D.C. 1996

Gary A. Shilling, Deflation, New Jersey 1998

**Kapitel 3**

Bank for International Settlements, »The Evolution of Central Banking«, in: BIS Annual Report, 1997

Robert Browning, The Pied Piper of Hamelin, London 1993

Central Banking, »How Central Banks are seen from the Outside« in Central Banking, Bd. 2, Nr. 4, Spring 1992

Charles A. E. Goodhart, The Evolution of Central Banks, London 1985

Grant's Interest Rate Observer, »Exit, central banks«, 3. Juni 1994

Alan Greenspan, »Gold and Economic Freedom«, The Objectivist, Juli 1966

Alan Greenspan, Monetary Policy Testimony and Report to the Congress, Board of Governors of the Federal Reserve System, 26 Februar 1997

Rosa Maria Lastra, Central Banking and Banking Regulation, London 1996

John Stuart Mill, »Review of books by Thomas Tooke and R. Torrens«, Westminster Review, Bd. 41, Juni 1844

Robert Pringle and Ashraf Mahate, The Central Banking Director, London 1993

Kurt Richebächer, »The Fed Abdicates«, The Richebächer Letter, Nr. 264, April 1995

Kurt Schuler, Should Developing Countries Have Central Banks?, London 1996

Vera C. Smith, The Rationale of Central Banking and the Free Banking Alternative, Westminster / Indianapolis 1990

Paul A. Volcker, Foreword to Marjorie Deane and Robert Pringle, The Central Banks, New York 1995

**4. Kapitel**

Bank for International Settlements, »Core Principles for Effective Banking Supervision«, Basle Committee on Banking Supervision, September 1997

Roger Bootle, The Death of Inflation, London 1996

Milton Friedman and Anna Schwartz, A Monetary History of the United States 1867-1960, Princeton 1963

Milton Friedman and Anna Schwartz, Monetary Trends in the United States and the United Kingdom: Their Relation to Income, Prices and Interest Rates, 1867-1975, Chicago 1982

John Maynard Keynes, The Consequences to the Banks of the Collapse of Money Values (1931), repr. in: The Collected Writings of John Maynard Keynes, Bd. 9, London 1973

Charles P. Kindleberger, Manias, Panics and Crashes, New York 1978

David T. Llewellyn, »Secular Pressures in Banking in Developed Financial Systems: Is Traditional Banking an Industry in Secular Decline?«, in: Economia, Nr. IV, 1992

David T. Llewellyn, »Scandinavian Banking: The Crisis and the Lessons«, in: Banking World, Oktober 1992

Gordon Pepper, Money, Credit and Inflation, London 1990

John Presley and Paul Mills, Islamic Banking: Theory and Practice, London (erscheint 1999)

Frederick C. Schadrack and Leon Korobow (Hrsg.), The Basic Elements of Bank Supervision, New York 1994

Albert M. Wojnilower, »Some Principles of Financial Regulation: Lessons from the United States«, First Boston Asset Management, 1991

### 5. Kapitel

Andrew Crockett, »Monetary policy implications of increased capital flows«, Bank of England Quarterly Bulletin, Noember 1993

Charles A. E. Goodhart, »Financial Globalisation, Derivatives, Volatility and the Challenge for the Policies of Central Banks«, LSE Financial Markets Group Special Paper Nr. 74, Oktober 1995

David D. Hale, »The Economic Consequences of Global Capital Market Integration«, in: University of Pennsylvania Journal of International Business Law, Bd. 12 Nr. 4, 1991

IMF, International Capital Markets: Developments, Prospects and Policy Issues, Washington, D.C. 1995)

Richard O'Brien, Global Financial Integration: The End of Geography, London 1992

OECD, The New Financial Landscape: Forces Shaping the Revolution in Banking, Risk Management and Capital Markets, Paris 1995

Office for National Statistics, United Kingdom National Accounts Blue Book, London 1997

Gordon Pepper, Money, Credit and Asset Prices, London 1994

Harold Rose, »The Changing World of Finance and its Problems«, London Business

School Institute of Finance and Accounting Working Paper 167-93, Oktober 1992

Albert M. Wojnilower, »Business Cycles in a Financially Deregulated America«, The Clipper Group, September 1997

## 6. Kapitel

Board of Governors of the Federal Reserve System, »Flow of Funds Accounts of the United States«, vierteljährliche Ausgaben 1994-98 historische Supplemente

E. Philip Davis, »The Role of Institutional Investors in the Evolution of Financial Structure and Behaviour«, LSE Financial Markets Group Special Pape, Nr. 89, November 1996

The Economist, »Welcome to bull country«, 18. Juli 1998

Marc Faber, »New Eras, Manias and Bubbles«, The Gloom, Boom and Doom Report, 3. Juni 1996

Adam Ferguson, When Money Dies, London 1975

John Kenneth Galbraith, The Great Crash, 1929, New York 1954

David Miles, »Financial Markets, Ageing and Social Welfare«, in: Fiscal Studies, Bd. 18, Nr.2, Aberdeen 1997

## 7. Kapitel

Jane W. D'Arista and Tom Schlesinger, »The Parallel Banking System«, in: International Economic Insights, Bd. 5, Nr. 3, Mai/Juni 1994

Bank for International Settlements, International Banking and Financial Market Developments, Basel, verschiedene Ausgaben zwischen Februar 1994 und Mai 1998

Bank for International Settlements, Proposals for Improving Global Derivatives Market Statistics, Basle 1996

Bank for International Settlements, »Survey of Disclosures about Trading and Derivatives Activities of Banks and Securities Firms«, Basle Committee on Banking Supervision and the Technical Committee of the International Organisation of Securities Commissions, November 1996

Deutsche Bundesbank, »Off-balance sheet operations of German banks«, Special Statistical Publication, Nr. 13, Dezember 1997

Franklin R. Edwards and Frederic S. Mishkin, »The Decline of Traditional Banking: Implications for Financial Stability and Regulatory Policy«, in: Federal Reserve Bank of New York Economic Policy Review, Bd. 1, Nr. 2, Juli 1995

General Accounting Office, Financial Derivatives: Actions Needed to Protect the Financial System, Washington D.C., Mai 1994

General Accounting Office, Financial Derivatives: Actions Taken or Proposed Since May 1994, Washington D.C., November 1996

Alan Greenspan, Evidence to US Congressional Committee on Energy and Commerce, 25. Mai 1994

Alan Greenspan, Remarks at the Annual Meeting and Conference of the Conference of State Bank Supervisors, San Diego, California, 3. Mai 1997

Grant's Interest Rate Observer, »John Succo doesn't work here anymore«, 8. Mai 1998

Patricia Jackson, David J. Maude and William Perraudin, »Bank Capital and Value at Risk«, Bank of England Working Paper, Nr. 79, Mai 1998

Stephen Lewis, »Global Speculation – Threat to Economy«, in: The Fifth Column, Nr. 248, 22. Juni 1994

D. P. O' Brien (Hg.), The Correspondence of Lord Overstone, Cambridge 1971

Anthony Robinson, »Financial Derivatives«, Fastnet Associates, 1994

Securities and Futures Authority (UK), »Derivatives Risk Warning Notice«, 1997

Richard Thomson, Apocalypse Roulette: The Lethal World of Derivatives, London 1998

## 8. Kapitel

Business Week, »The Market's Revenge«, 18. April 1994

Financial Times, »Trillion-dollar imports barely noticed«, 20. Februar 1998

Group of Ten, »Saving, Investment, and Real Interest Rates«, Oktober 1995

IMF World Economic Outlook, Mai 1995 (Sonderthema: Global Saving)

OECD Economic Outlook, Juni 1998

Barry Riley, »The Saver's Paradox«, Financial Times, 21. Februar 1998

Peter Warburton, »Low National Saving Rate Leaves UK Economy and Gilts at Risk«, Flemings Research bulletin, 16. Mai 1994

## 9. Kapitel

Rosario Benavides, »How Big is the World Bond Market?«, Salomon Brothers International Bond Market Analysis, August 1996

Tim Congdon, The Debt Threat, Oxford 1988

E. Philip Davis, Debt, Financial Fragility and Systemic Risk, Oxford 1992

David Miles, »Financial Markets, Ageing and Social Welfare«, in: Fiscal Studies, Bd. 18, Nr. 2, Aberdeen 1997

OECD Economic Outlook, verschiedene Ausgaben, Juni 1987 bis Juni 1998

Peter Warburton, »The 1994-95 World Trade Boom: Made on Wall Street«, Flemings Research bulletin, 22. März 1995

**10. Kapitel**

E. Philip Davis, »Financial Fragility in the early 1990s: What can be learnt from International Experience?«, LSE Financial Markets Group Special Paper, Nr. 76, November 1995

The Economist, »When firms go bust«, 1. August 1992

Grant's Interest Rate Observer, »Canadian yield grope«, 6. Juni 1997

Gene Epstein, »Bankrupt Theory«, in: Barron's, 3. Februar 1997

Jonathan McCarthy, »Debt, Delinquencies and Consumer Spending«, Federal Reserve Bank of New York Current Issues in Economics and Finance, Bd. 3, Nr. 3, Februar 1997

Donald P. Morgan and Ian Toll, »Bad Debt Rising«, Federal Reserve Bank of New York Current Issues in Economics and Finance, Bd. 3, Nr. 4, März 1997

Adrian Orr, Malcolm Edey and Michael Kennedy, »The Determinants of Real Long-Term Interest Rates: 17 Country Pooled-Time-Series Evidence«, OECD Economics Department Working Paper, Nr. 155, 1995

US Federal Reserve Board, »Survey of Consumer Finances«, 1983-1995

Peter Warburton, »The return of high real interest rates: the bright side and the dark side«, Fleming Securities UK Economic Comment, 4. August 1995

Peter Warburton, »Bond yields, inflation and the misunderstanding of business risk«, Fleming Securities UK Economic Comment, 29. Februar 1996

**11. Kapitel**

Wayne Angell, »Understanding 1929«, in: Wall Street Journal, 10. März 1997

The Bank Credit Analyst, »US Corporate Profits: Less Than Meets The Eye«, September 1996

Robert Browning, The Pied Piper of Hamelin (London: Orchard Books, 1993)

Kevin Cole, Jean Helwege and David Laster, »Stock Market Valuation Indicators: Is This Time Different?«, Financial Analysts Journal, Mai/Juni 1996

Tony Dye, »Equities may not be Good for Your Wealth«, in: The Daily Telegraph, 25. August 1997

Benjamin Fulford, »Deft Accounting Hides Finance Sector's Ills«, in: Nikkei Weekly, 14. Oktober 1996

David D. Hale, »Has America's Equity Market Boom Just

Begun or How the Rise of Pension Funds will Change the Global Economy in the 21st Century«, Zurich Financial, März 1998

Richard F. Hokenson and Michael S. Rome, »Deflation, Demand and Demographics«, Donaldson, Lufkin & Jenrette Securities Corporation, 26 December 1995

John Maynard Keynes, The General Theory of Employment, Interest, and Money (1936), Repr. in: The Collected Writings of John Maynard Keynes, Bd. 7, London 1973

Charles P. Kindleberger, Manias, Panics and Crashes, New York 1978

Richard Lambert, »A fabulous fifteen years«, Financial Times, 12. August 1997

Sandy Nairn, »Historic Bull & Bear Markets 1954-1997: A Study of their Magnitude & Duration«, Templeton Global Equity Research, 1997

Terry Smith, Accounting for Growth: Stripping the Camouflage from Company Accounts, London 1992

James Tobin, »Clinton's Bull Market«, Wall Street Journal, 30. November 1993

Frank A. J. Veneroso, »US Economy: The Stock Market ... Are Corporate Profits Overstated?«, Veneroso Associates, 18. Juni 1997

## 12. Kapitel

Paul W. Boltz, T. Rowe Price Associates' Credit Market Comments, 9. Februar 1998

Paul Krugman, The Age of Diminished Expectations, Cambridge 1994 (Washington 1990)

James Medoff and Andrew Harless, The Indebted Society: Anatomy of an Ongoing Disaster, Boston 1996

Hyman P. Minsky, »The Financial-Instability Hypothesis: Capitalist Processes and the Behaviour of the Economy«, in: C. P. Kindleberger and J.-P. Laffargue (Hg.), Financial Crises: Theory, History and Policy, Cambridge 1982

Gabriel Stein, »Mounting Debts: the Coming European Pension Crisis«, Politeia Policy Paper, Nr. 4, 1997

Paul Van den Noord and Richard Herd, »Pension Liabilities in the Seven Major Economies«, OECD Economics Department Working Paper, Nr. 142, 1993

Michael M. White, »The United States and The World: The US Credit Economy«, 1. November 1997

Martin Wolf, »The Deflation Nightmare«, Financial Times, 24. Februar 1998

Robert Zielinski, »Banks: Avoid being robbed«, Flemings Global Emerging Markets Research, Mai 1997

### 13. Kapitel

John Arrowsmith (Hg.), Thinking the unthinkable about EMU: Coping with turbulence between 1998 and 2002, London 1998

Tim Congdon, »The single currency project and European political union«, Lombard Street Research Monthly Economic Review, Nr. 107, Mai 1998

Walter Eltis, The Creation and Destruction of EMU, London 1997

Walter Eltis, Further Considerations on EMU, London 1998

Martin Feldstein, »EMU and International Conflict«, in: Foreign Affairs, Bd. 76, Nr. 6, 1997

Eddie George, »Monetary Policy in Britain and Europe«, The Sixteenth Mais Lecture, 24. Juni 1997

Intelligence International, »Computer Terrorism: a CIA risk assessment«, Gloucester November 1997

Intelligence International, »Hacking into the Pentagon«, in: Terrorism & Security Monitor, März 1998

David Lascelles, »The Crash of 2003: An EMU Fairy Tale«, Centre for the Study of Financial Innovation pape, Nr. 25, Dezember 1996

Gary North, »The Mother of All Bank Runs Has Been Programmed«, Remnant Review, Juni 1998

John Plender, »Can Japan reflate?«, Financial Times, 11. Juni 1998

Kurt Richebächer, »Contagion Watch«, The Richebächer Letter, Nr. 298, Februar 1998

Department of the US Treasury, Office of Market Finance, »Foreign Ownership of Treasury Securities«, 28. April 1997

### 14. Kapitel

John Kenneth Galbraith, The Great Crash, 1929, New York 1954

Grant's Interest Rate Observer, »The big fix«, 10. April 1998

Will Hutton, »Good Housekeeping: How to Manage Credit and Debt«, Institute for Public Policy Research Economic Study, Nr. 9, 1991